JN440400

유교와 불교는 뿌리를 중시한다. 그래서 본말本末의 순서나 뿌리로 돌아감歸根을 강조한다. 기독교신앙은 열매를 중시한다. 나무는 뿌리가 제대로 자리 잡고 둥치가 튼튼해야 하지만 열매를 풍성히 맺어야 한다. 가르침과 행위는 삶에서 드러난 열매實를 통해 그것의 참됨眞實을 증거한다. 성령 충만은 강조하면서도 그리스도인의 성품 형성에 관심이 덜했던 한국교회에 이 책은 좋은 지침이 될 것이다. 성령의 아홉 가지 열매에 대해서 신학적으로, 철학적으로 개념을 잘 설명해 줄 뿐 아니라 현대의 주도적 문화로 인해 성품 개발에 방해받는 요소들을 소상히 밝혀 두었고, 구체적 지침과 생각해 볼 물음들을 친절하게 정리해 두었다. 개인 독서뿐만 아니라 그룹 토의 교재로 쓰기에 적합할 것이다.

강영안 | 서강대학교 교수

한국교회에 너무나도 적실한 책이다! 이 책은 우리가 그토록 자랑스럽게 여기는 영적 결과물들이 성령의 열매와 얼마나 거리가 먼지, 아니 그것들은 그저 세속적인 확장일 뿐이라는 불편한 진실을 우리로 대면케 한다. 시대를 분별할 수 있는 지혜를 제공하고, 세속의 한복판에서 성령의 열매를 맺을 수 있도록 도와줄 구체적인 안내서다.

박영돈 | 고신대학교신학대학원 교수

지루한 일상이 반복되는 현실 속에서 그리고 현대사회의 도전과 유혹 속에서 우리 시대의 교회와 신자들은 복음을 신실하게 구현하고 있는가? 이 질문에 이 시대의 그리스도인과 교회는 정직하게 직면해 답변하고 책임져야 한다. 이런 진지한 성찰과 고민을 갖고 씨름하고자 하는 성도들이라면 그리스도인의 삶과 성품, 성령의 열매에 대한 탁월한 해석과 적용을 제안하는 이 책으로 올바른 시도를 받을 필요가 있다. 이 책을 적극 추천한다!

박영선 | 남포교회 목사

풍부한 인문학적 시식과 생명력 있는 신앙에 대한 진솔한 고민, 성경적 해법으로 자칫 진부하게 생각하기 쉬운 성령의 열매라는 주제를 참신하고 깊이 있게 다룬 명저다. 추상적이고 관념적이기 쉬운 신앙 이야기를 교회가 직면한 '문화'라는 컨텍스트 속에서 일상의 언어로 바꾸어 놓은 저자의 은사와 묵상이 돋보인다. 그룹성경공부 교재로도 적합한 이 책을 많은 그리스도인들이 필히 정독하기를 바란다.

손희영 | 플로리다 게인스빌한인교회 목사

이 책은 신학과 철학 모두에 관심을 가진 저자가 하나님 나라의 백성, 문화, 성령의 열매라는 세 가지 주제를 잘 드러내고 있는 흥미로운 책이다. 무엇보다 저자와 역자 모두를 신뢰할 수 있기에 본서에 대한 관심을 크게 가질 수 있을 것이다. 부디 이 책을 통해서 우리가 하나님 나라의 백성답게 이 세상 속에서 성령의 열매를 나타내고, 이 땅의 문화에 저항하며 그것을 하나님이 원하시는 방향으로 변혁해 나가는 일에 더 힘써 나갈 토대를 마련할 수 있기를 바란다.

이승구 | 합동신학대학원대학교 교수

무척 흥미롭고 활용하기 좋으면서도 무게감 있는 책이다! 이 책의 저자 필립 케네슨은 그리스도의 부르심을 입은 기독교 공동체가 복음을 삶으로 구현하고자 소망한다면, 이 세대의 문화와 흐름을 파악할 필요가 있음을 깨달아야 한다고 말한다. 그의 재치 있고 요령 있는 지혜와 깊이 있는 성찰은 우리로 하여금 제자도의 내용을 구체화시키면서 성령으로 변화를 받아 살아가도록 도전을 준다. 놓쳐서는 안 될 책이다.

L. 그레고리 존스 | 듀크대학교 교수

필립 케네슨은 결코 낙관주의자가 아니다. 북미 문화 속에서 현재 병들어 있는 그리스도인의 현실을 너무나 통렬하게 고찰하기 때문이다. 그렇다고 비관주의자는 더더욱 아니다. 비관주의에 머물러 있기에는, 하나님이 그분의 백성을 변화시키고 말 것이라는 그의 믿음은 너무도 굳건하기 때문이다. 거침없는 그리고 절대적인 소망을 담고 있는 그의 예언자적 도전에는 탄탄한 성경적 성찰과 탁월한 문화 분석, 건전하고 적극적인 대안까지 한꺼번에 제시되어 있다. 하나님, 많은 이들로 하여금 성령께서 이 탁월한 책을 통해 교회에 하시는 말씀을 듣게 하소서!

마르바 던 | 『고귀한 시간 낭비』 저자

본서는 제자도에 대한 우리 시대의 사회적·문화적 장애물을 파헤치면서 동시에 성경의 명령과 사회적 분석, 목회적 실제성이라는 미덕을 골고루 갖추고 있다. 저자는 학문적인 관심사로 치부될 수 있는 중요한 주제를 일상생활과 대중적인 언어, 교회의 대화 속에서 분명하고 명쾌하게 설명해 나간다. 그러면서도 부드러운 문체로 복음의 알갱이를 바로 세우며, 우리 시대의 정치·경제·문화에 대한 철학적이면서 신학적인 비평을 제시한다. 이 책은 목회자들과 기독교 지도자, 부모들 그리고 그의 나라와 의를 구하고자 하는 모든 이를 위한 필독서다.

마이클 버드 | 드폴대학교 교수

기독교적 성품과 중산층 교양 사이의 긴장을 예리하게 구별해 내는 저자는 바울이 갈라디아서에서 말한 성령의 열매의 의미를 친절하게 규명해 가면서, 우리로 하여금 소비주의 문화, 생산성의 노예화, 폭력에의 유혹 같은 장애물 코스를 간파하도록 한다. 부족함을 모르고 열광적인 우리 시대에 주어진 『그리스도를 본받아』 같은 책이다! 조급하고 사랑 없는 우리의 급소를 깊숙이 찌르는 정교한 영적 교훈으로 가득 차 있으며, 예리한 통찰력과 현실에 뿌리내린 실제성, 거기에 교회에 대한 연민의 정까지 갖추고 있는 명저다.

엘렌 체리 | 프린스턴신학교 교수

본서는 번뜩이고 참신한 지성으로 쓰여진 최고의 책이다. 우리 시대의 세속주의 문화에 대한 케네슨의 빈틈없고 착실한 비평은 예리하고 그리스도인들에게 생기를 불어넣어 준다. 책 전반에 걸쳐 드러나는 통찰은 교회와 그리스도인들에게 큰 도전을 준다. 성경적이고 소망이 넘치는 비평을 넘어 우리를 세상의 열매를 맺는 존재가 되도록 요구하는 문화에 맞서 그리스도의 신실한 제자로 살아갈 수 있도록 하는 특별하고 실천적인 제안들을 제시한다.

윌리엄 윌리몬 | 『주여, 기도를 가르쳐 주소서』 공동 저자

제어할 수 없을 정도로 복음에 적대적인 문화의 한복판에서 기독교적 제자도를 '실제'가 되도록 만들어 주는 비범한 선물을 제공해 주는 책이다. 자본주의 체제의 선진 문명과 기술 문화가 우리의 지성과 마음과 행동을 점령하고 있는 상황에서 본서는 우리의 영적 질병을 진단한다. 우리의 영적인 삶을 소생시키고 성령의 열매를 맺도록 도와줄 귀하고 환영할 만한, 실제적이고 예언자적이며 성경에 근거한 처방전이다. 우리 시대의 문화에는 도전을, 하나님께는 영광을 돌리게 만드는 책이다.

존 캐버너 | 『소비사회를 사는 그리스도인』 저자

예수님은 길과 진리와 생명을 말씀하셨다. 그분은 살아내셨다. 그의 말씀에 거룩한 불을 놓으시고, 그 길을 걸으셨다. 저자는 이렇듯 진리는 언제나 단순하다는 사실을 새삼 확인케 한다. 젊은이들로 하여금 복음에 관해 진지하게 질문하게 만들고 복음이, 그 길과 그 생명이 왜 우리가 가진 모든 것, 우리 존재의 모든 것을 온전히 헌신하도록 요구하는지 제대로 보여 준다. 대대로 전승되어 온 깊은 지혜와 새로운 에너지 모두를 겸비한 책이다.

프레드릭 노리스 | 임마누엘신학대학교 교수

열매 맺다

시대의 분별과 성령의 열매

열매 맺다

시대의 분별과 성령의 열매

열매 맺다

시대의 분별과 성령의 열매

필립 D. 케네슨 지음 | 홍병룡 옮김

나의 부모님과 트레이즈 포인트 크리스천 교회에 속한
예수 그리스도의 지체들을 기억하며

차 례

Life on the Vine

프롤로그 당신은 어떤 열매를 맺고 있는가? 11

1장 세상 속에서 성령의 열매 맺기 19
2장 사랑_ 거래관계가 판치는 세상에서 맺는 열매 51
3장 희락_ 욕망을 조작하는 세상에서 맺는 열매 87
4장 화평_ 파편화된 세상에서 맺는 열매 127
5장 오래 참음_ 생산성이 기준인 세상에서 맺는 열매 167
6장 자비_ 홀로서기를 강조하는 세상에서 맺는 열매 207
7장 양선_ 자기계발에 목숨 건 세상에서 맺는 열매 241
8장 충성_ 급변하는 세상에서 맺는 열매 279
9장 온유_ 공격적인 세상에서 맺는 열매 309
10장 절제_ 중독이 만연된 세상에서 맺는 열매 345

에필로그 바랄 수 없는 중에 바라는 믿음 375
주 382

그들의 열매로 그들을 알지니 가시나무에서 포도를 또는 엉겅퀴에서 무화과를 따겠느냐 이와 같이 좋은 나무마다 아름다운 열매를 맺고 못된 나무가 나쁜 열매를 맺나니 좋은 나무가 나쁜 열매를 맺을 수 없고 못된 나무가 아름다운 열매를 맺을 수 없느니라 아름다운 열매를 맺지 아니하는 나무마다 찍혀 불에 던져지느니라 이러므로 그들의 열매로 그들을 알리라 마 7:16-20

오직 성령의 열매는 사랑과 희락과 화평과 오래 참음과 자비와 양선과 충성과 온유와 절제니 이 같은 것을 금지할 법이 없느니라 그리스도 예수의 사람들은 육체와 함께 그 정욕과 탐심을 십자가에 못 박았느니라 만일 우리가 성령으로 살면 또한 성령으로 행할지니 갈 5:22-25

프롤로그

당신은 어떤 열매를 맺고 있는가?

내 강의를 듣는 학생들은 마지막 학기가 되면 수행해야 할 과제가 하나 있다. 급변하는 우리 문화의 한복판에서 그리스도의 몸으로 산다는 것이 무엇을 뜻하는지 그 의미를 깊이 탐구하는 일이다. 이 과제는 여기에 참여한 이들이 진정으로 예수 그리스도의 제자가 되고자 하는 열망을 품은 젊은이들이라는 점에서 흥미로우면서도, 교회를 둘러싸고 있는 문화가 너무도 빨리 변해서 우리의 성찰이 그 변화의 속도를 따라잡기가 쉽지 않기에 매우 도전적인 과제다.

교수로 재직한 지 얼마 되지 않아 나는 내가 살고 있는 미국의 그리스도인들이 자신들의 교회를 평가할 때 의견이 양쪽으로 나뉜다는 사실을 알게 되었다. “최고로 좋은 곳이기도 하고, 최악의 장소이기도 하다”는 것이다. 한쪽 사람들에게 미국은 그리스도인이 누릴 수 있는 온갖 장점들을 가지고 있는 나라다. 그 가운데 가장 두드러진 것이 종교적 자유다. 어떤 이들은 이 자유가 자신들에게는 결정적인 요소이기 때문에 종교의 자유를 확보했고 지금도 자유를 보호하고 있는 이 국가에 무조건 충성해야 할 의무가 있다고 믿는다. 게다가 이 지구상에는 마음껏 예배할 자유를 누리지 못하는 나라들이 많다는 이유로, 사려 깊고 성실한 대다수의 그리스도인이 미국보다 신앙생활을 하기에 더 좋은 나라는 없다고 생각한다.

그러나 미국이라는 사회에는 간과할 수 없는 약점이 있다고 생각하는 그리스도인도 있다. 이들은 이 나라가 제공하는 자유를 감사하면서도 그 문화 속에 신앙생활을 방해하는 요소가 많다는 점을 지적한다. 이를테면 기독교 신앙에 대한 "문화 엘리트층"의 대대적 비판, 학교에서의 기도 금지, 국가적인 차원에서의 도덕적 몰락 등이 그것이다. 더구나 이런 그리스도인들은 기독교가 소위 공적인 영역에서 이전의 특권적 지위를 잃어버렸다고 한탄하면서, 기독교가 그 지위를 회복해 공공 생활의 중심에 다시 우뚝 설 수만 있다면 모든 일이 제대로 될 것이라고 생각한다.

그러나 모든 일이 제대로 되지는 않을 것이다. 설사 막대한 노력을 기울여 기독교가 특권적 지위를 다시 얻게 된다 하더라도 그 기독교가 심각한 결함을 안고 있거나 명목상의 기독교에 불과하다면 그런 노력은 헛수고로 끝나게 될 것이다. 우리는 예수님이 그분의 백성에게 그들이 얼마만큼의 권력을 행사하느냐, 얼마나 큰 특권을 확보했느냐에 따라 교회의 건강상태를 평가하라고 말씀하신 적이 한 번도 없었다는 사실을 명심해야 한다. 아니 오히려 예수님은 자신을 좇는 자는 그 열매로 그 점을 알려야 한다고 주장하셨다.

기독교 공동체의 건강은 단순히 정치적 영향력이나 공공정책에 대한 영향력의 크기로 평가될 수 없다. 우리는 우리의 일상이 우리 시대의 지배문화에 얼마나 영향을 받고 있는지를 깊이 고찰해야 한다. 이 사회에 몸담고 있는 그리스도인은 오늘날의 문제점을 "외적인" 증상에 국한시키는 잘못을 상습적으로 범한다. 이런 식의 생각은 우리를 잘못된 진단을 받은 환자 같은 신세로 만든다. 이름 모를 병으로 고생하는 것만 해도 고통스러운데, 어느 날 의사들이 엉뚱한 문제와 싸우고 있었다는 사실을 알게 되면 그야말로 고문을 당하는 느낌일 것이다. 더군다나 잘못된 처방으로 인해 병세가 악화된다면 그 괴로움은 이루 말할 수 없을 것이다. 병의 원인을 제대로 파악하고 있지 않는 한 완쾌되기는커녕 고통만 가중될 것이다. 나는 오늘날 많은 그리스도인이 바로 이런 처지에 놓여 있다고 생각한다. 교회가 무언가 심각하게 잘못되었다고 인식은 하고 있지만, 그 문제가 무엇인지를 딱 집어서 말하지 못하는 실정이다. 오늘날 교회의 질병에 대한 진단은 피상적이고, 그로 인한 처방도 원상태를 더 악화시킬 뿐 아니라 오히려 좌절감을 불러일으키고 있다.

나는 우리 시대의 교회가 심각한 병을 앓고 있다고 확신하고, 교회로 하여금 그 병을 정확하게 파악하고 그것을 정직하게 대면하도록 하기 위해 이 책을 썼다. 모든 진단서가 그렇듯 이 책도 엄중한 판단과 함께 희망 또한 제공한다. 즉 우리의 질병을 야기한 나쁜 사고방식과 행동양식을 판단하는 일과 더불어, 하나님의 은혜로 새로운 사고방식과 행동양식을 습득하여 그분의 새로운 숨결에 힘입어 세상 앞에서 좋은 열매를 맺게 될 것이라는 희망을 포함하고 있다.

어떤 독자는 교회가 심각한 병에 걸려 있다는 내 주장에 동의하지 않을 것이다. 최근 여론조사에 따르면 내가 살고 있는 미국의 경우, 과거 그 어느 때보다 종교적인 나라라는 설문조사 결과가 나왔다고 한다. 그럴 수도 있다. 그러나 "구원받았습니까?" 같은 단순한 질문에 대한 응답을 표로 만드는 일보다 그리스도인이 성령의 열매를 맺고 있는지 여부를 파악하는 일은 훨씬 어려운 일이다. 정기적으로 예배에 참석하는 교인의 수에 대한 통계조사를 무시해서는 안 되겠지만, 그런 숫자로 교회가 아무 문제없이 잘 돌아가고 있다고 생각해서는 안 된다. 다시 말하지만 예수님은 여론조사 결과가 아니라 우리의 열매로 우리의 정체와 건강상태를 알게 될 것이라고 말씀하셨다.

다음 장들은 교회가 성장 중에 있으면서도 성령의 열매를 맺지 못할 수 있음을 보여 준다. 사실 대다수의 교회는 지배문화가 교회에 심어 놓은 씨앗을 키우고 있다. 그 결과 성령이 심어 놓은 씨앗은 말라 죽고, 성령의 열매와는 전혀 다른 열매를 수확하고 있다. 이는 현재 우리 사회에 존재하고 있는 교회가 지배문화에 대한 대안적인 모습보다는 세상을 닮아 있다는 뜻이다. 이론적으로는 주변문화를 모방하는 것이 큰 문제가 아닐 수도 있다. 인간의 문화와 하나님의 방식을 극단적으로 대립시킬 필요가 없기 때문이다. 하지만 내가 이 책에서 주장하듯이 지배문화가 하나님이 다스리시는 모습을 닮지 않았을 때 그 모방은 심각한 문제로 나타난다. 더구나 이런 현실을 인식조차 하지 못하면 이에 대해 효과적인 조치를 취할 가능성은 거의 없어진다.

이 책을 통해 내가 바라는 것은 현대를 사는 그리스도인 사이에서 우리 문화 속에서 복음을 구현하는 일이 왜 그렇게 어려운지, 무엇을 지향해야 하는지에 대한 진지한 대화를 시작할 수 있는 계기를 마련하는 것이다. 여기서 나는 내가 몸담고 있는 미국 교회들과 그 지배문화에 초점을 맞추었다. 하지만 이 지배문화가 여러 제도와 관행을 통해 다른 지역에까지 퍼져 나가, 본서가 다루는 많은 이슈들이 미국 이외의 사회에서도 일어나고 있을 것이라고 확신한다. 그렇기 때문에 나와는 다른 문화에 속한 독자라 하더라도 나의 주장에 충분히 공감하리라 예상하지만, 자신의 문화에 맞게 적용하는 일은 각자의 몫이라고 말하고 싶다.

이 책이 정답보다는 질문을 더 많이 하고 있는데, 그러나 이 점은 사과할 문제가 아니라는 확신이 든다. 올바른 질문을 던지는 것보다 오늘날의 교회에 더 중요한 과제는 없기 때문이다.

흔히 그렇듯이 이 책도 모두 거론할 수 없을 정도로 많은 사람들의 도움과 지원이 없었더라면 빛을 볼 수 없었을 것이다. 이런저런 단계에서 통찰력과 제안을 제공해 준 사람들에게 감사를 표하고 싶다. 무엇보다 먼저 지난 7년 동안 나와 함께 기독교 신앙과 우리 시대의 문화 사이의 상호작용을 탐구한 밀리건대학교의 졸업반 학생들에게 빚을 졌다. 매 학기마다 이 과제를 기꺼이 수행한 그들의 열정은 나에게 영감과 교훈을 주었다.

다음에 열거하는 귀한 친구들도 각기 다른 단계에서 대단히 유익한 논평과 제안을 제공해 주었다. 마가렛과 A. K. M. 아담, 스티브와 멜린다 파울, 알란과 벳지 풀, 크레이그와 마가렛 파머, 테레사 히트너, 장 코리, 리 마그네스, 수잔 히긴스, 프레드릭 노리스, 조나단 월슨, 쉐리 보울스, 스탠리 하우어워스, 킴 케네슨 등. 꼼꼼한 편집 작업을 통해 이 책의 논리와 가독성을 보강해 준 데이비드 커닝햄에게 특히 감사하고 싶다. 이 책의 담당 편집장으로 수고한 로드니 클랩은 수년에 걸쳐 격려와 우정을 베풀어 주고 인내심과 분별력을 발휘했던 훌륭한 본보기였다.

위에서 언급한 모든 사람은 책을 다듬는 일에 참여한 이들이다. 더 중요한 것은 그들이 내 삶을 다듬는 일에도 관여했다는 사실이다. 이 책과 내 삶이 이 귀한 친구들의 기대에는 미치지 못하지만, 그들의 신실하고 희생적인 모습으로 인해 하나님께 감사를 드린다. 이 책이 기독교 공동체에서 성령의 열매를 양성하는 일을 다루고 있는 만큼, 이들과 함께 하나님의 은혜와 임재의 도구로 사용되어 온 다른 형제와 자매들에게도 감사를 드린다. 이 책을 나의 부모님과 더불어 인디애나 주 인디애나폴리스에 있는 트레이즈 포인트 크리스천 교회 성도들에게 헌정한다. 그들은 나에게 성령 안에 사는 삶을 소개해 준 분들이다. 그리스도의 형상을 본받기까지 갈 길이 아직 멀지만, 내가 바른 길을 걷도록 도와준 성도들에게 감사하고 싶다.

최근에 들어서야 자녀들이 우리의 삶에 얼마나 큰 영향을 미치는지를 새삼 깨닫게 되었다. 그래서 나의 삶에 말할 수 없는 기쁨과 둘도 없는 관점을 선사해 준 다섯 명의 아이들에게 각별히 감사하고 싶다. 아내 킴도 지난 16년에 걸쳐 내게 말할 수 없는 영향을 미쳤다. 아내는 이 책에 묘사된 훌륭한 그리스도인의 삶에 내가 얼마나 미치지 못하는지를 누구보다 잘 알고 있다. 그럼에도 오랜 세월 동안 신실하게 늘 함께해 주고 격려해 준 아내와 하나님께 큰 감사를 표한다.

나는 참 포도나무요 내 아버지는 농부라 무릇 내게 붙어 있어 열매를 맺지 아니하는 가지는 아버지께서 그것을 제거해 버리시고 무릇 열매를 맺는 가지는 더 열매를 맺게 하려 하여 그것을 깨끗하게 하시느니라

요 15:1-2

이에 비유로 말씀하시되 한 사람이 포도원에 무화과나무를 심은 것이 있더니 와서 그 열매를 구하였으나 얻지 못한지라 포도원지기에게 이르되 내가 삼 년을 와서 이 무화과나무에서 열매를 구하되 얻지 못하니 찍어버리라 어찌 땅만 버리게 하겠느냐 대답하여 이르되 주인이여 금년에도 그대로 두소서 내가 두루 파고 거름을 주리니 이 후에 만일 열매가 열면 좋거니와 그렇지 않으면 찍어버리소서 하였다 하시니라

눅 13:6-9

1장

세상 속에서 성령의 열매 맺기

Spirit

성령은 교회에 생명을 주고 존재를 유지시키는 원동력이다. 성령이 없으면 교회는 생명 없는 빈껍데기에 불과하거나, 부활한 예수의 영이 아닌 다른 영에 의해 움직이는 끔찍한 괴물일 뿐이다. 물론 교회가 어떤 영에 의해 움직이는지 말하기란 쉽지 않다. 그래서 예수님은 어떤 것의 실체를 알려면 그 열매를 조사해야 한다고 말씀하셨다. 만일 그리스도의 영이 교회를 움직이고 있다면 성령의 열매를 맺어야 마땅하고, 다른 영이 그것을 움직이고 있다면 다른 열매를 맺을 것이기 때문이다. 그러므로 우리는 오늘의 교회를 향하여 단순히 "열매를 맺고 있는가?" 하고 묻는 것이 아니라, "교회가 맺고 있는 열매가 과연 성령의 열매인가?" 하고 좀더 정확하게 물어야 한다.

이 면에서 나는 주제넘게 모든 교회를 판단할 생각은 추호도 없다. 그렇지만 몇몇 예외를 감안하며 일반적인 평가를 내리는 일은 가능하리라 생각한다. 특히 소위 주류 개신교회를 비롯한 많은 교회는 지난 몇십 년간 숫자와 생명력과 헌신도에서 모두 하향세를 보였다. 반면에 소수의 교회들, 특히 좀더 보수적이거나 복음주의적이거나 오순절 교단에 속하는 교회들은 약하긴 하지만 성장하고 있다는 징표를 보여 왔다. 이 가운데 일부는 사용자 편의주의에 편승해 수적인 성장을 보이고 있다. "구도자"를 끌기 위한 이런 전략이 장기적으로 어떤 결과를 낳을지는 여전히 미지수고, 또 이런 방법에 끌린 사람들이 과연 "자기중심적인 구도자"에서 "타인중심적인 제자도"의 삶을 살 수 있을지 궁금하다.

설사 교회가 지금은 수적으로 현상유지를 하고 있다 하더라도 우리가 교회를 걱정해야 할 이유는 충분하다. 그리스도인으로서 우리는 예수 그리스도를 주님이요 구원자로 고백하는데, 이 고백이 우리의 일상생활에서 어떤 영향을 미치고 있는가? 예를 들어 그리스도인과 비그리스도인의 이혼율이 별 차이가 없고, 10대 그리스도인이 혼전 순결을 지킬 확률은 비그리스도인보다 높지도 않다. 게다가 배우자와 어린이 학대 문제에 대해 교회는 침묵하고 있고 오히려 세상만큼 만연해 있는 것처럼 보인다. 이렇듯 많은 그리스도인이 "자신들을 세상과 구별되게 만드는" 신조를 믿고 있다고 주장하지만 그 구별됨이란 게 도대체 어디에 있는지 알 길이 없다. 교회가 성령의 열매를 풍성하게 맺고 있다고 말하지는 못하더라도 사랑과 오래 참음, 양선 같은 열매들 가운데 어느 것 하나 제대로 맺고 있다고 말할 수도 없는 실정이다.

성령의 열매를 맺느냐 맺지 못하느냐 하는 질문은 성령의 열매를 맺도록 우리를 부르신 하나님의 목적과 관계가 있다. 우리가 성령의 열매를 풍성하게 맺고자 하는 것은 우리의 구원이 여기에 달려 있거나 하나님의 사랑을 더 많이 받기 위해서가 아니다. 우리는 하나님이 현재 모든 창조세계를 치유하고 화목케 하고 계시며 하나님이 예수 그리스도 안에서 우리를 부르신 것은 그 화목의 첫 열매가 되게 하시려는 것이라고 믿는다살후 2:13, 약 1:18. 요컨대 하나님은 우리가 이 세상 가운데 하나님이 모든 창조세계에 기대하시는 그 화목을 가시적으로 구현하도록 우리를 부르셨다. 이 소명의 일부가 이 세상에 하나님이 지금도 살아 계시고 일하고 계심을 증언하는 일환으로 성령의 열매를 맺는 일이다. 따라서 이 열매를 맺지 못하고 있다는 것은 세상을 향해 만물을 화목케 하는 하나님의 현존을 구체적으로 증언하지 못하고 있다는 뜻이다. 물론 교회가 세상을 향해 하나님의 화해의 사역을 입으로는 계속 증언하겠지만, 그 사역의 열매가 없으면 그것은 빈 소리에 불과하고 그 증언도 신빙성과 힘을 잃게 된다.

기본으로 돌아가자

왜 오늘날 교회는 일상에서 영적인 차별성을 나타내는 제자를 길러 내지 못하는 것인가? 중요한 질문이지만 간단한 해답은 없다. 사실 이 문제는 다양한 방식으로 접근해 검토해야 한다. 나는 성경에 흔하게 사용되는 원예horticulture 은유의 도움을 받아 이 이슈를 자세히 조사해 보려고 한다. 물론 이 밖의 다른 은유들도 논의를 전개하는 과정에서 필요할 때마다 언급하겠지만, 원예 은유를 사용하는 데는 몇 가지 장점이 있다.

첫째, 성경 전반에 있는 모티프를 충분히 활용할 수 있다. 성경을 읽어 본 사람이면 누구나 성경이 원예 은유와 이미지로 가득 차 있음을 알게 된다. 사실 성경 자체가 이 이미지를 뼈대로 삼고 있다. 창세기에는 하나님이 흙으로 최초의 인간들을 창조하시고, 풍성한 열매를 마음껏 먹을 수 있는 동산에 그들을 두시는 장면이 나온다. 이어서 그들의 불순종으로 인해 여러 결과가 초래되는데, 그 가운데 하나는 땅이 저주를 받는 것이다. "너는 평생 수고하여야 그 소산을 먹으리라. 땅이 네게 가시덤불과 엉겅퀴를 낼 것이라"창 3:17-18. 요한계시록은 이 사건을 뒤돌아보는 동시에 앞을 내다보는 대목으로 끝을 장식한다.

> 또 그가 수정 같이 맑은 생명수의 강을 내게 보이니 하나님과 및 어린 양의 보좌로부터 나와서 길 가운데로 흐르더라. 강 좌우에 생

명나무가 있어 열두 가지 열매를 맺되 달마다 그 열매를 맺고 그 나무 잎사귀들은 만국을 치료하기 위하여 있더라. 다시 저주가 없으며… 계 22:1-3.

성경의 처음과 마지막을 장식하는 이 두 본문 사이에도 원예 이미지들이 즐비하게 등장한다. 이런 이미지는 전자레인지와 패스트푸드를 특징으로 하는 우리 시대에도 놀랄 만한 힘을 보유하고 있다. 가령 시편 1편에 나오는 이미지를 누가 잊을 수 있겠는가! 의인을 시냇가에 심겨져서 철을 따라 열매를 맺으며 그 잎사귀가 마르지 아니하는 나무에 비유하는 구절을 말이다. 하나님이 반복해서 이스라엘을 포도원으로 언급하는 대목들시 80:8-18, 사 5:1-7, 렘 2:21, 11:16, 12:10, 호 10:1은 어떤가? "이새의 줄기에서 한 싹이 나며 그 뿌리에서 한 가지가 나서 결실할 것"이라는 놀라운 예언사 11:1은 또 어떤가? 예수님이 제시하신 가장 정교한 비유 중 하나는 씨 뿌리는 자 비유인데, 이 비유에서 예수님은 모든 씨가 싹트고 뿌리를 내리고 성장하여 많은 열매를 맺지 못할 줄 알면서도 관대하게 온갖 종류의 땅에 씨를 뿌리는 자로 등장한다. 또 다른 곳에서는 밀, 가라지, 겨자씨, 포도원 등을 소재로 삼아 가르치신다. 그리고 요한복음에서 예수님은 자신을 포도나무에, 제자들을 가지에, 아버지를 농부에 비유하신다.

사도 바울도 로마서에서 돌감람나무인 이방인들이 어떻게 참 감람나무인 이스라엘에 접붙임을 받았는지를 설명하는 데 상당한 노력을 기울이고 있다. 또 갈라디아 교인에게 쓴 편지의 마지막 부분에서는 우리에게 심은 대로 거둘 것임을 상기시켜 준다. "자기의 육체를 위하여 심는 자는 육체로부터 썩어질 것을 거두고 성령을 위하여 심는 자는 성령으로부터 영생을 거두리라"갈 6:8. 바로 앞 장에서 바울은 성령의 열매를 열거한 바 있다.

이와 같은 성경 은유와 이미지를 붙잡는 데는 또 다른 이유가 있다. 그것은 이 은유와 이미지들이 그리스도인의 삶에서 행위와 은혜가 모두 중요하다는 점을 강조하기 때문이다. 모든 농부는 주어진 시간에 끝낼 수 없는 일이 늘 있기 마련임을 안다. 동시에 수확하는 과정에서 자기가 통제할 수 없는 일이 일어난다는 것도 알고 있다. 농부가 씨앗을 싹트게 하거나, 햇빛이 비치게 하거나, 비가 내리게 할 수는 없는 노릇이다. 그러나 농부는 이와 같은 좋은 선물이 계속해서 주어질 것임을 신뢰하며, 힘들고 위험부담이 많은 농사일을 감당한다. 은혜와 노력, 선물과 수고 이 양자를 모두 붙들어야 하는 것이다. 그런데 안타깝게도 그리스도인은 종종 이 양자를 서로 대립시키거나, 어느 하나를 강조하고 다른 하나를 배제시키곤 한다. 농부의 지혜는 수확할 가치가 있는 것을 키우고자 한다면 두 가지 모두 필요하다는 것을 상기시켜 준다. 영적인 삶도 마찬가지다. 우리 편에서 해야 할 일이 많이 있지만, 성령 안에서 성장해 가는 것이 무엇보다 하나님의 선물임을 깨달아야 한다.

은혜와 노력 사이의 관계는 이미지를 통해 알 수 있는 여러 가지 중 하나일 뿐이다. 중요한 또 다른 한 가지는 하나의 열매를 수확하는 데 필요한 여러 요인들의 복잡한 내적 상호작용에 관한 것이다. 여기에는 많은 요인이 포함되어 있다. 씨앗 품질, 토지 성분, 주변 식물의 특성, 기온과 강우량 등 이런 "자연적인" 요인들에 덧붙여 인간의 재배 행위도 열매의 품질에 영향을 미친다. 이를테면 밭 갈기, 심기, 잡초 뽑기, 거름주기, 짚 깔기, 받침대 받치기, 가지치기, 물 대기, 수확 등이 모두 거기에 포함된다. 이처럼 복잡한 요인이 섞여 있는 원예 농사는 좋은 열매를 맺어야 할 교회를 둘러싸고 있는 문화적 복잡성과 여러 면에서 유사하다. 이 점을 이해하기 위해 우리가 흔히 사용하는 문화라는 단어의 뜻을 좀더 알아보도록 하자.

문화란 무엇인가?

문화라는 단어는 우리가 흔하게 사용하고 있지만 정의 내리기는 쉽지 않은 단어다. 언어학자 레이몬드 윌리엄스는 문화야말로 영어에서 가장 복잡한 단어 중 하나라고 말한다.[1]

이 영어 단어는 본래 라틴어 콜레레*colere*, 곧 밭을 갈거나 들판이나 정원을 돌보는 행위를 뜻하는 농업 용어에서 유래했다. 세월이 지나면서 그 용도가 확대되어 몸, 정신력, 미덕, 신, 신전과 같은 것들을 양성하거나 돌보는 일까지 포함하기에 이르러 콜로누스colonus는 농부 내지는 땅을 경작하는 사람, 콜로니아colonia는 농장이나 토지나 정착지를 의미하게 되었다. 그 결과 이 단어는 어떤 거주지든지 가리킬 수 있는 일반적인 용도로 사용되게 되었고, 이 단어에서 파생된 쿨투스cultus는 신들의 보살핌과 명예를 부각시키는 단어로 사용되었다. 여기에서 유래한 영어 단어가 바로 숭배란 뜻의 컬트cult다.

훗날 문화라는 단어는 "문명"의 유사어로 사용되기 시작했다. 따라서 "문화를 가졌다"는 것은 곧 "문명화되었다"는 것을 의미했다. 이 용법에 따르면 사람들 가운데는 문화를 가진 사람과 그렇지 못한 사람이 있다고 할 수 있다. 또는 적어도 사람들 사이에 여러 등급이 있다는 말인데, 오늘날 "고급" 문화와 "하급" 문화를 구별하는 것도 그런 신념에서 나온 것이다. 이런 구별은 주로 예술 활동 같은 특정한 활동을 우월한 것으로 간주하는 이들의 가치관을 보통 반영한다. 그래서 "문화인"이란 음악, 문학, 영화, 그림, 조각 등에 관해 많은 지식을 가진 사람을 일컫는 말이 되었다.

좀더 넓은 의미에서 "문화"는 특정한 민족, 집단 또는 시대가 지닌 특정한 생활방식을 가리킨다. 이런 의미의 문화는 기본적으로 한 민족의 삶을 지도하고 형성하는 일련의 기대사항이라고 할 수 있다. 다른 문화권에 가 본 적이 있는 사람이면 누구나 그 지역 사람에게 기대하는 것이나 자기 자신에게 기대되는 것이 무엇인지를 몰라 불편함을 느낀다. 이처럼 우리 주변의 모든 사람과 모든 사물이 어떤 문화 속에 뿌리박고 있다고 가정하는 보다 추상적인 "문화"의 용법은 불과 백여 년 전에 생겼을 뿐이다. 이 책에서 나는 바로 이 개념으로서의 "문화"를 사용했다.

이처럼 문화라는 단어가 무척 구불구불한 길을 걸어 여러 단어로 갈라졌지만, 그 뿌리가 동일하다는 것을 알아 둘 필요가 있다. 생활방식 내지는 일련의 기대사항으로서의 문화는 언제나 양성되는cultivated 것이지 저절로 생기는 것이 아니다. 얼핏 보면 문화가 매우 "자연스러운" 것처럼 보이지만 그것은 언제나 특정 사고, 특정 행동방식에 의해 계발되고 유지되는 인간이 고안한 창조물이다. 문화는 또한 거주 공간, 곧 특정한 사고와 행동방식을 전제로 삼고 소중히 여기며 재생산하는 거류지colony이기도 하다. 이런 의미에서 문화는 현실이 어떤 것인지, 그 속에서 인간의 위치는 어디인지, 가치 있는 일이란 무엇인지 또 왜 그런지 등에 관한 구상을 담은 일종의 그릇 같은 것이다. 이 때문에 문화는 어떤 사물이나 인물에게 영예를 돌리는 일종의 숭배cult와 같은 것이기도 하다.

이런 언어적 계보를 유념하면서 이제는 좀더 세밀한 실용적인 정의를 내려 보기로 하자. 문화는 여러 학문의 연구 대상이기 때문에 그것을 정의하는 방식도 여러 가지며, 각 정의는 나름의 강점과 약점을 갖고 있다. 여기서 강조하고 싶은 점은 문화는 특정 집단의 삶에 질서와 모양을 부여하는 관행, 신념, 제도, 이야기와 분리될 수 없다는 사실이다.

이제 실용적인 정의를 내리기 위해 먼저 머릿속으로 다음과 같은 실험을 해 보자. 고고학자인 당신은 방금 사라졌던 문화를 접하게 되었다. 그 유물을 파내려가다가 "©1999"라는 표시가 있는 종이 한 장을 발굴했고, 이어서 "1919~1975, R.I.P."라고 새겨진 매끄러운 화강암 조각을 발견했다. 마지막으로 "Happy Valley Nursing Home"이라고 적힌 오래된 표지판을 발굴했다 치자. 당신은 이 물건들이 무엇을 말하는지 이해하기 위해 그 물건들이 제 역할을 했을 생활방식을 상상해 보려고 할 것이다. 그렇다면 그 문화를 알기 위해 가장 먼저 해야 할 일은 그 물건들이 그 문화 속에서 차지하고 있던 자리들을 이해하는 일일 것이다.

요점은 이런 물건들은 그 문화의 삶을 형성했던 관행과 신념과 제도를 떠나서는 이해할 수 없다는 것이다. 예를 들어 저작권을 부여하는 관행은 그것을 부여하는 공적인 기관뿐만 아니라 지적 재산과 소유권과 공정성에 관한 신념과 분리될 수 없는 것이다. 마찬가지로 공동묘지는 죽은 자를 묻는 문화적 관행과 죽음, 시신에 관한 어떤 문화적 신념 내에서만 "이해될 수" 있고, 양로원도 노인을 돌보는 관행, 그리고 노화와 생산성과 필요한 보살핌과 편의시설에 관한 특정 신념에 비추어 볼 때에만 "의미"를 갖게 된다. 따라서 어떤 문화의 독특한 관행과 신념과 제도는 그 문화를 이해하는 데 반드시 필요한 것이다. 그러나 그런 특징을 발견하거나 거기에 이름을 붙이는 것만으로는 충분하지 않다. 특정 문화가 어떤 활동에 관여하고 어떤 제도를 세우고 어떤 신념을 갖고 있는지를 이해하려면, 그 문화와 관심사와 희망과 관련된 이야기도 알아야 한다.

문화적 유산의 핵심 요소는 그 문화의 변호인이 들려주는 이야기들이다. 그렇기 때문에 위에서 언급한 물건들의 문화적인 의미를 설명하려면 그것들을 보다 큰 틀, 곧 이야기 형식의 틀 속에 자리 잡아야 한다. 그런 이야기들의 줄거리는 보통 그것들을 모두 아우르고 거기에 특정한 의미를 부여하는 전반적인 구조 속에 뿌리를 박고 있다. 인간은 본래 이야기를 통해 주변의 세계를 설명할 뿐 아니라 그 안에 있는 자신의 위치를 설명하는 존재다. 그러므로 두 사람이 겉으로 보면 비슷한 문화적 관행에 참여한다고 해도 자신의 일을 전혀 다르게 이해할 수도 있는 것이다. 여기 두 명의 참전용사가 있다고 하자. 한 명은 제2차 세계대전에 참전한 백인이고, 다른 한 명은 월남전에 참전한 아프리카계 미국인이다. 둘 다 참전용사라는 유사점이 있지만, 이 점은 그들이 자기 나라에 대한 헌신을 이해하는 방식에 의해 달라진다. 2차 대전의 참전용사는 그 집안의 긴 참전 전통에 서서 자신의 복무를 조국에 대한 불굴의 충성심에 입각해서 설명할 수도 있고, 월남전 참전용사는 참전의 의무를 주류 인종인 백인이 그들의 이익을 위해 다른 인종을 착취하는 뚜렷한 본보기로 이해할 수도 있다. 요컨대 관행과 문화적 인공물은 스스로 말하는 게 아니라 더 큰 이야기의 틀 안에서만 의미를 갖게 되는 법이다. 그런즉 한 문화를 이해하는 데 꼭 필요한 작업은 그 사람들이 자

Spirit

신들의 이야기를 들려주는 방식을 파악하는 일이다.

한 민족의 특성을 만드는 주요 요인 중 하나는 그들이 결정적인 중요성을 갖고 있다고 생각하는 특정한 이야기들이다. 왜냐하면 이 이야기들이 하나의 틀을 조성하고 다른 작은 이야기들은 그 안에서 나름의 위치와 의미를 찾게 되기 때문이다. 그런 큰 이야기를 감안하지 않은 채 개별적인 행위들만 봐서는 그 문화를 이해할 수 없다. 그렇기 때문에 우리가 다른 민족의 행위를 오해하기도 하고, 오해받기도 한다. 우리 각자는 우리 자신의 삶뿐만 아니라 타인의 삶도 이야기하고 있는 중이다. 우리가 상대방을 모르면 모를수록 천편일률적인 줄거리에 의존할 가능성이 높아진다. 우리는 어떤 행동양식을 관찰하면서 그 의미를 전달해 주는 모종의 이야기 속에 그것을 두게 된다. 어떤 사람이 그 줄거리에 위배되는 방식으로 행할 경우에, 우리는 우리의 이야기에 따라 그들을 보는 우리의 관점을 수정하거나 왜 그 사람이 "자연스런 모습"대로 행하지 않는지 그 이유를 파악하려고 노력하려 한다. 몇 년 전에 어떤 사건을 통해 나는 이 점을 절실히 깨달은 적이 있다. 당시에 나는 캠퍼스에서 어떤 교수가 여학생과 부적절한 관계를 맺고 있다는 소문을 들었다. 가끔 교수가 여학생의 어깨를 감싸안고 다정하게 키스를 한다는 것이었다. 그 소문이 특히 내게 거슬렸던 이유는 그 장본인이 나 자신이었기 때문이다. 내가 얼마나 놀랐는지 당신은 상상할 수도 없을 것이다. 그런데 그 소문을 퍼뜨리던 사람들이 그 소문의 여학생이 바로 내 딸이라는 사실을 알았을 때 얼마나 놀랐을지 한번 상상해 보라! 그 학생들이 내 행위를 자신들이 만든 이야기 속에 두었다는 것으로 그들을 탓할 생각은 없다. 하지만 이를 통해 그들이 그 이야기 안에 있는 알지 못했던 한 조각의 정보가 그 당혹스런 행위를 이해하는 데 중요한 열쇠가 된다는 사실을 배웠기를 바란다.

Spirit

요약하자면 문화라는 것은 사람들이 영위하는 일상적인 현실에 모양과 의미를 부여하는 신념들, 관행들, 제도들, 이야기들이 굉장히 복잡하게 얽혀 있는 거미집과 같은 것이다. 우리가 어떤 문화를 움직이는 원동력을 알고 싶다면, 그 문화의 복잡한 면모를 연구해야 한다. 마치 농부가 농작물의 성장에 영향을 미치는 변수를 알아내려고 노력하는 것처럼 문화를 공부하자면 주어진 문화의 구조를 형성하는 다양하고 복잡한 관계들을 탐구해야 한다.

왜 문화를 알아야 하는가?

사람들은 제각기 다른 이유로 문화를 공부하는데, 그 이유도 특정 문화의 필수요소에 해당한다. 이를테면 문화인류학자들은 문화를 이해하고 싶은 열망뿐 아니라, 대학교에서 교수로 재직하고 있기 때문에 문화를 연구하기도 한다. 우리 그리스도인들도 스스로를 그리스도인으로 인식하는 데서 비롯되는 나름의 이유를 갖고 문화에 관심을 갖는다.

그리스도인은 예수 그리스도의 제자로 부름 받은 그 소명에 충실하고 싶어한다. 그래서 다른 모든 것을 제쳐 두고 그리스도께 헌신하고 충성한다. 그리스도의 제자가 되려면 본인의 이야기를 더 넓고 포괄적인 이야기 먼저는 이스라엘과 그리고 나중에는 예수 그리스도를 통해 교회와 관계를 맺고 있는 하나님의 이야기 안에 두어야 한다. 그런데 이 작업은 여러 요인 때문에 무척 복잡해졌는데, 그 이유 중 하나가 많은 문화적 불협화음이 우리를 둘러싸고 있기 때문이다. 그 소리들은 우리에게 그들의 이야기와 관행과 신념과 제도에 깔려 있는 가정假定에 따라 우리의 정체성을 정립하라고 부추긴다. 그래서 자신의 자기이해 또는 정체감은 종종 서로 경쟁하는 여러 역할들과 이야기들이 혼합된 결과인 것처럼 보이고, 그것들은 하나같이 자기가 진정한 정체성을 발견하는 열쇠를 쥐고 있다고 주장한다.

이런 이야기들이 우리의 삶을 얼마나 강하게 붙들고 있는지를 알게 해 주는 예화를 하나 들어 보자. 당신이 외국을 여행하고 있다고 상상해 보라. 여행 중에 그 나라의 주민과 대화를 나누게 되었는데, 상대방이 당신에게 자기소개를 부탁했다. 그러면 당신은 무슨 말을 하겠는가? 당신을 누구라고 소개하겠는가? 아마 당신은 먼저 어디에서 왔는지를 말하고, 좀더 구체적으로 어느 도시에 살고 있다고 일러 줄 것이다. 다음에는 어떤 직업을 갖고 있는지 또 얼마나 오랫동안 그 일을 해 왔는지, 그리고 장래의 비전이 무엇인지 등을 얘기해 줄 것이다. 이 이야기가 바닥나면 배우자와 자녀 또는 부모와 형제로부터 시작해 가족관계에 대해 말하고 여행의 목적, 취미, 좋아하는 책이나 음악, 음식 등을 소재로 삼을 것이다. 그때 이제까지 당신에 관한 이야기만 한참 늘어 놓았고, 상대방이 이제는 당신에 대해 웬만큼 알게 되었다는 생각이 들어서 처음 만난 그 상대방에게 그쪽 이야기도 들려 달라고 부탁하고는 상대방의 말을 경청하려고 할 것이다.

제대로 상상했는지 모르겠다. 어쩌면 당신은 내 상상과는 달리 행동했을 수도 있을 것이다. 어쨌든 이 모든 대화에서 본인이 그리스도인이라는 사실은 어디에 있는가? 상대방이 구체적으로 종교를 묻기 전에 그것을 말하지 않는 이유가 무엇인가? 아마도 우리를 둘러싼 지배문화가 종교적 신념은 "사적인" 것이다시 공손한 대화에는 부적절한 주제라고 여기기 때문일 것이다. 그러면 우리에게 직접적으로 그런 말을 해 준 사람이 없었을텐데 어떻게 해서 우리가 그것을 습득했던 것일까? 그것은 바로 문화의 영향력 때문이다. 그런데 그 점을 언급하지 않는 것이 자기 종교를 강요하고 싶지 않은 공손한 마음 때문인 것인가? 혹시 우리가 누구인가 하는 것을 기독교 이야기보다는 이런 이야기들이 훨씬 더 잘 보여 준다고 생각해서 그런 것은 아닌가? 그렇다면 어떻게 해서 우리는 이런 이야기들이 우리의 정체성을 보여 주는 결정적인 것임을 알게 되었는가? 그렇다. 문화의 영향력 때문이다.

우리는 여러 문화의 한복판에 살고 있다. 보통은 문화의 경계가 뚜렷하게 구분되지 않기 때문에 우리는 우리와 다른 신념과 관행과 제도와 이야기를 가진 사람들 속에서 큰 불편 없이 살아간다. 하지만 모든 문화에 대해 우리가 똑같은 편안함을 느끼는 것은 아니다. 이 점은 보통 기대사항의 문제로 되돌아간다. 내가 가장 "편하게" 느끼는 문화는 사람들이 내게 기대하는 것과 내가 사람들에게 기대해도 좋은 것을 내가 가장 잘 알고 있는 문화다. 이런 이유로 대학생들은 대학생활에서 떠나 새로운 세계로 들어가는 것을 두려워하는 것이다. 대학생활이 아주 만족스럽지는 않더라도, 그들에게 기대하는 것이 무엇인지를 잘 알고 있기에 편안하게 생각하는 것이다. 사실 대학과 같은 특정 기관이 지닌 영향력은 바로 일정 기간에 걸쳐 거기에 속한 모든 사람에게 일련의 기대사항을 심어 줄 수 있는 능력에 있다. 그런 기대사항을 알고 거기에 순응하며 심지어는 그것을 이용하는 사람들이 결국은 학문적인 문화 안에서 "성공"하게 되고, 거기에 순응하지 못하는 사람들은 성공하지 못하는 것이다.

학문적인 문화만이 거기에 속한 사람들을 그 틀에 맞추려고 하는 것은 아니다. 실은 모든 문화가 어느 정도 그렇게 작용하기 때문에 우리가 틀에 맞춰지고 있는지 여부가 아니라 우리가 어떤 이미지로 빚어지고 있는가 하는 점이 문제인 것이다. 논의를 전개해 가면서 "지배문화"라는 표현이 자주 등장할 것인데, 이 단어를 사용하는 것은 다음과 같은 현상을 주목하게 하기 위해서다. 우리는 한 주간이나 한 달을 사는 동안에 여러 문화를 넘나드는데, 그 문화들은 대부분 상당한 유사성을 갖고 있다. 가령 대부분은 개별적인 성취, 경쟁력, 생산성, 효율성, 자기계발, 새로운 것, 최첨단, 욕구충족 같은 것에 높은 가치를 두고 있다. 자신의 삶이 이런 가치관에 의해 형성되도록 허용하는 이들은 그런 지배문화가 군림하는 사회에서 "성공할" 가능성이 높다. 앞으로 살펴보겠지만 이런 지배가치들은 대중 매체와 교육, 경제 체제를 비롯한 여러 강력한 대중문화 기관들에 의해 증진되고 있다. 그렇기 때문에 이런 가치관이 한 나라의 국경을 넘어서까지 높이 받들어지고 있는 것이다. 대중문화를 주도하는 기관들이 우리에게까지 손을 뻗어 영향력을 행사하고 있다. 그런데 만일 우리가 영광스러운 그리스도의 형상에 미치지 못하는 어떤 이미지를 닮도록 빚어지고 있다면 어떻게 해야 하는가? 우리 주위의 지배문화의 강력한 신념과 관행과 제도와 이야기들이 우리가 일상에서 성령의 열매를 맺지 못하게 하고 있다면 어떻게 해야 하는가? 어떤 그리스도인들은 하나님이 그분의 시간에 우리를 변화시킬 터이니 현 상황에 대해 너무 염려할 필요가 없다고 주장할지도 모르겠다. 이런 태도는 우리의 헌신 없이도 성령께서 우리의 삶을 변화시킬 수 있다고 시사하는 것 같다. 그러나 신약성경에서 말하기를 성령은 그런 식으로 일하지 않으신다. 성경에는 성령을 소멸하지 말라고 경고하는 바울의 훈계뿐 아니라살전 5:19, 예수님이 사람들의 불신 때문에 특정 장소에서는 기적을 일으키지 않았다고 말하는 부분이 나온다. 게다가 예수님의 어머니 마리아가 성령으로 잉태할 것이라는 말씀을 듣고 그것을 믿음으로 받아들이는 감동적인 장면도 있다. 마리아의 이런 반응은 교회의 오랜 전통에서 순종의 본보기로 높이 칭송을 받아 왔다.

우리는 세상에서 "소금"과 "빛"이 되라는 소명을 받은 만큼 교회와 그것을 둘러싼 세상에 영향을 주는 지배문화를 반드시 알아야 한다. 따라서 그리스도인은 주인 노릇을 하는 그 문화를 부지런히 공부하는 학생이 되어야 한다. 외국 문화를 접한 선교사들은 오래전부터 그 필요성을 인식했지만, 국내에 있는 그리스도인은 최근에야 그런 필요성을 깨닫기 시작했다. 한 가지 중요한 문제는 많은 그리스도인이 이 세상 나라의 열매와 하나님 나라의 열매를 구분하지 못하고 있다는 점이다. 너무 오랫동안 우리는 이 땅의 식물이 기독교적인 생활방식에 심각한 위협을 주지 않는다고 생각해 왔다. 그 결과 많은 교회가 이 세상의 식물을 재배해서 하나님의 나라가 아닌 다른 나라의 씨앗을 품고 있는 열매를 수확하곤 한다. 예를 들어 오로지 자기이익에 호소해야 사람들이 움직인다고 믿는 사회에서는 교회도 그런 견지에서 복음을 제시하고픈 유혹을 받는다. 이와 같은 "복음"이 낳은 열매는 당연히 성령의 달콤한 맛보다는 자기중심적인 시큼한 맛을 내기 십상이다. 우리가 분별력을 키워 가지 않는다면,

마땅히 거두어야 할 열매가 아닌 다른 열매를 재배하고 수확하게 될 것이다.

그러면 어떻게 할 것인가?

Spirit

우리 그리스도인이 직면하고 있는 도전은 우리 사회에 팽배한 문화적 관행, 신념, 제도, 이야기 등에서 나온다. 현재의 지배문화는 누구를 막론하고 덕스러운 삶을 양성하기 어렵게 만든다. 이런 현실은 영적인 삶을 구현하는 데 관심이 있는 이들뿐 아니라 다른 많은 이들도 인정하는 것이다. 예를 들어 윌리엄 베넷의 도덕적인 이야기 모음집인 『미덕의 책』*The Book of Virtues*이 그토록 인기가 있다는 사실은 많은 사람이 도덕적 모범의 레퍼토리를 키우는 데 관심이 있다는 증거다. 이 책의 서문도 무척 교훈적이다. "이 책의 목적은 부모와 교사와 학생과 어린이에게 미덕이 어떤 것인지, 실제로 어떤 모습을 갖추고 있는지, 그리고 미덕을 알아보는 방법과 그것이 작동하는 방식은 어떤 것인지를 보여 주는 것이다."[2] 요컨대 덕스러운 삶이 어떤 것인지를 보여 주는 이야기가 없으면, 그런 삶에 익숙하지 않은 이들은 미덕을 구현하기는커녕 그것을 알아보지도 못하게 될 것이라는 게 베넷의 생각이다.

그러나 베넷의 책은 특히 성령의 열매를 맺고 싶어하는 그리스도인에게 두 가지 중요한 물음을 던진다. 첫째, 우리 인간들은 어떤 미덕을 구현하려고 애써야 하는가? 베넷은 열 가지를 제시한다. 절제, 연민, 책임성, 우정, 일, 용기, 인내, 정직, 충성, 믿음. 베넷의 덕목이든 바울의 덕목이든, 모든 덕목은 언제나 왜 다른 목록이 아니고 이 목록인가 하고 묻게 만든다. 이 물음은 바울의 덕목과 관련이 있으므로 이 책의 다음 부분에서 다루고자 한다. 어떤 덕목이든 상당히 추상적인 차원에서 덕스러운 삶을 그리기 마련인데, 베넷의 덕목도 선한 성품에 관한 어떤 관념을 전제로 삼고 있는 동시에 언제나 진정한 인간이 된다는 것이 무엇인지에 관한 특정한 견해를 바탕에 두고 있다. 요컨대 베넷은 선한 삶을 살고 싶은 사람이라면 이 열 가지 덕을 최대한 구현해야 한다고 믿고 있다. 일부 그리스도인은 이런저런 덕을 포함시킨 것에 대해 트집을 잡겠지만, 대다수는 베넷의 책에서 도움을 받을 것이다. 물론 베넷의 덕목이 바울이 성령의 열매로 열거한 아홉 가지 덕과 완전히 일치하는 것은 아니지만, 상당 부분 겹치는 것이 사실이다.

이 질문은 이제 베넷의 책이 제기하는 두 번째 중요한 물음으로 연결된다. 사람들이 "충성"과 같은 미덕은 권장할 만한 것이라고 동의할 때, 정말 동일한 것을 권장하고 있다고 볼 수 있을까? 충성됨이 요구하는 바에 대해 우리 모두가 일치된 생각을 갖고 있는가? 그렇지 않다. 앞에서 언급했듯이 우리의 행위는 그것을 둘러싼 더 넓은 틀에 비추어야만 그 의미를 바로 이해할 수 있다. 가령 그리스도께 충성을 하려고 애쓰는 그리스도인이 있다고 하자. 이 사람이 생각하는 바 그런 충성심이 지닌 함의와 요구사항은 회사에 충성을 하려고 애쓰는 노동자의 생각과 같지 않을 것이다. 물론 몇 가지 유사점이 있을 수는 있겠지만, 둘 다 "충성"이란 말을 쓰고 있다는 이유로 똑같은 것을 권장한다고 생각하는 것은 너무 단순한 생각이다. 이와 비슷하게 우리 사회에서 비그리스도인이 생각하는 "긍휼"은 예수를 따르는 자들이 믿는 것과 전혀 다를 수밖에 없다. 비그리스도인은 그리스도인처럼 다른 사람들과 "함께 고통받는"이것이 긍휼이란 단어의 본래 의미다 것을 가치 있게 생각하지 않기 때문이다.

그리스도인들이 모든 사람이 자신들과 동일한 신념을 공유하고 있는 것이 아니라는 것을 알았다면 이제 그리스도인이 회복해야 하는 것은 그리스도인으로서의 건강한 차별성이다. 아니 이보다 더 중요한 것은 그런 차별성이 어떤 신조가령 "예수님은 하나님이시다"에 동의하는 데 있지 않다는 점을 분명히 이해하는 일일 것이다. 타락한 천사들도 우리 주님 앞에서 하나님을 믿는다고 떠벌리지 않았는가! 그리스도인이란 머릿속에 일련의 신념만 갖고 사는 사람이 아니라 예수님께 신뢰를 두는 사람이다. 이 신뢰에 수반되는 것이 예수님의 발자취를 좇아 많은 이들이 가지 않는 좁은 길로 기꺼이 걷는 일인 것이다.

지배문화가 전파하는 생활방식의 포로가 된 그리스도인들은 그 속박에서 벗어나야 한다. 그리스도인에게 필요한 것은 지배문화의 영향력을 억제하는 동시에 성령의 열매를 맺는 생활 방식을 격려하는 관행과 신념과 제도와 이야기를 가진 대안 집단이다. 이를 위해 그리스도인은 지배문화에 대한 분별력을 가져야 한다. 이런 분별력이 없으면, 우리 문화 가운데 하나님의 영광을 위한 요소와 그렇지 못한 요소를 구별할 수 없을 것이다. 좋은 방향으로든 나쁜 방향으로든 우리의 일상적인 관행과 활동은 우리 삶의 특성을 계발하기 때문에 분별력을 키우는 일은 현대 교회에서 높은 우선순위를 차지해야 한다. 입술로는 그리스도께 충성을 서약하면서도 그와 전혀 다른 충성심과 성향과 신념을 양성하는 관행에 관여할 때가 얼마나 많은가! 따라서 우리는 스스로 무화과나무라고 생각하지만 실은 가시나무의 속성을 낳게 되는 것이다. 그러니 무화과를 찾는 사람들이 다른 데로 발걸음을 옮기는 것이 당연하지 않겠는가!

그리스도인으로서 성령의 삶을 방해하는 문화적 관행을 파악하고 거기에 저항하는 법을 배우려면 가야 할 길이 아직도 멀다. 우리 시대의 많은 그리스도인이 한동안 특정한 관행주로 성적인 행위의 위험성에 대해서는 깨어 있으나, 그에 못지않은 위험한 다른 관행들에 대해서는 눈을 감고 있다. 마치 우리의 정원에 핀 특정한 잡초에만 이목을 집중하다 보니 정원 안의 다른 잡초들은 아예 보지 못하는 꼴이다. 정원을 돌아다니면서 한 종류의 잡초만 뿌리를 뽑는 그런 모습이었다. 어떤 이들은 그렇게라도 하는 것이 전혀 뽑지 않는 것보다는 낫다고 주장할지 모르지만, 나머지 잡초에게 시달리는 식물들도 그렇게 생각할지 의심스럽다.

어느 날 생각했던 것보다 더 많은 잡초가 있다는 사실을 발견하면 놀라게 될 것이다. 그래서 어떤 이들은 정원을 손질하는 일 자체를 그만두고 싶어할지도 모른다. 그러나 경작하지 않은 채 그대로 방치한다는 것은 그 땅을 잡초에게 넘겨주는 것이다. 어렸을 적에 나는 토마토, 콩, 옥수수를 경작하는 일이 잡초를 키우는 것보다 왜 그렇게 힘든지 정말 궁금했다. 잡초가 정원을 점령하게 만들고 싶으면, 아무 일도 하지 말고 뒷짐만 지고 가만히 구경하기만 하면 됐다. 그리고 밭을 손질한답시고 옥수수나 어린 토마토의 순을 뽑은 적이 한두 번이 아니었다. 야채밭의 고랑마다 쭈그리고 앉아 한참 동안 잡초를 뽑았지만 잡초들은 언제나 다시 자라났다. 어렸을 때는 그 모든 현상이 너무 불공평하다고 생각했다. 그러나 지혜로운 농부는 그것이 공평성의 문제가 아니라는 것을 잘 알고 있다. 농장에서 자라는 식물에 정말로 관심이 있다면, 말로만 그것들을 보살필 것이 아니라 상당 시간 동안 고된 수고를 해야 하는 것이다.

여기에 우리가 할 수 있는 일에 한계가 있다는 사실도 덧붙여야겠다. 우리가 모든 과정을 통제할 수는 없다. 그리스도인은 하나님께 좋은 씨앗을 선물로 받은 것이지 그 씨앗을 만든 것이 아니다. 고린도 교인에게 한 바울의 말이 이런 우리의 역할에 대해 잘 묘사해 주고 있다.

그런즉 심는 이나 물주는 이는 아무것도 아니로되 오직 자라게 하시는 이는 하나님뿐이니라. 심는 이와 물주는 이는 한 가지이나, 각각 자기가 일한 대로 자기의 상을 받으리라. 우리는 하나님의 동역자들이요 너희는 하나님의 밭이요 하나님의 집이니라고전 3:7-9.

교회는 하나님이 경작하는 밭이고, 그것을 자라게 하는 분은 하나님이시다. 교회의 신실함과 풍성한 열매를 보증할 방법이나 테크닉 같은 것은 없다. 그렇기 때문에 이 책을 성령의 열매를 맺는 방법을 가르쳐 주는 책으로 오해하지 않았으면 한다. 오늘날의 교회는 이 세상에서의 교회의 사명을 확실히 이해할 필요가 있지만, 성장과 성숙을 가져다주는 분은 바로 하나님임을 명심해야 한다. 하나님은 우리에게 해야 할 일을 주셨을 뿐 아니라, 감사하게도 그 일에 필요한 자원까지 주셨다. 교회에 대한 성경의 지속적인 성찰과 역사에 나타난 구체적인 교회의 모습은 우리에게 풍성한 지혜를 제공해 준다. 그런 지혜에 힘입어 우리는 우리의 토양 성분을 알고, 우리 밭에 있는 자갈을 골라내고, 주변 식물의 특성을 분별할 수 있게 된다. 그런 성찰은 또한 밭을 갈고 잡초를 뽑고 거름을 주고, 우리에게 맡겨진 연한 식물이 장차 하나님의 영광을 위해 열매를 맺을 것을 바라보면서 그것을 양육한다는 것이 무슨 뜻인지를 깨닫는 데 도움을 준다.

교회의 유익을 도모하는 신학적 성찰은 이중 언어를 구사해야 하는데, 하나는 신학적인 진리의 언어이고 다른 하나는 문화적인 현실의 언어이다. 한 가지 언어만 말할 경우 세상을 향한 신실한 증언에 필요한 관점을 교회는 상실하게 된다. 교회는 언제나 스스로에 대해 그리고 자기가 몸담고 있는 문화에 대해 비판적인 분별력을 발휘할 준비를 갖춰야 한다. 이런 분별력을 성령의 인도 아래서 발휘하면 우리의 삶에서 열매 맺지 못하는 부분을 잘라 내는 일이 가능해진다. 이런 가지치기가 없으면 나무나 포도나무는 사용 가능한 자원을 가지를 키우는 데만 쓰게 된다. 따라서 불필요한 가지들이 줄기나 나무에서 멀어지면 멀어질수록 좋은 열매를 맺을 가능성은 늘어난다. 나아가 예수님이 복음서에서 말한 것처럼 더 많고 더 나은 열매를 맺게 하기 위해 이미 열매를 맺고 있는 나무라 할지라도 가지치기를 해야 한다.

오늘날 대다수의 교회는 가지치기 작업을 해야 한다. 우리의 에너지와 자원의 많은 부분이 좋은 열매를 맺을 수 없는 관행과 신념과 제도의 이야기를 지탱하는 데 사용되고 있다. 우리는 설교와 성경 강의를 수없이 들었고, 수많은 책을 읽었으며, 많은 세미나에도 참석했다. 이런 활동에 문제가 있는 것은 아니지만, 그런 활동에 참여하면 자동적으로 우리에게 열매가 맺힐 것으로 착각하기 쉽다. 어쩌면 우리는 계속해서 자라기만 했지 전혀 손질되지 않고 열매 맺을 가능성도 별로 없는 야생 나무와 같은 존재인지도 모르겠다. 농사 문제를 다루는 세미나에 자주 참석하고 매주 헛간에 앉아 농경 잡지만 공부하는 사람을 농부로 인정할 사람은 없을 것이다. 그런 활동이 유익한 것은 사실이지만,

농사에 관한 이해와 지식을 넓히는 것만으로는 부족하다. 농사에 대해 배우고 실제로 좋은 열매를 거두기 위해서는 근본적으로 다른 접근이 필요한 것이다.

왜 성령의 열매인가?

본론에 들어가기에 앞서 다룰 사안이 또 한 가지 있다. 하필이면 왜 성령의 열매에 초점을 맞추는가? 신앙생활이 사랑, 희락, 화평, 오래 참음, 자비, 양선, 충성, 온유, 절제를 구현하는 것이 전부가 아니지 않는가? 앞서 언급했듯이 특정한 덕목이 언제나 인간다움에 대한 특정한 견해를 전제로 삼고 있다면, 여기에는 어떤 특정 견해가 깔려 있는 주장이 아닌가?

인간은 하나님이 아니기에 하나님이 하시는 모든 일을 할 수는 없다. 그러나 우리는 본래 하나님의 형상으로 창조되었고, 신약성경은 이 형상이 예수 그리스도 안에서 분명히 나타났고 새롭게 회복되었다고 선언하고 있다. 성령은 지금도 교회라고 불리는 제자들의 공동체 안에서 그리고 그 공동체를 통해 일함으로써, 그리스도 안에서 만물을 하나님께 회복시키는 과정을 계속 진행하고 계신다. 물론 성령의 역사가 이 공동체 안에서만 일어나는 것은 아니지만, 하나님이 특별한 방법으로 교회를 사용하기 원하셔서 지금도 성령을 부어 주시어 증언과 섬김의 사역을 감당하도록 새 힘을 주신다고 성경은 말한다.

그리스도인의 삶의 목표는 그리스도의 형상을 본받는 일이다. 하지만 하나님이 우리 자신만을 위하여 우리를 어둠에서 불러내신 것은 아니다. 하나님은 열방을 비추는 빛이 되게 하려고 우리를 불러내셨다. 앞서 인용한 바 있는 요한계시록의 한 단락에는 "그 나무 잎사귀들은 만국을 치료하기 위하여 있더라"계 22:2라고 기록되어 있다. 하나님은 한 백성을 불러내어 그 공동체의 삶을 통해 세상에 하나님의 성품을 드러내고 그분의 화목케 하는 선교를 증언하기로 하신 것이다. 그 성품과 임무는 오직 예수 그리스도 안에서만 구현되었고, 지금은 비록 불완전하게나마 성령에 의해 움직이는 그 공동체의 삶을 통해 계속 나타나고 있다. 그러므로 성령께서 개인 및 공동체의 삶을 통해 맺고 싶어하는 그 열매는 그저 인류가 보편적으로 흠모하고 권장하는 성품이나 미덕과 혼합되어서는 안 된다. 오히려 하나님은 성령을 통해 자신의 성품과 사역을 반영하는 열매를 맺게 하고 싶어하신다.

교회가 하나님의 마음에 합한 공동체가 되려면, 자신이 경배하는 그 하나님의 성품과 임무를 반영해야 한다. 이 아홉 가지 열매는 우리 공동체가 성령이 우리 가운데 일하시도록 허용함으로써 공동체의 삶을 통해 하나님의 성품과 사역을 함께 반영하게 될 때 열매 맺게 된다. 요컨대 이 미덕들은 다가오는 나라에서 이루어질 공동체의 삶이 어떠할지 그 모습을 구현하는 것이다. 그렇기 때문에 나는 이어지는 장들에서 각 미덕이 어떻게 하나님의 성품과 사역을 반영하고 있는지를 보여 주고자 한다. 더 나아가 교회가 이런 미덕을 구현하는 생활방식의 개발에 필요한 자원을 찾고, 그 자원이 교회의 가장 특징적인 활동인 예배에 있음을 주목할 것이다. 예수 그리스도의 공동체가 정말로 그분의 영에 의해 움직인다면, 우리가 하나님께 찬양과 감사를 드리기 위해 모일 때마다 그 영이 함께하고 있다는 특징이 뚜렷이 나타나야 할 것이다. 이렇듯 우리의 공동 예배는 성령의 사역을 위한 일종의 발판을 마련해 줄 수 있고 또 그래야 마땅하고, 예배가 우리 삶의 모든 영역에까지 확장되도록 해야 한다.

이어지는 장들에서 나는 바울이 갈라디아서에서 열거하는 순서에 따라 아홉 가지 성령의 열매를 다루려고 한다. 각 장은 먼저 그 열매를 성경적으로 살펴본 뒤에 오늘의 지배문화가 어떤 식으로 그 열매 맺음을 방해하고 있는지 설명할 생각이다. 이어서 이런 사회에서 성령의 열매를 재배하는 데 도움이 되는 교회의 자원을 살펴보고 각 장의 마지막 부분에서 묵상을 위한 질문과 더불어, 그리스도인이 그런 걸림돌의 영향을 최소화하는 동시에 성령의 열매를 북돋우는 대안적인 생활방식을 개발하는 데 도움이 될 몇 가지 실제적인 단계를 제안하고자 한다. 이런 질문들과 제안들은 당신의 생각을 자극하기 위해 제시하는 몇 가지 항목일 뿐이다. 물론 이처럼 구체적인 제안을 하다 보면 내 개인적인 고민과 빈약한 나의 상상력이 드러날 위험이 있다는 것을 알고 있다.

그럼에도 이런 위험부담은 감수할 만한 가치가 있다고 생각한다. 문화라는 것은 언제나 우리의 특수한 삶의 현실과 관련되어 있고, 사람들이 문화와 상호작용을 하는 모습도 언제나 특수성을 갖고 있기 때문이다. 아울러 나는 모든 독자가 나의 분석이나 제안의 세부사항까지 모두 동의할 것으로 기대하지 않는다. 하지만 나의 분석의 방향을 따라가서 나름대로 독자 자신의 입장에 대해 구체적으로 또 창의적으로 성찰하라고 권하고 싶다.

미덕이나 열매를 "소유하는" 문제에 관해 한마디만 더 말하고 싶다. 만일 이 성품들이 우리 자력으로 인식하고 양성하고 구현하고 유지할 수 없는 것이라면 이 미덕들을 마치 나의 개인적인 소유물인 것처럼 생각하고 말하는 일을 그만두어야 할 것이다. 사실 이런 식으로 생각하고 말하게 되면 우리는 나 자신의 유익을 위해서만 그 열매나 미덕들을 소유하려고 노력할 것이다. 그러나 이는 본래 의도와는 역행하는 것이다. 미덕이란 것은 공동체에 깊이 뿌리를 둔 채 특정한 방식으로 행동하는 속성을 일컫는다. 미덕은 공동생활을 반영하는 동시에 그것을 유지한다는 뜻이다. 그러나 기독교 공동체의 공동생활은 공동체 자체가 아닌 하나님의 영광을 드러내도록 되어 있다. 그러므로 만일 그리스도인 공동체의 지체 중 한 명이 인내의 열매를 맺고 있는 것을 보게 된다면 그것은 그 열매를 인식하고 귀하게 여기고 양성하는 법을 배운 성령의 공동체가 존재한다는 뜻이 된다. 개인의 삶에서 개별적인 열매가 맺히도록 하는 것은 우리의 궁극적인 목표가 아니다. 교회는 모든 관계에 있어서 하나님이 모든 창조물에게 기대하는 그런 화목하고 변화된 삶을 세상 앞에 구현하도록 부름 받은 공동체이기 때문이다. 이는 실로 고상한 목표로서, 하나님의 강력한 도움이 없이는 우리 스스로 절대로 도달할 수 없다. 우리는 바로 이 고결한 소명을 받은 자들이며 이 책은 그 소명을 이루는 데 도움을 주기 위해 쓰인 것이다.

너희가 열매를 많이 맺으면 내 아버지께서 영광을 받으실 것이요 너희는 내 제자가 되리라 아버지께서 나를 사랑하신 것 같이 나도 너희를 사랑하였으니 나의 사랑 안에 거하라 내가 아버지의 계명을 지켜 그의 사랑 안에 거하는 것 같이 너희도 내 계명을 지키면 내 사랑 안에 거하리라 요 15:8-10

너희가 만일 너희를 사랑하는 자만을 사랑하면 칭찬을 받을 것이 무엇이냐 죄인들도 사랑하는 자는 사랑하느니라 너희가 만일 선대하는 자만을 선대하면 칭찬 받을 것이 무엇이냐 죄인들도 이렇게 하느니라 너희가 받기를 바라고 사람들에게 꾸어 주면 칭찬 받을 것이 무엇이냐 죄인들도 그만큼 받고자 하여 죄인에게 꾸어 주느니라 오직 너희는 원수를 사랑하고 선대하며 아무것도 바라지 말고 꾸어 주라 그리하면 너희 상이 클 것이요 또 지극히 높으신 이의 아들이 되리니 그는 은혜를 모르는 자와 악한 자에게도 인자하시니라 너희 아버지의 자비로우심 같이 너희도 자비로운 자가 되라 눅 6:32-36

2장 사랑

거래관계가 판치는 세상에서 맺는 열매

Love

우리 대학 신문에 정기적으로 실리는 반 페이지짜리 광고가 있었다. 약간의 현금이 필요한 학생들을 겨냥한 그 광고에는 큰 글씨체로 다음과 같은 문구가 인쇄되어 있다. "혈장을 기증하시면 한 달에 최고 130달러를 벌 수 있습니다!" 혈장을 판다고 하면 자칫 돈밖에 모르는 인간으로 비칠까 우려해서, 혈장이 혈우병 환자, 화상을 입은 사람, 심장혈관 환자를 위한 "제품"으로 만들어진다는 것을 덧붙이고 있다. 이 광고는 그 회사의 모토 "혈장을 기증하십시오.…생명은 우리 모두의 책임입니다!"로 끝난다.

그 광고가 실린 직후에 나는 학생들에게 그리스도인이라면 그런 문제에 대해 어떻게 생각해야 하는지 물었다. 혈장을 "제품"으로 만들어 절박한 사람들에게 팔아서 이익을 남기는 이들에게 그리스도인은 피를 팔아도 되는가? 그리스도인이라면 오히려 선물로 제공해 진정한 의미의 기증자가 되어야 하지 않겠는가? 그들 중 몇몇이 부끄러운 표정을 짓는 것으로 보아 이미 혈장을 팔아 용돈을 번 것 같았다. 나중에 한 학생이 내게 오더니, 좀 당혹스럽기는 하지만 자기는 그리스도인이 그런 일에 참여해서는 안 된다고 생각해 본 적이 없다고 털어놓았다. 그 학생만 그랬던 것은 아닐 것이다.

우리 문화는 우리에게 삶의 모든 측면을 자기이익에 입각해서 생각하도록 부추기고 있다. 그러면 이처럼 철저히 자기중심적인 문화에서 어떻게 하나님의 사랑타인의 필요를 지향하는 사랑으로 채색된 삶을 계발할 수 있을까? 기독교적인 사랑의 실천이 어떤 것인지를 생각하기에 앞서 우리는 그 사랑의 특징과 그것이 하나님의 삶, 교회 이야기의 중심에 있다는 사실을 상기할 필요가 있다.

사랑이 중심이다

기독교를 조금이라도 공부해 본 사람이라면 누구나 그 중심에 사랑이 있음을 알게 된다. 수많은 어린이들은 "하나님이 세상을 이처럼 사랑하사"로 시작되는 구절요 3:16을 복음의 요약판이라고 배우고 또 암송해 왔다. 그리고 많은 사람이 "하나님은 사랑이라"요일 4:8는 간단하면서도 심오한 요한의 주장에 대해서도 잘 알고 있다. 이런 성경의 단락들은 사랑이 여러 미덕 중 하나에 불과한 것이 아니라는 점을 시사한다. 성경 여러 곳에서 하나님 사랑과 이웃 사랑이 율법 전체를 요약하고 있다고 가르친다 신 6:4–5, 막 12:28–30, 갈 5:14. 그리스도인의 삶의 중심에 믿음이 있다고 강력히 변호했던 바울마저도 그 유명한 "사랑의 장"에서 "믿음, 소망, 사랑, 이 세 가지는 항상 있을 것인데, 그 중의 제일은 사랑이라"고 설파하고 있다고전 13:13. 이와 맥을 같이하여 바울은 갈라디아 교인에게 쓴 편지에서도 "가장 중요한 것은 사랑으로 역사하는 믿음"이라고 주장하고 있다갈 5:6. 뿐만 아니라, 골로새 교인을 향하여 긍휼과 자비와 겸손과 온유와 오래 참음과 용납과 용서의 옷을 입으라고 권할 때에도 "그 모든 것 위에" "온전하게 묶는 띠"인 사랑의 옷을 입으라고 권면하고 있다골 3:12–14.

그러므로 바울이 열거하는 성령의 열매에서 사랑이 첫자리에 등장하는 것은 우연이 아니다. 역사상 많은 기독교 사상가들은 바울이 열거한 성령의 열매를, 사랑을 첫 번째로 하는 각기 다른 아홉 개의 열매가 아니라고 주장해 왔다. 오히려 예수 그리스도 안에서 구현되고 성령으로 우리의 마음에 부은 바 된 사랑은 하나님의 성품을 가장 온전히 반영하는 것이다롬 5:5. 그런즉 사랑이 그리스도인의 삶에서 으뜸가는 속성이 되는 것은 당연하다. 이에 따라오는 다른 여덟 가지 미덕 혹은 속성은 이 사랑의 길에 수반되는 것을 좀더 자세히 묘사하는 것으로 이해하는 것이 최선이다. 요컨대 다른 여덟 가지 속성을 다 함께 묶으면

Love

하나님의 사랑으로 채색된 인생의 특징이 된다. 이런 의미에서 사랑은 마치 프리즘을 통과하면 여러 색깔로 나뉘는 빛과 같다고 하겠다.[1] 이 색깔들이 빛을 떠나서는 존재할 수 없고 빛에 더해지는 그 무엇이 아닌 것과 같이, 이 여덟 가지 열매도 사랑을 떠나서는 존재할 수 없으며 그렇다고 사랑에 더해지는 그 무엇도 아니다. 또한 각 색깔이 자연스레 인접한 색깔에 어우러지듯이 이 속성들의 정확한 경계선을 긋기가 어렵다. 이 속성들은 매우 자연스럽게 서로 어우러진다.

사랑의 성경적 의미

애정이라는 용어에 관한 한 영어는 빈약한 언어다. 모두 알다시피, 사랑이라는 영어 단어로 번역되는 그리스어 단어만 해도 네 가지나 된다. 우리는 흔히 사랑이란 단어를 다양한 물체나 사람을 향해 품는 그만큼 다양한 정서와 애정과 속성을 묘사하는 데 사용한다. 남녀 간의 육체적인 끌림, 부모의 자식에 대한 애정, 형제자매 간의 유대감, 친한 친구 간의 우정, 조국에 대한 애국심, 하나님께 드리는 경외감, 그리고 개인적인 선호와 취향에 이르기까지 모두 한 단어로 표현한다. 사실 하나님과 피자를 사랑하는 데 똑같은 단어를 사용해도 좋을지 여부는 충분히 생각해 볼 만한 사안이고, 이런 의심을 품는 자야말로 그리스도인의 삶의 특징을 더 잘 이해할 수 있게 된다.

하나님의 성품과 "우리와 함께 계시는 하나님"의 이야기에서 사랑이 그 중심에 있는 것을 감안하면, 사랑의 힘을 회복해야 한다는 생각을 하게 된다. 물론 그것은 쉬운 일이 아니다. 그러나 우리가 흔히 사랑이라 부르는 것과는 다른 하나님의 사랑. 이 사랑의 다양한 측면을 다시금 상기하는 일부터 시작해 보자.

Love

성경은 하나님의 사랑을 여러 특징으로 묘사한다.

첫째, 우리를 향한 하나님의 사랑은 공로와 자격이 없는 자들에게 "주어지는" 사랑이다. 복음의 중심은 하나님이 우리의 반역에도 불구하고 사랑을 품고 우리에게 내려오셨다는 것이다. 하나님의 사랑은 그 아들이 우리를 하나님과 화해시키려고 기꺼이 자기를 비우시고 인간이 되어 겸손히 고난받는 종의 역할을 떠맡은 사건을 통해서 결정적으로 나타났다. 그래서 바울은 로마서에서 "우리가 아직 죄인 되었을 때에 그리스도께서 우리를 위하여 죽으심으로 하나님이 우리에 대한 자기의 사랑을 확증하셨느니라"5:8라고 주장했다. 하나님의 사랑이 지닌 이런 특징은 예수 그리스도 안에서 가장 명료하게 볼 수 있지만, 구약성경도 하나님이 언제나 우리를 사랑하셨다는 점을 상기시켜 준다. 이를 가장 통렬하게 상기시켜 주는 인물은 예언자 호세아일 것이다. 그는 이스라엘에게 거짓 신들을 숭배하고 부정행위를 반복함에도 불구하고 하나님이 사랑하는 백성에게 변함없이 구애하고 있음을 상기시켜 준다. 이런 말씀들은 우리에게 중요한 기독교적 확신 한 가지를 일깨워 준다. 하나님의 사랑은 언제나 선물이라는 것, 즉 그것을 얻기 위해 우리가 할 수 있는 일은 아무것도 없다는 것이다. 바울은 에베소 교인에게 다음과 같이 강력하게 이 점을 가르쳐 준다. "긍휼이 풍성하신 하나님이 우리를 사랑하신 그 큰 사랑을 인하여, 허물로 죽은 우리를 그리스도와 함께 살리셨고 (너희는 은혜로 구원을 받은 것이라) 또 함께 일으키사 그리스도 예수 안에서 함께 하늘에 앉히시니, 이는 그리스도 예수 안에서 우리에게 자비하심으로써 그 은혜의 지극히 풍성함을 오는 여러 세대에 나타내려 하심이라"엡 2:4-7.

둘째, 우리를 향한 하나님의 사랑은 "한결같은" 사랑이다. 우리를 향한 하나님의 사랑은 아무런 공로 없이 받는 사랑이므로, 우리가 그 사랑을 막을 수 있는 방법도 전혀 없다. 설사 우리가 하나님과 분리되는 길을 선택한다고 해도 하나님은 우리를 향한 사랑을 멈추시지 않는다. 어떤 이들이 주장하듯이, 하나님은 그토록 우리를 사랑하시기 때문에 그 사랑에 대한 보답으로 우리도 그분을 사랑하도록 강제하시지 않는다. 바울은 로마서에서 하나님의 그 확고부동한 사랑을 가장 뛰어나게 묘사하고 있다.

> 그런즉 이 일에 대하여 우리가 무슨 말 하리요. 만일 하나님이 우리를 위하시면 누가 우리를 대적하리요. 자기 아들을 아끼지 아니하시고 우리 모든 사람을 위하여 내주신 이가 어찌 그 아들과 함께

모든 것을 우리에게 주시지 아니하겠느냐. 누가 능히 하나님이 택하신 자들을 고발하리요. 의롭다 하신 이는 하나님이시니 누가 정죄하리요. 죽으실 뿐 아니라 다시 살아나신 이는 그리스도 예수시니 그는 하나님 우편에 계신 자요 우리를 위하여 간구하시는 자시니라. 누가 우리를 그리스도의 사랑에서 끊으리요 환난이나 곤고나 박해나 기근이나 적신이나 위험이나 칼이랴…그러나 이 모든 일에 우리를 사랑하시는 이로 말미암아 우리가 넉넉히 이기느니라. 내가 확신하노니 사망이나 생명이나 천사들이나 권세자들이나 현재 일이나 장래 일이나 능력이나 높음이나 깊음이나 다른 어떤 피조물이라도 우리를 우리 주 그리스도 예수 안에 있는 하나님의 사랑에서 끊을 수 없으리라롬 8:31-39.

Love

셋째, 우리를 향한 하나님의 사랑은 "고난받는" 사랑이다. 하나님은 멀리서 우리를 사랑하시는 분이 아니고, 그 사랑으로 인해 인생 속으로 친히 들어오시는 분이다. 하나님이 그 백성과 함께 또 그들을 위해 기꺼이 고난받는 분임을 가장 명확하게 보여준 사건이 예수님의 삶과 사역과 죽음이었다. 이른바 이사야의 종의 노래사 53장를 반향하듯이 사도들의 메시지에는 중요한 후렴이 하나 있다. 이 메시아는 곧 고난받는 메시아라는 것이다행 3:18, 8:30-35, 17:3, 26:3, 23, 눅 24:26. 성경이 전하는 이 분명한 메시지에 따르면, 하나님은 결코 우리의 고난에서 차단된 채 초연한 분이 아니다. 오히려 창조의 순간부터 기꺼이 우리의 몸부림, 우리의 고난 속으로 들어오심으로써 우리의 하나님이 되기로 작정하신 분이다. 그런즉 성육신은 갑자기 수정된 계획에 의한 것이 아니라, 하나님이 이 영원하고 한결같고 고난받는 사랑을 구현하기 위해 어디까지 가실 수 있는지를 보여 주는 탁월한 사건이다.

끝으로 하나님의 사랑은 "한계가 없는" 사랑이다. 시간과 공간의 한계가 없는 것은 물론이고 인간 사회가 구축한 모든 경계를 뛰어넘는 사랑이다. 예수님이 율법을 하나님과 이웃에 대한 사랑의 계명으로 요약한 것이 유대인들이 이미 알고 있는 바를 재확증한 것이었다면, 자기를 따르는 자는 원수를 사랑해야 한다는 그분의 주장마 5:43-48, 눅 6:27-36은 매우 독특하고 날카로운 외침이었다. 이 두 단락은 그런 사랑의 패러다임이 바로 하나님의 성품임을 분명히 하고 있다. 하나님은 자기를 대적하는 원수들에게까지 사랑의 손을 내미시는 분이므로, 하나님을 경외하는 이들도 원수를 사랑해야 마땅한 것이다.

예수님은 선한 사마리아인 비유를 통해 이 가르침의 급진적인 성격을 보여 주신다눅 10:25-37. 이 이야기는 한 율법선생이 하나님 사랑과 이웃 사랑의 계명에 대한 올바른 해석에 관해 질문했을 때 들려준 것이다. "자기를 옳게 보이려" 했던 그 율법선생은 이웃 사랑의 정의를 확실히 하고 싶어서 "그러면 내 이웃이 누구니이까?" 하고 물었다. 이에 대한 대답으로 들려준 선한 사마리아인 이야기는 그 주인공이 문화적인 경계와 상관없이 곤경에 처한 사람을 기꺼이 돌봄으로써 하나님의 무한한 사랑을 본받고 있음을 보여 주고 있다. 이 사마리아인의 행위에 비추어 볼 때, 일정한 기준에 맞는 이들만 사랑하려는 우리의 성향은 하나님의 사랑에 훨씬 못 미치는 것임을 알게 된다. 예수님도 그 율법선생이 이 사실을 알게 되기를 바라셨을 것이다. 그래서 예수님은 그 이야기의 끝 부분에 이르러 율법선생의 질문을 거꾸로 돌려서 누가 사랑의 수혜자가 될 자격이 있는지를 묻지 않고 누가 이웃답게 행하는지를 물으셨다. "네 생각에는 이 세 사람 중에 누가 강도 만난 자의 이웃이 되겠느냐?"

Love

사랑의 형태

사마리아인 이야기를 들려주고 율법선생에게 되물으신 후에, 예수님은 마지막으로 "너도 가서 이와 같이 하라"눅 10:37고 말씀하신다. 바로 이런 사랑이 네 이웃을 사랑하라는 명령에 내포된 의미라고 분명히 말씀하시는 것이다. 하나님은 차별 없이 사랑하는 분이기 때문에 하나님을 전심으로 사랑하고 또 그분의 길을 본받기 원하는 자들도 차별을 두어서는 안 된다. 요한은 또한 우리에게 우리의 사랑은 언제나 하나님이 먼저 보여 주신 사랑에 대한 반응이며, 하나님에 대한 우리의 사랑은 인간에 대한 사랑과 분리될 수 없음을 상기시켜 준다.

우리가 사랑함은 그가 먼저 우리를 사랑하셨음이라. 누구든지 하나님을 사랑하노라 하고 그 형제를 미워하면 이는 거짓말하는 자니 보는 바 그 형제를 사랑하지 아니하는 자는 보지 못하는 바 하나님을 사랑할 수 없느니라. 우리가 이 계명을 주께 받았나니 하나님을 사랑하는 자는 또한 그 형제를 사랑할지니라요일 4:19-21.

다시 말하건대, 하나님의 백성이 하나님의 사랑의 성품을 구현하려고 애써야 한다는 것은 성경에 나오는 사소한 주제가 아니다. 하나님이 과거에 그 백성을 위해 사랑을 베풀었기 때문에 그 백성들도 마땅히 그래야 한다고 가르치는 세 가지 본보기를 더 들어 보자.

거류민이 너희의 땅에 거류하여 함께 있거든 너희는 그를 학대하지 말고 너희와 함께 있는 거류민을 너희 중에서 낳은 자 같이 여기며 자기 같이 사랑하라. 너희도 애굽 땅에서 거류민이 되었었느니라 나는 너희의 하나님 여호와이니라레 19:33-34.

그러므로 사랑을 받는 자녀 같이 너희는 하나님을 본받는 자가 되고 그리스도께서 너희를 사랑하신 것 같이 너희도 사랑 가운데서 행하라. 그는 우리를 위하여 자신을 버리사 향기로운 제물과 희생제물로 하나님께 드리셨느니라엡 5:1-2.

그가 우리를 위하여 목숨을 버리셨으니 우리가 이로써 사랑을 알고 우리도 형제들을 위하여 목숨을 버리는 것이 마땅하니라. 누가 이 세상의 재물을 가지고 형제의 궁핍함을 보고도 도와줄 마음을 닫으면 하나님의 사랑이 어찌 그 속에 거하겠느냐. 자녀들아 우리가 말과 혀로만 사랑하지 말고 행함과 진실함으로 하자요일 3:16-18.

이것들을 비롯한 수많은 예들은 하나님 사랑의 결정적인 특징이 바로 "타인지향적인" 성격에 있다고 가르치고 있다. 우리가 하나님의 사랑을 본받도록 부름 받은 것은 곧 우리 자신에게서 벗어나 다른 사람의 안녕에 관심을 기울이는 삶을 영위하도록 부름 받은 것이다. 이 점은 예수님이 우리에게 "네 이웃을 네 자신 같이 사랑하라"마 22:39라고 권고하실 때에도 여전히 유효하다. 이 권고는 우리의 이기적인 성향을 변명하기 위해 인용될 때도 있지만, 그럼에도 자기를 혐오하는 성향을 가진 사람들에게 필요한 중요한 충고로 우뚝 서 있다. 이런 사람들은 타인의 유익을 도모하는 것 못지않게 자기 자신을 위해서도 노력해야 할 필요가 있다는 충고 또한 필요하기 때문이다. 하나님은 가장 좋은 것을 추구하도록 우리 모두를 부르고 계신 것이다. 우리 자신을 포함한 모두의 안녕을 위해 무조건 관심을 가지라는 권고는 우리가 원하는 것이면 무엇이든 추구하라는 말이 아니다. 자기 자신을 사랑하라는 부름은 하나님이 우리에게 기대하는 것을 추구하라는 부름이다. 따라서 우리가 스스로를 사랑하는 것도 하나님이 먼저 보여 주신 사랑에 대한 반응인 만큼 이런 종류의 자기 사랑마저도 분명히 타인지향적인 성격을 갖는다.

창조에서 종말에 이르기까지 성경 이야기 전체가 타인지향적이며 한결같은 하나님의 사랑에 관한 이야기다. 하지만 하나님이 사랑하시듯 사랑하고픈 사람에게도 몇 가지 의문은 있기 마련이다. 과연 하나님처럼 타인지향적인 방식으로 사랑하는 일이 가능한 것인가? 만일 가능하다면, 하나님처럼 사랑할 수 있는 능력은 선물인가 아니면 우리가 계발해야 하는 것인가? 첫째 의문과 관련해서는 기독교 사상사를 관통하는 주제를 대변하는 마더 테레사의 말에 귀를 기울이는 것이 좋겠다. 내용인즉 하나님은 불가능한 것을 명령하지 않는다는 것이다.

> "네 마음을 다하고 목숨을 다하고 뜻을 다하여 주 너의 하나님을 사랑하라." 이것이 위대한 하나님의 계명이고, 그분은 불가능한 것을 명령하시지 않습니다. 사랑은 시절을 좇아 맺는 열매며 모든 손길이 미치는 범위 내에 있습니다. 누구나 그것을 거두어들일 수 있고 거기에는 아무런 제한도 없습니다.[2]

둘째 의문과 관련해서는, 하나님처럼 사랑할 수 있는 능력은 선물인 동시에 과제라고 성경이 증언한다. 바울은 로마 교인들에게 "우리에게 주신 성령으로 말미암아 하나님의 사랑이 우리 마음에 부어졌다"롬 5:5고 일러 준다. 그러나 바울은 이른바

"사랑 장"을 마무리한 뒤에 다른 어조로 고린도 교인들에게 "사랑을 추구하라"고 도전한다고전 14:1. 여기서 우리는 그리스도인의 삶의 중심에 놓여 있는 역설을 접하게 된다. 열매는 언제나 선물이지만 수고를 필요로 한다는 역설을 말이다.

사랑을 방해하는 걸림돌

많은 사람들이 오늘날 사랑이란 말이 어떻게 오용되고 있는지, 사람들이 왜 참 사랑이 무엇인지를 이해하지 못하는지에 관해 글을 썼다. 하지만 이해하고 못하고는 문제의 일부일 뿐이다. 우리가 하나님의 사랑을 완전히 이해한다고 해서 모든 것이 해결되는 것은 아니다. 그러므로 그런 설명은 올바른 관점에 비추어 볼 필요가 있다. 이런 미덕을 더 깊이 이해하는 일은 풀어야 할 과제의 일부일 뿐이다. 그리스도인은 좀더 과감하게 앞으로 나아갈 필요가 있다. 그것은 지금 이 시대 이 자리에서 하나님의 사랑의 성품을 구현하려고 시도하는 일이다. 이렇게 하기 위해 그리스도인은 이 세상 문화의 특징이자 성령의 열매를 방해하는 관행과 신념과 미덕과 이야기를 자세히 살펴야 한다.

자기이익을 부추기는 문화 일상생활에서 경제 행위는 엄청난 비중을 차지하고 있다. 상품과 서비스를 사고파는 일이 일상의 빼놓을 수 없는 부분임은 아무도 부인하지 않을 것이다. 상품과 서비스의 교환행위가 생활필수품을 확보하는 효율적인 수단에 불과하다면 크게 우려할 필요가 없다. 그러나 우리는 우리 삶의 거의 모든 면에 영향을 주는 경제 시스템 안에서 살며 움직이고 존재하고 있다. 이 시스템의 강점은 엄청나게 많은 사람에게 매우 다양한 상품과 서비스를 효율적으로 전달하는 능력에 있다. 이런 노동 분업의 장점은 만일 우리가 직접 양식을 기르고 옷을 만들고 집을 지어야 할 경우 삶이 얼마나 달라질지를 생각해 본 사람이라면 쉽게 알 수 있다.

이런 시스템이 지닌 자명한 장점은 이야기 전체의 한 부분일 뿐이다. 그런 경제 시스템 안에서 기능하는 데 익숙한 사람들은 시스템 안에 잠재되어 있는 위험성을 알아차리지 못한다. 예를 들어 시장 경제를 상호 간에 서비스를 주고받는 메커니즘으로 볼 수 있음에도 불구하고 우리 사회는 그렇게 하기보다는 오히려 시장 내에서 제각기 자신의 자리를 확보하기 위해 자기이익을 추구하는 메커니즘이 되도록 부추기고 있다. 그 결과 우리는 다른 이들을 저마다 독특하고 개성 있는 인물로 보는 게 아니라 자신의 드라마에 등장했다 사라지는 인물들로 보곤 한다. 자신의 드라마 안에서 그들은 자신을 위해 상품과 서비스를 생산하는 역할, 자신의 상품과 서비스를 구입하는 잠재 고객의 역할, 서로 생계를 유지하기 위해 서로를 위협하는 경쟁자 역할을 하는 사람 정도로 보는 것이다. 오늘날처럼 우리에게 그토록 자기중심적이 되라고, 또 남들이 우리에게 주는 만큼만 그들에게 관심을 가지라고 부추기는 시대에 우리는 과연 타인지향적인 존재가 될 수 있겠는가?

모든 사람 · 사물에 값을 매기는 문화 사랑을 양성하는 일은 모든 것에 값을 매기는 거래관계로 위협을 받기도 한다. 경제가 복잡해지고 전문화됨에 따라 화폐가 필요한 상황이 되었고, 이 시스템이 작동하려면 거기에 속한 모든 것이 화폐에 입각해서 "가치"를 평가받아야 한다. 요컨대 모든 것에 가격표가 붙어야 한다는 말이다. 원재료, 수송 수단, 제조 장비, 노동력, 광고, 심지어는 시간까지 모든 것에 가격이 매겨져야 하는 것이다. 그렇게 해야만 물물교환 시스템의 비효율성을 극복할 수 있다. 이 점을 이해하려면 우리가 양식을 구하러 식료품 가게에 갈 때, 지금과 같이 종이나 금속이나 플라스틱 조각으로 거래하지 않고 물물교환을 해야 한다면 어떻게 될지를 상상해 보면 금방 알게 된다.

과거의 물물교환 시스템으로 돌아가고 싶어하는 사람은 아무도 없을 것이다. 감자 한 바구니와 바지를, 변호사의 서비스와 새 지붕을 서로 교환하는 것은 생각만 해도 비효율적이다. 우리가 그런 낡은 시스템으로 돌아가는 걸 원치 않는다 하더라도, 그것을 오늘날의 시스템와 비교해 보면 후자의 단점을 잘 볼 수 있다. 달리 말해서 옛날 시스템으로 돌아가지는 못하더라도 시장교환 시스템이 어떻게 해서 사랑의 양성을 방해하는지를 최대한 분명하게 이해해야 한다.

물물교환에 참여하는 사람들도 거래행위에 관여하고 있기

는 하다. 그러나 그들의 거래행위는 수익을 위한 거래행위와는 완전히 다르다. 물물교환은 추상적인 시장에서는 불필요한 서로 간의 직접적인 관계와 협조를 필요로 한다. 게다가 모든 상품과 서비스가 화폐로 환산되는 것은 아니기에, 물물교환에는 서로 간에 어느 정도 교류와 협조가 있기 마련이다. 이와는 반대로 우리는 슈퍼마켓에서 시리얼 한 상자를 살 때 직원에게 소비자 이상의 친밀한 관계를 기대하지 않으며, 그 가게의 가격들이 공정한지 여부에 대해 따지거나 불평은 하더라도 토론하려고 하지는 않는다. 우리는 그저 물건을 사들고 계산대로 가서 현금이나 카드를 내놓으면 되는 것이다.

이 두 시스템은 그 범위와 영향력에서도 다르다. 물물교환은 비효율적이고 불편하기 때문에 참여자와 거래상품, 서비스의 수에 제약을 받는다. 그래서 물물교환은 대다수가 생존에 필요한 최소한의 물건은 자급할 수 있는 농경 사회에서나 가능한 것이다. 그런 경제 시스템에서는 주로 자급할 수 없는 상품과 서비스를 얻기 위해 물물교환을 이용한다. 따라서 적어도 삶의 일부 측면은 거래 행위의 바깥에 놓이게 된다. 그러나 오늘날처럼 고도로 전문화되고 효율적인 시장 경제는 전혀 다르다. 대다수의 사람은 안락과 편의를 위해 구매하는 물건은 말할 것도 없고, 매일의 삶에 필요한 상품과 서비스를 시장을 통해 구입한다. 따라서 이런 시스템 안에서는 모든 것에 가격이 매겨지고 모든 것이 삶을 풍요롭게 해 줄 것이라는 기대가 "자연스러워진다." 그 결과 오늘과 같은 시장 경제에서는 이미 어린 시절부터 모든 것을 사고팔 수 있다고 배우게 된다. 양식, 옷, 집, 오락, 미술, 신체적 능력, 전문기술, 지식, 통찰력, 이미지, 명성, 건강관리, 안전, 시간, 애정, 섹스, 충성, 심지어는 신체조직과 장기까지도 말이다.

이처럼 우리의 일상은 온통 거래관계로 만연되어 있기 때문에 이런 심성은 새 신발을 살 능력의 유무에 대한 판단을 훨씬 뛰어넘어 우리의 전반적인 사고방식에 영향을 미치고 있다. 이 점을 잘 보여 주는 몇 가지 예를 들어 보자.

시장경제는 우리의 기술과 능력에 가격을 매기는데, 이는 적어도 세 가지 면에서 우리의 삶에 중요한 영향을 미친다. 첫째, 사람들의 가치를 그들이 받는 급여와 동일시한다. 우리는 변호사가 공장에서 일하는 여공보다 더 중요하고 더 가치 있는 인물이며 더 존경을 받아야 한다고 자연스럽게 생각한다. 둘째는 첫째 사항과 밀접한 관계가 있는 것으로서, 이런 시스템은 자동적으로, 가격이 매겨지지 않는 사람들과 물건들을 하찮은 존재로 여긴다. 집에서 무급으로 수많은 일을 감당하는 가정주부를 생각해 보라. 그 살림살이 하나하나를 경제적으로 따지면 눈에 띌 정도로 큰 가치를 지니겠지만, 보상이 따르지 않는 그 일과 그 일을 하는 사람이 계속해서 그 일을 하는 한 전혀 눈에 띄지 않는 존재로 남게 된다. 그런 일을 하는 것이 매우 중요하다고 확신하는 사람들조차도 종종 스스로를 무가치한 존재로 느끼곤 한다. 게다가 이런 시스템은 우리의 기술과 능력을 공동체에 기여하는 견지에서 생각하도록 격려하는 게 아니라 주로 구매력을 얼마나 제공해 주느냐 하는 과정에서 생각하도록 부추긴다. 오늘날 직업을 선택할 때 좋아하거나 보람 있는 일이기 때문이 아니라 많은 봉급을 약속해 주기 때문에 그것을 택하는 사람이 얼마나 많은가? 그 결과 우리의 능력과 재능은 시장에서 최고 입찰자에게 팔리는 또 하나의 상품으로 변질되고 말았다.

계약관계 자기이익을 챙기는 거래관계가 만연된 것을 감안하면, 시장 스타일의 사고방식이 가장 소중한 관계에까지 영향을 미치고 있다는 것은 놀랄 일이 아니다. 우리는 모든 사람 및 모든 관계를 자기이익에 근거해 평가함으로써, 도움이 안 되는 사람들과 사물에 대해서는 철저히 무관심해진다. 그렇기 때문에 어떤 사람은 다른 사람들보다 자동차나 집에 더 애착을 느끼는 것이다. 최근의 광고문구가 가리키듯이 사람이 자동차보다 더 골치 아프고 믿을 수 없는 존재라면 왜 그들에게 신경을 쓰겠는가? 비용-수익을 분석하는 이런 사고방식은 사업을 경영할 때는 꼭 필요하다. 그러나 기혼자들이 결혼관계를 유지하는 데 "비용이 너무 많이 든다"는 이유로 관계를 청산했다는 소리를 들을 때 또는 그 관계가 더 이상 "내 필요를 채워 주지" 못하기 때문에 청산했다는 소리를 들을 때 어떤 생각이 드는가? 물론 많은 사람은 그런 관계를 일종의 계약으로 보고 있다는 생각을 하고 싶어하지 않겠지만, 그런 사고방식이 오늘날 만연되어 있음을 부인하기는 어렵다. 즉 사람들은 어떤 관계가 특정한 욕구를 채워주는 한 그 관계를 계속하되, 일단 그런 필요가 더 이상 채워지지 않으면 언제든 그 관계를 청산해도 좋다고 생각한다. 거래가 깨지면 관계도 끝나고 마는 것이다. 이처럼 서로를 이용할 대상으로 보도록 부추기는 사회에서 과연 타인지향적인 사랑을 양성하는 것이 가능한가?

시인하고 싶지 않겠지만, 이런 계산적인 생각은 교회 "안에서"도 영향을 미치고 있다. 그 이유는 거래관계가 만연되어 있기 때문이기도 하지만, 교회 건물 안에서 하는 활동이 주중에 세상에서 하는 활동으로부터 격리될 수 없기 때문에 그러하기도 하다. 이를테면 그리스도인들도 그리스도에 대한 헌신을 물건을 선택하는 것처럼 생각한다. 그리스도인들은 알게 모르게 스스로 소비자 행세를 하고, 교회가 그들의 필요에 맞는 프로그램과 서비스를 준비하여 그들에게 구애했으면 하고 바란다. 이에 부응하여 많은 교회는 의식적으로 마케팅 전략을 도입하여 그런 사고방식에 익숙한 구도자들에게 이런저런 프로그램과 서비스를 내놓고 "장사"를 한다. 이처럼 대놓고 자기이익에 호소하는 전술은 그 의도가 아무리 좋다 하더라도 구도자들에 대한 우리의 사랑을 증명할 수도, 기독교적 사랑을 양성할 만한 사고 및 행동 습관을 개발할 수도 없다.

지금과 같은 문화에 살다 보면, 그리스도인들도 신앙을 자기이익의 견지에서 이해하도록 부추김을 받는다. "손해 보는 게 아니니 일단 믿어 봐라." 그래서 하나님과 다른 사람들로부터 소

Love

외된 자신을 보고 그들과 화목하고 싶은 마음에서 진정으로 "회심"하기보다는, 눈치 빠른 소비자의 입장에서 그 선택에 따른 혜택을 충분히 감안하면서 "회심"하는 경우가 많다. 이런 사람들은 만물과의 화목을 도모하는 하나님의 계획이 우주적인 차원의 것임을 깨달은 바울 같은 인물을 이해하기 무척 어려울 것이다. 바울은 자기이익에 사로잡히기는커녕 이스라엘의 불신 때문에 큰 슬픔과 고뇌에 빠진 나머지 스스로 "나의 형제 곧 골육의 친척을 위하여 내 자신이 저주를 받아 그리스도에게서 끊어질지라도 원하는 바로라"롬 9:3라고 고백한다.

끝으로 "우리는 우리가 소비하는 그것이다"라는 말과 같이 우리가 우리의 정체성을 소비에서 찾고 소비자의 선택에 따라 자신을 구분하는 문화에 몸담고 있기 때문에, 그리스도인도 "기독교적인" 상품을 소비하고 있기에 그리스도인이라는 식으로 믿고 있다. 예수님은 우리가 서로 사랑함으로써 모든 사람이 우리를 그분의 제자로 알게 되리라고 말씀하셨지만, 우리는 종종 주변 문화의 영향을 받아 특정한 기독교 음악, 책, 연주회, 세미나, 티셔츠, 물건을 소비하는 소비자가 되는 데서 우리의 차별성을 찾곤 한다.

사랑이라는 열매 기르기

사랑과 성령의 다른 여덟 가지 열매와의 관계에 대해 앞서 언급한 내용에 비추어, 이 책의 나머지 부분을 사랑을 양성하기 위한 일종의 지침으로 이해하면 좋을 것 같다. 여기서는 그리스도인이 거래관계로 채색된 사회에서 접하는 여러 가지 도전에 대처하는 데 유용한 몇 가지 자원을 간략하게 살펴보도록 한다. 각 장마다 반복될 일정한 틀에 따라 먼저 교회가 사랑의 열매를 재배하도록 제공하는 자원에 대해 고찰해 보는 게 좋겠다.

타인에게 주목하기 다른 사람을 주목하지 않고서 그들을 사랑할 수는 없다. 그러나 거래중심적 행습과 미덕은 무관심을 조장한다. 시장이 우리에게 서로를 쳐다보도록 하긴 하지만, 그것은 어디까지나 서로를 상품으로 우리의 이익을 위해 이용할 수 있는 대상으로 쳐다보라는 부추김이다. 시장에서의 자유는 오로지 자기의 이익을 위한 서로로부터의 자유 내지는 서로를 이용할 수 있는 자유로 해석될 때가 너무나 많다. 그러나 바울은 갈라디아 교인들에게 "그 자유로 육체의 기회를 삼지 말고 오직 사랑으로 서로 종노릇하라"갈 5:13고 권면하고 있다. 만일 그리스도인이 우리와 하나님, 우리와 사람, 우리와 피조물과의 관계를 포함해 삶의 모든 것이 상품화되는 것을 저지하는 생활방식을 계발하는 데 공동으로 드리는 예배보다 발판을 마련하기에 더 좋은 장소는 없을 것이다.

예배는 우리의 초점을 우리 자신에게서 돌려 하나님을 향하도록 하고 또 타자에게 주목하는 기술을 연마하게 만드는 학교와 같다. 우리가 예배하러 모이는 것은 축복을 받기 위해서도,

Love

"영적으로 충전하기" 위해서도 아니고, "교회에 가야" 하나님이 우리를 더 사랑할 것 같아서도 아니다. 우리는 하나님이 행하신 활동에 대한 반응, 곧 감사하는 마음으로 함께 모이는 것이다. 즉 하나님이 온 우주를 창조하고 지탱하시는 것과 우리를 하나님의 형상으로 만들어 그분과 서로 교통할 수 있도록 해 주신 것을 찬양하기 위해, 하나님이 언약의 백성인 이스라엘을 창조하셔서 열방의 빛이 되도록 그리고 그들을 통해 열방이 복을 받도록 계획하신 것을 찬양하기 위해, 하나님이 그 아들 예수 그리스도를 보내셔서 우리가 하나님 및 다른 피조물과 화목하도록 해 주신 것을 찬양하기 위해, 하나님이 교회에 성령을 부어 주셔서 우리로 그리스도의 지체가 되도록 해 주신 것을 찬양하기 위해 모이는 것이다.

우리가 하나님을 찬양하기 위해 모이는 이유는 물론 이 밖에도 많다. 하지만 내가 말하고자 하는 요점은, 하나님은 찬양받기에 합당하신 분이기에 우리가 그분을 찬양하러 모임으로써, 우리의 이익은 제쳐 놓고 오로지 모든 생명을 창조해서 지탱하시는 그분께만 초점을 맞추려고 노력한다는 것이다. 우리 가운데 누구도 자아에 대한 몰입에서 완전히 벗어날 수는 없지만, 그렇다고 예배가 우리를 변화시킬 수 없다고 생각해서는 안 된다. 타자를 위해 남에게 주목하려는 의식적인 노력은 삶의 모든 영역이 자기이익의 체로 걸러질 필요가 없음을 상기시켜 주는 좋은 징표다.

우리의 예배는 또한 모든 관계가 반드시 자기 위주의 거래에 뿌리를 둘 필요가 없다는 사실을 상기시켜 주기도 한다. 우리가 하나님께 찬양과 감사를 드리는 것은 그분에게 그런 것이 필요해서가 아니다. 하나님은 끊임없이 그리고 영원히 수많은 천사들로부터 찬양을 받고 계시며, 우리가 찬양과 경배의 목소리를 높일 때 천사들의 찬양에 합해지는 것일 뿐이다. 그렇다고 하나님이 우리의 예배를 기뻐하지 않으신다는 뜻은 아니다. 우리가 예배에서 느끼는 하나님의 기쁨은 우리가 예배를 마음에서 우러나오는 선물로 드리는 것과 무관하지 않다는 뜻이다. 우리가 하나님을 찬양하기 위해 모이는 것은 그분께 보상을 받기 위해서거나, 또 그분을 달래고자 함이 아니다. 하나님은 이미 우리를 그분의 한없는 관대함과 은혜를 받는 자들로 삼으심으로써 우리와 관계를 맺으신 분이다. 우리의 찬양은 거래가 아닌 선물인 것이다.

은혜로 받고 주기 이렇게 생각해 보면 기독교 신앙과 행습의 중심에 선물 주기가 있음을 알게 된다. 하나님은 우리에게 많은 것을 풍성하게 주셨고, 우리는 하나님께 선물을 드림으로써 감사를 표하며, 서로에게 선물을 줌으로써 하나님의 은혜의 통로가 된다.

이 선물 주기 드라마가 기독교 예배의 핵심에 자리 잡고 있으며, 이는 교회의 핵심 관행인 성만찬에서 가장 눈에 띄게 나타난다. 이 관행의 이름은 기독교 전통에 따라 다양하고, 또 다

Love

양한 방식으로 이해되고 거행되고 있지만 거기에 참여하는 모든 그리스도인은 그 핵심에 있는 헤아릴 수 없는 신비가 타인지향적인 하나님의 사랑과 분리될 수 없음을 알게 된다. 이 만찬은 하나님이 과거에 우리에게 베푸신 사랑을 경축하고, 현재 우리에게 사랑의 섬김을 실천하도록 힘을 북돋워 주며, 장차 하나님의 화목 사역이 완성될 때 우리가 다 함께 경축할 최후의 만찬을 미리 맛보는 역할을 한다.

따라서 여러 의미를 가진 이 성례가 거행되는 순간, 곧 포도주와 떡과 함께 지금 여기에 "하나님의 백성을 위한 하나님의 선물"이 있다는 말씀이 그 백성에게 선포되는 순간에 견줄 만큼 뜻깊은 순간은 없다. 여기서 우리는 우리가 헤아릴 수 없는 선물을 받은 자들임을 다시금 깊이 깨닫고 따라서 하나님이 우리에게 주시는 모든 것을 겸손하게 열린 손으로 받게 된다.

우리가 열린 손으로 나아오는 또 다른 이유는 하나님의 사랑이 우리로 하여금 베풀도록 부르셨기 때문이다. 초대교회 초창기부터 성만찬은 가시적이고 구체적인 방법으로 이웃을 사랑하라는 초대로 이해되어 왔다. 예를 들어, 성경에는 가장 초기의 성만찬이 아가페*Agape* 잔치 내지는 애찬과 결합되어 있었음을 보여 준다유 12절, 벧후 2:13. 사실 바울은 고린도 교인들이 성만찬을 집행하되 본래 뜻을 거스리는 방식으로 행한다고 그들을 크게 꾸짖었다고전 11:17-34. 부유한 그리스도인들은 공동 식사 전에 사적인 식사를 했기 때문에 공동체의 가난한 지체들과 나눌 음식이 모자랐다. 이처럼 이기적이고 경솔한 행태는 그 만찬의 중심에 있는 사랑의 정신을 위반했을 뿐만 아니라, 그리스도의 사랑으로 극복하게끔 되어 있는 사회적·경제적 분립까지 조장했다. 바울은 그런 이기적인 행습이 고린도 교인들이 구현해야 할 복음과 정반대되는 것임을 확신했기 때문에, 그들이 어떻게 믿든지 상관없이 실제로는 주님의 만찬을 먹고 있는 것이 아니라고 주장했던 것이다고전 11:20. 이와 같이 그 몸을 위반하는 행위를 염두에 둔 바울은 몇 절 뒤에 "주의 몸을 분별하지 못하고, 즉 이 공동체가 그리스도의 몸임을 깨닫지 못하고 먹고 마시는 자는 자기의 심판을 먹고 마시는 것이니라"고전 11:29라고 선언했다.

이 경고는 성경 전체에서 가장 준엄한 대목 중 하나다. 우리가 실제로 하나님의 사랑을 구현하는 우리의 모습이 하나님의 사랑에 관한 믿음을 입으로 말하는 것보다 더 중요함을 일깨워 주는 대목이기 때문이다. 좀더 정확하게 말하자면, 우리가 하나님의 사랑을 구현하는 모습이 우리의 말보다 우리의 믿음을 더 확실히 보여 주는 지표인 것이다. 우리가 주님의 식탁에 둘러앉아 사랑과 희생과 용서에 관해 얘기하는 것으로는 충분하지 않다. 만일 하나님의 사랑에 관한 믿음이 우리 모임에서 구현되지 않는다면, 차라리 모이지 않는 편이 더 낫다마 5:23-24.

요컨대 성만찬은 하나님의 은혜가 떡과 포도주의 형태로만이 아니라 혈과 육의 형식으로도 온다는 사실을 상기시켜 주는 강력한 징표다. 주의 만찬을 경축하려고 우리와 함께 모인 사람들은 우리가 받는 그 떡과 포도주만큼이나 그리스도의 몸, 즉 하나님의 사랑과 은혜가 표현된 실체에 해당한다. 후자에는 우리의 손을 내밀되 전자에는 우리의 손을 내밀지 않는 것은 교회 생활의 중심에 있는 생명을 주시는 신비에 전적으로 위배되는 행위다. 그러므로 우리가 "하나님의 백성을 위한 하나님의 선물"이란 말을 들을 때는 포도주와 떡뿐 아니라 서로를 하나님의 좋은 선물로 받을 준비를 갖춰야 한다.

청지기직 수행하기 고린도 교회에 사회적·경제적인 분열이 존재했다는 사실은 우리가 얼마나 소유와 신분에 따라 쉽게 나뉠 수 있는지를 새삼 상기시켜 준다. 우리 중 대부분은 소속감을 느끼지 못해서 불편했던 경험이 있었을 것이다. 사람들의 의상, 자동차, 집과 같은 것을 통해 서로 다르다는 것을 우리는 알게 된다. 원하든 원하지 않든 진정한 교제를 방해하는 눈에 보이지 않는 장벽을 우리는 경험하고 있다.

물론 이것은 물질적인 소유가 우리 문화에서 담당하는 한 가지 역할일 뿐이다. 시장의 중심에는 소유권과 소유의 개념이 있다. 자기 위주의 거래행위에 관여하는 목적이 우리가 필요하고 원하는 것들을 획득하기 위한 것임을 우리는 알고 있다. 사실 우리 사회는 실제로 우리에게 우리의 소비행위를 우리의 정체성의 표출로 생각하도록 부추기고 있다. 나는 내가 소비하는 그것이다. 또는 뻔뻔스러운 최근의 자동차 광고문구처럼 "당신이 타고 있는 차가 당신이 누구인가를 말해 준다." 이처럼 우리 문화가 우리의 자아self와 우리의 소유물stuff을 밀접하게 연계시키도록 부추기는 현상은 하나님이 만물을 창조하셨고 우리에게 그 청지기 직분을 맡기셨다고 믿는 그리스도인들에게 심각한 문제를 제기한다. 그러면 청지기직에 대한 기독교의 가르침은 우리와 "우리의 소유물"의 관계를 재고하는 데 어떤 역할을 하는가? 그런 가르침에 힘입어 우리가 "우리의 소유물"을 분립과 탐닉을 조장하는 수단으로 이용하지 않고 기독교적인 사랑과 관심을 표현하는 매개로 사용하는 것이 어떻게 가능한가?

이 주제는 간단하게 다룰 사안이 아니지만, 몇 가지 논평은 더 깊은 성찰을 촉진시킬 것이다. 첫째, 기독교의 청지기 개념을 하나의 자원으로 활용하려면 우선 청지기가 무엇을 의미하는지부터 알아야 한다. 그런데 우리는 이것을 우리의 소유를 보호하는 구실로 사용할 때가 많다. "우리 교회에서 노숙자들에게 음식을 제공하고 싶지만, 교회를 더럽히지 않도록 하는 것도 주님이 것을 맡은 청지기로서 해야 하는 일이다." 그러나 청지기 개념은 창조의 교리, 즉 하나님이 만물을 창조하셨고 지탱하고 계시다는 믿음에 근거하고 있다. 하나님은 자신의 형상대로 우리를 창조하여 나머지 피조물을 우리의 손에 맡기심으로써 우리에게 특별한 지위를 부여하셨다. 하지만 이 특권은 우리의 유익을 위해 피조물을 착취하는 자유가 아니라, 창조세계 전체에 계신 하나님의 현존을 구현할 책임이 있음을 의미한다.

그러므로 신실한 청지기가 된다는 것은 언제나 이 책임을 맡기신 그분을 대신하여 행하는 것이다. 이 때문에 우리의 청지기적 행위는 하나님이 직접 행하시면 어떻게 하실지를 반영하는 것이어야 한다. 그리스도인이라면 하나님이 예수 그리스도를 통해 우리 가운데 이미 행할 바를 보여 주셨다고 믿고 있기 때문에 예수님이라면 어떻게 하실지를 생각해 보는 것은 당연한 것이다. 그렇기 때문에 우리가 반복해서 자문해 보아야 할 질문은 "하나님이 주신 이 자원들을 어떻게 지킬까?"가 아니라 "하나님이 맡기신 이 자원들을 예수님이라면 어떻게 하셨을까?" 하는 것이어야 한다. 우리는 하나님이야말로 타인지향적인 사랑의 모델이라고 믿기 때문에 하나님의 청지기로 행하는 자들도 그리고 하나님 아들의 제자들도 마땅히 사랑으로 행해야 할 것이다. 주변의 사람들이 굶주리고 있는데 사치스럽게 살아가는 예수님의 모습이 상상이 되는가?

이렇게 말하면 지금 우리 눈앞에 그런 광경이 벌어지고 있다고 맞장구치며 하나님이 하시기로 작정만 하신다면 내일이라도 세계적인 기근을 끝내실 수 있다고 말할 사람도 있을 것이다. 그런데 하나님은 왜 그렇게 하지 않으시는가? 이는 다음과 같은 마지막 질문들을 제기하게 만든다. 하나님은 왜 우리를 청지기로 부르셨는가? 모든 사람들이 보살핌을 받기를 하나님이 원하신다면, 왜 직접 그렇게 하시지 않는가?

우리가 결과에만 관심을 두고 있다면 이런 생각은 설득력이 있다. 하나님의 관심사가 그저 사람들을 제대로 먹이는 데 있다면, 하나님은 자원을 좀더 공정하게 분배하기로 정하셨을 수도 있다. 그러나 하나님은 양식을 얻는 방식에도 관심을 두고 계신다. 이 점을 좀 실감나게 이해하기 위해 다음과 같은 상상을 해 보자. 당신은 지금 주말에 출장갈 일이 있어서 다섯 아이들에게 먹을 것을 미리 챙겨 주어야 할 상황에 처해 있다. 당신이 신경써야 할 것이 출장 기간 동안 아이들이 먹을 음식을 챙기는 것뿐이라면 아이들 각자에게 적당한 크기의 시리얼 한 상자씩 안겨줘서 당신이 돌아올 때까지 혼자 알아서 해결하라고 하면 그만일 것이다. 반면에 아이들 가운데 한 명을 당신의 청기지로 임명해서 모두에게 제때 공급해 주도록 할 수도 있을 것인데, 이 경우 아이들은 각자 혼자 해결할 때에는 알 수 없는 상부상조하는 법을 배우게 될 것이다.

만일 하나님이 우리 중 일부에게 필요한 양보다 훨씬 더 많은 것을 맡기셨는데, 하나님의 총애의 징표로서 쌓아 놓은 "부"로서가 아니라 궁핍한 이들에게 하나님을 대신하여 양식을 공급해 주라고 하신 것이라면 어떻게 하겠는가? 우리 가운데 너무도 많은 사람이 큰 시리얼 상자를 차지하고는 그 중 10분의 1을 교회에 바치고 나서 그 엄청난 양의 아침식사를 혼자 즐기고 있다. 이것은 청지기다운 모습이 아니다.

묵상과 적용

각 장의 마지막 부분은 그 장에서 제기한 이슈들을 당신의 삶에 직접 적용하도록 돕기 위해 고안된 것이다. 이 부분의 목적은 당신의 상상력을 자극해 내가 제안한 몇 가지 제안에 머무르지 말고 더 좋은 실천 방안들을 생각해 보도록 하는 데 있다. "천리 길도 한 걸음부터"라는 속담처럼 여기에 실린 내용은 첫걸음에 해당하는 것이다. 이 단순한 질문들과 제안들을 이용하여 더 깊은 묵상과 실천의 삶으로 나아가길 바란다.

■ 이 장은 타인지향적인 사랑에 초점을 맞추었다. 당신의 경우, 하루 동안 타인의 필요와 관심사에 쏟는 시간의 양과 당신 자신의 관심사에 투입하는 시간의 양이 어떤지 서로 비교해 보라. 우리는 언제나 "자기중심적인" 성향을 갖고 있을 테지만, 타인의 필요가 항상 우리 것보다 밀리기만 한다면 정말 문제가 있는 것이다. 하루를 시작할 때 하나님께 당신의 눈을 열어 타인의 필요를 볼 수 있게 해 달라고 간구해 보라.

■ 잠시 동안 당신이 맺고 있는 개인적인 관계들에 대해 생각해 보라. 혹시 기존의 관계나 앞으로 맺을 관계에 대해 계산적으로 따져 본 적은 없는가? 대인관계를 이런 식으로 생각하면서 타인지향적인 사랑을 키울 수 있겠는가?

당신이 관여하는 활동 가운데 다른 사람을 당신의 즐거움이나 이익을 위한 대상으로 보도록 부추기는 것은 없는가? 문화비

평가들은 현재 우리가 "관음증적인 문화"에 살고 있다고, 즉 다른 사람들의 삶을 엿보는 데서 엄청난 쾌락을 얻는 그런 문화에 살고 있다고 지적한다. 우리가 지저분한 토크쇼, 모든 걸 폭로하는 비망록, 몰카 등에서 즐거움을 얻는 것은 직접적인 개입에 따른 위험부담 없이 안전한 거리에서 즐기고자 하는 속성 때문은 아닌가? 그리스도인들은 다른 사람의 괴로움이나 신체나 삶을 오락거리로 소비해서는 안 된다면, 서로 협력하여 그런 행위를 부추기는 매체에 노출되지 않도록 노력할 필요가 있을 것이다.

■ 앞서 지적한 대로 우리 문화는 삶의 거의 모든 영역을 자기이익이라는 렌즈를 통해 보도록 우리를 훈련시키고 있다. 잠시 시간을 내어 당신도 그 영향을 받아 하나님과의 관계마저 그런 식으로 보지 않는지 정직하게 반성해 보라. 당신은 하나님과의 관계나 교회와의 관계를 자기이익에 입각해서 생각해 본 적은 없는가? 이를테면, 신앙생활 자체를 주로 '내게 이익이 되는 것'에 입각해서 생각하고 싶은 유혹을 받은 적이 없는가? 교회에 다니면서 봉사하다 보니 "비용"이 너무 많이 들어가서 교회와의 관계를 끊은 적은 없는가?

우리 중 대다수는 위의 질문 가운데 적어도 하나에 '그런 적이 있다'고 응답했을 것이다. 우리의 문제는 한마디로 신앙생활을 너무 하찮은 것으로 생각하고 있다는 점이다. 우리는 하나님이 주관하는 영광스럽고 우주적인 화목 사역의 동반자로 부름 받은 존재들이다. 하나님은 현재 창조세계 전체에 치유와 회복을 가져오시는 중이고, 우리는 그 사역의 일꾼이 되도록 부름을 받았다. 이 소명은 우리를 우리의 편협한 인생관의 굴레에서 벗어나게 만든다. 달리 말하면, 삶의 전 영역을 우리의 좁은 관심사에만 국한시켜 편성하는 그런 인생관에서 우리를 해방시킨다는 뜻이다. 우리에게 필요한 것은, 하나님이 우리에게 제공하는 구원 내지는 온전함의 중심에 자기몰입으로부터의 구원이 있다는 점을 분명히 깨닫는 일이다. 만일 우리가 마음을 새롭게 하여 우리의 인생을 향한 하나님의 비전을 우리의 비전으로 삼는다면, 하나님은 타인지향적인 사랑으로 충만한 인생을 우리에게 허락하실 것이다.

■ 시장 경제가 지속될 것을 감안하면 그리스도인은 삶 전체가 시장중심의 사고방식에 물들지 않도록 창의적인 방안을 마련할 필요가 있다. 그리스도인은 그리스도 안에서 이루어진 하나님의 역사를 사람들에게 계속 이야기해 줄 책임이 있다. 그런데 그 이야기는 "선물"의 개념을 떠나서는 이해할 수 없다. 따라서 우리에게는 시장 특유의 태도와 행습을 저지할 수 있는 삶의 시간과 공간이 필요하다. 그렇다면 어떻게 시장과는 다른 일련의 행습과 신념을 계발할 수 있겠는가?

무엇보다 먼저 예배를 거래행위로 보지 않도록 해야 한다. 우리는 흔히 "오늘 아침 예배에서는 얻은 게 별로 없어"라고 말하곤 한다. 이것은 우리가 얼마나 자기이익 중심의 사고방식에 갇혀 있는지를 보여 준다. 만일 우리가 일차적으로 하나님께 찬양과 감사를 드리기 위해 모인다면, 그 과정에서 우리가 은혜나 축복을 받는 것은 부차적인 것일 뿐이다.

그리스도인은 친구관계에 있어서도 계산적인 이해관계가 아니라 은혜롭게 선물을 주고받는 관계를 계발하려고 노력해야 한다. 예를 들어 당신이 친구들에게 "점수를 매기는 데" 상당한 에너지를 쏟고 있다면, 은혜롭게 선물을 주고받는 관계가 아니라고 할 수 있다. 누군가 당신에게 선물을 주면 당신도 당장 갚아야겠다는 충동을 억누르라. 그럴 경우에는 상대방이 본래 순수한 선물로 준 그 의도를 무시하고 내 마음대로 그것을 거래관계로 변질시키는 잘못을 범하는 것일 수 있다.

또한 우리는 "우리의 소유물"과의 관계를 재고할 필요가 있다. 만일 "우리의 소유"를 이곳에서 하나님의 다스림을 증진시키기 위한 자원으로 우리에게 주어졌다고 생각하기 시작하면 어떤 일이 일어나겠는가? 그런 경우에는 우리의 눈이 열려 남들의 필요를 볼 수 있게 되지 않겠는가! 어려운 사람을 보고도 "이미 하나님께 십일조를 드렸으니 우리의 소유인 나머지 90퍼센트는 우리 자신을 위해 '마음껏' 써도 좋다"는 식으로 양심을 달래고 있다면, 우리가 사랑으로 행한다고 할 수 있겠는가?

신약성경에 나오는 코이노니아라는 개념을 공부해 보라. 이 그리스어 단어는 보통 "교제"로 또 "교통", "형제애", "참여"로도 번역되고 있는데, 단순히 다른 사람들과 함께 있으면서 좋은 시간을 갖는다는 뜻보다 훨씬 더 풍부한 의미를 내포하고 있다. 사실 성경그리고 초대교회의 저술들만 보아도 물질적인 소유를 나누는 일을 포함해 삶 전체를 나누는 것을 함의할 뿐 아니라 실천하고 있는 모습이 여러 군데 나온다행 2:42–47, 4:32–35. 이 단어가 구체적으로 언급되지는 않아도 이런 개념이 작동하는 경우도 볼 수 있다. 가령, 바나바와 같은 제자행 4:36가 기꺼이 자기 밭을 팔아서 가난한 사람을 돕도록 그 돈을 사도들에 가져오는 경우가 그렇다.

일부 교회는 교인들이 소유물에 대한 관계를 재고하도록 돕기 위해 창의적인 실험을 하고 있다. 예를 들어 내가 아는 한 교회는 다른 교인들에게 기꺼이 빌려 주고 싶은 교인들의 소유물 목록을 저장한 데이터베이스를 운영하고 있기도 하다. 이런 연습을 하면 우리의 소유가 우리만의 것이 아님을 인식하게 될 것이다. 우리가 진정한 청지기라면 우리의 권한 아래 있는 모든 것을 만물의 소유주인 하나님의 목적을 이루는 데 확실히 사용할 수 있게 되고 나아가 우리가 제각기 내 것만 붙들고 있을 때는 경험할 수 없는 서로 나누는 형제애를 느낄 수 있게 된다.

■ 끝으로 우리는 보답을 기대하지 않고 값없이 베푸는 기회를 찾도록 해야 한다. 이를테면 헌혈하는 것을 고려할 수 있을 것이다. 이는 작은 행동이긴 하지만 다른 사람을 도울 뿐 아니라, 우리의 삶 속에 시장경제 논리 바깥에서 움직이는 공간이 필요함을 다른 사람들에게 상기시켜 주는 역할을 한다. 우리 문화에서 자기중심적인 거래관계의 영향을 받지 않은 공간이 거의 사라지고 없

는 실정이다. 그래서 그리스도인들은 그 남은 공간에 대해 감사하고 그것을 기쁜 마음으로 지지해야 한다. 만일 우리가 주일에는 그리스도의 보혈로 말미암아 우리가 받은 새 생명을 경축하면서도 월요일이 되면 뒤돌아서서 돈을 벌려고 어려운 형제나 자매에게 우리의 피를 판다면 비극이 아닐 수 없다.

Love

그의 영광의 풍성함을 따라 그의 성령으로 말미암아 너희 속사람을 능력으로 강건하게 하시오며 믿음으로 말미암아 그리스도께서 너희 마음에 계시게 하시옵고 너희가 사랑 가운데서 뿌리가 박히고 터가 굳어져서…엡 3:16-17.

너희가 열매를 많이 맺으면 내 아버지께서 영광을 받으실 것이요 너희는 내 제자가 되리라 아버지께서 나를 사랑하신 것 같이 나도 너희를 사랑하였으니 나의 사랑 안에 거하라 내가 아버지의 계명을 지켜 그의 사랑 안에 거하는 것 같이 너희도 내 계명을 지키면 내 사랑 안에 거하리라 내가 이것을 너희에게 이름은 내 기쁨이 너희 안에 있어 너희 기쁨을 충만하게 하려 함이라 요 15:8-11

여자가 해산하게 되면 그 때가 이르렀으므로 근심하나 아기를 낳으면 세상에 사람 난 기쁨으로 말미암아 그 고통을 다시 기억하지 아니하느니라 지금은 너희가 근심하나 내가 다시 너희를 보리니 너희 마음이 기쁠 것이요 너희 기쁨을 빼앗을 자가 없으리라 요 16:21-22

3장 희락

욕망을 조작하는 세상에서 맺는 열매

Joy

기억이 너무나 생생해서 마치 엊그제 일어난 일만 같다. 아내와 나는 병원 분만실에서 첫 아이가 태어나기를 초조하게 기다리고 있었다. 나는 아내가 산통으로 고통스러워하는 동안 줄곧 옆에 서서 호흡을 조절하고 사이사이에 안정을 취하도록 하면서 깊은 무력감을 느꼈다. 나는 아내가 그토록 고통스러워하는 것을 보면서, 그리고 산통을 느낄 때마다 내 손을 꽉 움켜쥐는 것을 느끼면서 이 경이로운 순간에 우리의 역할이 정말 불공평하다는 생각을 했다. 어느 순간에 내가 끼고 있던 은으로 된 결혼반지를 빼야 했는데, 나중에야 아내가 내 손을 꽉 잡는 바람에 반지에 금이 갔다는 사실을 알게 되었다.

그러나 우리의 기억에 가장 생생하게 남아 있는 것은 이 점이 아니다. 아내는 그 고통이 잘 기억나지 않는다고 한다. 그녀가 가장 분명하게 기억하는 것은 의사가 그 작고 무력한 생명을 아내의 가슴에 올려놓던 기쁨의 순간이다. 기쁨의 눈물을 흘리면서 우리가 느꼈던 그 감정은 한 번도 경험한 적이 없는 강렬하고 이루 표현할 수 없는 환희 그 자체였다.

이런 유의 강렬한 기쁨을 우리 평생에 또다시 경험할 수 있을까! 이런 기쁨의 경험과 바울이 말하는 성령의 두 번째 열매 사이에는 어떤 연관성이 있을까?

희락·기쁨의 성경적 의미

이 성령의 두 번째 열매를 제대로 이해하는 일은 이 용어가 우리 생활에서 여러 의미로 사용되기 때문에 쉽지 않다. 똑같은 단어를 기쁨 자체를 경험하는 상태"오케스트라에서 연주하는 일이 내게 큰 기쁨을 준다", 기쁨의 근원"내 아이들은 내 삶의 기쁨이다", 기쁨의 표현"그녀를 다시 보게 되어 나는 기뻤다" 등에 모두 사용한다. 신약의 그리스어에는 흔히 "기쁨"으로 번역되는 단어가 여럿 있지만, 그 가운데 가장 자주 사용되는 단어 카라*chara*는 영어와 비슷하게 기쁨의 상태와 근원과 표현 등을 모두 가리킨다. 그래서 별이 동방박사들을 베들레헴으로 인도할 때에 그들이 "매우 크게 기뻐하고 기뻐하더라"마 2:10라고 기록되어 있고, 세례 요한이 예수의 오심을 보고 기쁨을 표현할 때도 신랑의 친구가 "신랑의 음성을 듣고 크게 기뻐한다"요 3:29라고 묘사되어 있다. 더 나아가 바울이 빌립보 교인에게 보낸 편지종종 "기쁨의 편지"라고 불린다를 배운 사람이면 누구나 바울이 그 형제와 자매들에게 기뻐하라고 거듭해서 권하고 있음을 알고 있을 것이다.

그러면 우리가 표현해야 할 이 희락·기쁨은 과연 무엇인가? 우리가 이 단어를 사용하려고 할 때에는 어떤 경험을 전달하려고 하는 것일까? 우리는 흔히 이 단어를 우리가 정말로 갈망했던 그 무엇, 우리가 깊이 열망했던 어떤 것을 경험함으로써 느끼는 강한 만족감, 행복감, 흡족함 등을 표현하기 위해 사용한다. 이런 갈망과 열망의 대상은 물론 아주 다양하며, 그에 따른 기쁨의 깊이와 강도도 그만큼 다양하다.

이 점을 더 분명히 알려면 기쁨joy의 경험을 쾌락pleasure의 경험과 같은 다른 것들과 비교해 보면 된다. 기쁨과 쾌락은 둘 다 어떤 사물이나 사람을 즐기는delighting 일을 내포하고 있다. 그 대상을 기뻐하는 이유뿐 아니라 그 기쁨의 대상도 그에 따른 기쁨의 특성에 영향을 미친다. 좋은 음식을 즐기는 일과 좋은 대화를 즐기는 일은 모두 즐거운 것이지만, 대상에 따라 즐거움의 종류도 달라진다. 또한 우리가 굶주릴 때 좋은 음식을 즐기는 것과 가장 절친한 친구가 만든 좋은 음식을 즐기는 것도 서로 다르다. 둘 다 매우 즐거운 경우에 해당하지만, 그 즐거움의 특성은 우리가 우리 자신에게서 끌어낸 정도에 따라 달라진다. 우리가 우리 자신에게서 더 많이 끌어내면 낼수록 우리의 즐김

delighting은 단지 쾌락pleasure이 아니라 기쁨joy으로 묘사될 가능성이 더 높아진다.

그러므로 쾌락과는 달리 기쁨은 기쁨 자체만을 추구할 수 없는 것이다. 기쁨이란 우리가 찾고 있던 것을 발견할 때 오는 만족감이다. 그런즉 기쁨 자체를 추구하는 것은 우리가 어떤 것을 찾고 싶어서가 아니라 그것을 찾을 때 수반되는 즐거움을 원하기 때문에 그것을 찾는 것과 비슷하다. 하지만 이런 전략이 실패할 수밖에 없는 것은 C. S. 루이스가 잘 지적했듯이 기쁨이란 그 자체를 추구할 수 없는 것이기 때문이다. 오히려 기쁨은 일종의 부산물과 같은 것이어서 "기쁨이 존재한다는 사실은 당신이 그것이 아닌 다른 무엇을 원하고 있다"는 것을 전제하고 있다.[1] 기쁨이란 자기 자신을 뛰어넘는 어떤 것에 열려 있기 때문에 오는 한 가지 결과일 뿐이다. 기쁨을 기뻐하기 위하여 기쁨 자체를 추구하는 일은 기쁨의 "타자지향적인" 특성을 무시하는 처사다.

기쁨에는 이처럼 바깥을 향하는 외향적인 특성이 있기 때문에 성경은 기쁨과 사랑을 밀접히 연계시키고 있다. 우리는 앞 장에서 하나님의 사랑이 은혜이자 선물이라는 특성을 갖고 있음을 살펴본 바 있다. 따라서 이제는 "은혜"를 뜻하는 그리스어 카리스*charis*와 신약에서 "기쁨"으로 번역되는 가장 대표적인 단어 카라*chara* 사이에 어원상의 유사성이 있다는 중요한 사실을 쉽게 이해할 수 있을 것이다. 이 두 단어는 동일한 뿌리를 갖고 있으며, 둘 다 자기 자신을 뛰어넘는 어떤 사물이나 사람을 마음껏 기뻐하는 행위를 가리키고 있다.

이처럼 우리가 우리 자신을 뛰어넘어 외부를 지향하려면, 무엇보다 우리를 내향적으로 만들어 스스로에게 몰두하게 하는 수많은 두려움을 극복할 수 있어야 한다. 이를테면 "당신이 스스로를 돌보지 않으면 어느 누구도 당신을 돌보지 않을 것이다"라는 오랜 속담은 현명한 충고라기보다는 오히려 서로에 대한 두려움과 불신에 뿌리박은 자기중심적인 태도에 대한 변명일 뿐이다. 성경은 우리에게 "두려워 말라"고 한다. 하나님은 우리를 두려움에서 해방시켜 사랑과 기쁨의 삶 속으로 들어가게 하신다. 이에 대해 에벌린 언더힐은 이렇게 쓰고 있다. "참 사랑은 언제나 두려움을 치유하고 이기주의를 무력화시키고, 우리 안에서 사랑이 자람에 따라 우리 자신에 대한 염려는 갈수록 줄어들고, 하나님 및 그분의 다른 자녀들을 흠모하고 기뻐하는 일은 갈수록 늘어나게 된다. 이것이 바로 기쁨의 비밀이다."[2]

사랑과 기쁨의 밀접한 관계를 감안하면, 하나님의 창조와 구속 사역에 나타난 그분의 사랑이 창조세계와 하나님께 기쁨의 반응을 불러일으킨다는 것은 결코 놀라운 일이 아니다. 욥기는 하나님의 창조사역이 별들로 노래하게 하고 모든 천상의 존재들로 기쁨의 소리를 지르게 했다고 말한다욥 38:7. 또 이사야는 이스라엘에게 하나님이 그들을 포로상태에서 구출하실 때는 그들이 영원한 기쁨으로 반응할 것이라고 확신시켜 준다.

여호와의 속량함을 받은 자들이 돌아오되
노래하며 시온에 이르러
그들의 머리 위에 영영한 희락을 띠고
기쁨과 즐거움을 얻으리니
슬픔과 탄식이 사라지리로다사 35:10.

그런데 이사야는 이스라엘을 재창조하시는 하나님의 역사가 그 백성뿐 아니라 하나님께도 기쁨을 가져올 것임을 분명히 하고 있다.

보라 내가 새 하늘과 새 땅을 창조하나니
이전 것들은 기억되거나 마음에 생각나지 아니할 것이라.
너희는 내가 창조한 것으로 말미암아
영원히 기뻐하고 즐거워할지니라.
보라 내가 예루살렘을 즐거운 성으로 창조하며
그 백성을 기쁨으로 삼고
내가 예루살렘을 즐거워하며 나의 백성을 기뻐하리니
우는 소리와 부르짖는 소리가
그 가운데에서 다시는 들리지 아니할 것이며…사 65:17-19.

이 같은 기쁨의 외향적인 특성을 신약성경에서도 볼 수 있다. 신약에서는 치유와 온전함의 회복이 바로 기쁨과 찬양의 계기를 마련해 주고 있다. 예수님이 등이 굽은 여인을 고쳐주자 그녀는 허리를 펴고 하나님을 찬양하기 시작했다눅 13:13. 예수님께 치료를 받은 한 사마리아 문둥병자는 그분에게 돌아와서 "큰 소리로 하나님께 영광을 돌리며" 감사한다눅 17:15. 미문에 있던 절름발이는 고침을 받자 일어서서 성전으로 들어가면서 "걷기도 하고 뛰기도 하며 하나님을 찬송했다"행 3:8. 이와 비슷하게 빌립이 사마리아에서 행한 치유 사역도 "그 성에 큰 기쁨"을 가져왔다행 8:8.

또한 신약성경은 회심도 회심한 이들과 그 추수에 참여한 자들 모두에게 기쁨을 준다고 증언한다. 에티오피아의 내시는 빌립과의 만남에 이어 세례를 받은 뒤에 기쁘게 길을 갔다고 기록되어 있다행 8:39. 예수님은 추수할 때가 되었고, 거두는 자가 "영생에 이르는 열매"를 모으고 있으며, 그 결과 씨를 뿌리는 자와 거두는 자가 함께 기뻐하다고 말씀하신다요 4:36. 또 누가는 이방인들의 회심이 "형제들을 다 크게 기쁘게 했다"고 기록하고 있다행 15:3.

기쁨은 또한 우리와 다른 그리스도인의 관계를 특징짓기도 한다. 특히 우리가 주 안에서 성장하도록 돕는 형제와 자매와의 관계가 그러하다. 바울은 데살로니가 교인들에게 "우리의 소망이나 기쁨이나 자랑의 면류관이 무엇이냐? 그가 강림하실 때 우리 주 예수 앞에 너희가 아니냐? 너희는 우리의 영광이요 기쁨이니라!"라고 말한다살전 2:19-20, 3:9. 바울은 빌립보 교인들 역시

"나의 기쁨이요 면류관"이라고 부르고빌 4:1, 로마에 사는 신자들에게는 "기쁨으로 너희에게 나아가 너희와 함께 편히 쉬도록" 기도해 달라고 부탁하고 있다롬 15:32, 딤후 1:4, 몬 7절.

하지만 가장 중요한 것은 기쁨이 바로 하나님의 특징이라는 점이다. 누가복음 15장에 나오는 비유들은 잃어버린 자를 찾았을 때 하나님도 기뻐하신다는 사실을 상기시켜 준다. 그러므로 창조세계의 일부가 하나님과의 올바른 관계로 회복되면, 하나님도 크게 기뻐하시는 것이다. 잃어버린 양, 잃어버린 동전, 잃어버린 아들 등의 비유들은 모두 각각 이 심오한 진리, 곧 하나님은 소외되었던 자들이 되돌아오는 것을 기뻐하는 분이라는 진리를 강조하고 있다. 만일 하나님의 삶을 기쁨으로 특징지을 수 있다면, 그분의 성품을 구현하도록 부름 받은 우리의 삶도 기쁨으로 충만해야 하지 않겠는가!

고난과 기쁨

그리스도인의 기쁨의 뚜렷한 특징 중 하나는 엄청난 슬픔과 상실감 속에서도 경험될 수 있다는 점이다. 여기에 바로 기독교 공동체의 기쁨과 세상적인 기쁨, 행복과의 차이가 있다. 우리 사회는 우리에게 기쁨과 행복은 똑같은 것이라고, 또 세상의 염려와 괴로움과 슬픔에서 도피함으로써 그 둘을 경험할 수 있다고 부추긴다. 그러나 "행복해지기" 위해서 고통과 고난의 세계를 피하는 일은 그리스도의 제자들에게 바람직하지도 않거니와 가능하지도 않다.

흔히들 기쁨이나 행복을 고통, 고난, 실망 등과 같이 달갑지 않은 것이 없는 상태라고 정의한다. 이런 달갑잖은 상태가 없으면 행복할 거라고 생각한다. 하지만 기독교적인 기쁨은 바람직한 어떤 것, 곧 하나님이 계실 때 느끼는 합당한 반응이다. 물론 우리의 죄성 때문에 우리가 하나님의 임재를 원치 않을 때도 있다. 그러나 아우구스티누스가 하나님께 고백한 유명한 말은 우리에게 중요한 진리를 일깨워 준다. "당신은 당신 자신을 위해 우리를 창조하셨고, 우리 마음은 당신 안에서 안식하기까지 안식할 수 없습니다." 우리의 마음과 애정의 궁극적인 안식처가 하나님 안에 있다면 참된 기쁨과 행복은 오로지 하나님 안에서만 찾을 수 있을 것인데, 이 점을 아우구스티누스는 같은 책에서 이렇게 묘사하고 있다.

> 오, 주님! 제가 무슨 기쁨을 느끼든지 그것이 나를 진정 행복하게 해 줄 것으로 생각하지 말게 하소서. 당신을 사랑하지 않는 이들에게는 주어지지 않고 오로지 당신을 위해 당신을 사랑하는 이들에게만 주어지는 기쁨이 있기 때문입니다. 당신 자신이 그들의 기쁨입니다. 행복은 곧 당신 안에서 그리고 당신을 위하여 그리고 당신 때문에 기뻐하는 것입니다. 이것이 참 행복이고 이 밖의 다른 행복

은 없습니다. 또 다른 종류의 행복이 있다고 생각하는 이들은 다른 곳에서 기쁨을 찾지만, 그런 것은 참 기쁨이 아닙니다.[3]

만일 하나님이 우리의 기쁨의 근원인 동시에 대상이라면, 그런 기쁨이 반드시 슬픔이나 고통과 양립할 수 없는 것은 아니다. 이것이 사실임은 성경의 증언을 통해 알 수 있다. 구약성경은 기쁨이 종종 고통 뒤에 따라온다는 말만 할 뿐시 30:5, 시 126, 사 16:8-10 이 양자를 연결시키는 경우가 아주 드물지만, 신약성경은 놀랍게도 둘을 자주 연결시킨다. 예를 들면, 씨 뿌리는 자 비유에서 예수님은 환난과 박해가 초기에 기뻐 따르는 그러나 제대로 뿌리를 내리지 못한 자들에게 파괴적인 영향을 미칠 수 있다고 말씀하신다.

또 이와 같이 돌밭에 뿌려졌다는 것은 이들을 가리킴이니 곧 말씀을 들을 때에 즉시 기쁨으로 받으나 그 속에 뿌리가 없어 잠깐 견디다가 말씀으로 인하여 환난이나 박해가 일어나는 때에는 곧 넘어지는 자요막 4:16-17.

그러나 고난은 주님 안에 있는 신자들의 기쁨을 빼앗지 못한다. 사실 신약성경에는 고난 가운데서도 기쁘게 사는 본보기들과 그렇게 살라는 권고가 무수히 많이 나온다. 예수님은 고별담화에서 제자들에게 해산하는 여자와 같이 그들이 고통을 당하겠지만 그것이 아무도 빼앗을 수 없는 기쁨으로 바뀔 것이라고 말씀하신다. 성령의 영구적인 임재로 인해 가능한 이 한없는 기쁨은 고난과 박해 가운데서도 흘러넘친다. 그래서 바울과 실라는 빌립보에서 매를 맞고 감옥에 갇힌 뒤에도 하나님께 기도하고 찬송했던 것이다행 16:25. 바울은 데살로니가 교인들이 박해에도 불구하고 기쁘게 사는 모범을 보였다고 그들을 칭찬한다. "또 너희는 많은 환난 가운데서 성령의 기쁨으로 말씀을 받아 우리와 주를 본받은 자가 되었으니, 그러므로 너희가 마게도냐와 아가야에 있는 모든 믿는 자의 본이 되었느니라"살전 1:6–7.

박해와 환난에도 불구하고 기뻐한다는 것은 고난이나 고통의 실재를 부인하는 것이 아니다. 우리에게 닥치는 고난과 고통은 실존하는 것이고 굳건한 신앙마저 무너뜨릴 만큼 힘이 있다. 그러나 고통과 고난이 최종 결론이 아니라는 점을 믿게 되면 극심한 고통까지 참을 수 있는 능력이 우리에게 생긴다. 바로 히브리서 저자가 예수님에 대해 이런 점을 암시한다. "그는 그 앞에 있는 기쁨을 위하여 십자가를 참으사 부끄러움을 개의치 아니하시더니, 하나님 보좌 우편에 앉으셨느니라"히 12:2. 이와 같이 그리스도인의 기쁨은 소망과 깊이 얽혀 있다. 이생에서 경험하는 고통과 고난은 비록 실존하긴 하지만, 최종 결론은 아니라고 우리는 믿는다. 칼 바르트가 잘 말했듯이 인간적인 고통에 대면해 그리스도인의 기쁨은 "'그럼에도 불구하고!'라는 반항아"로 우뚝 서 있다.[4]

이 밖에도 신약성경이 기쁨과 고난에 관해 얘기하는 내용이 있는데, 이 내용은 한편 더욱 놀랍기도 하고 다른 한편 오해의 소지도 많다. 성경은 여러 번에 걸쳐 그리스도인은 고난 중에 있을 때에도 기쁨을 느끼고 또 느껴야 마땅하다고 말한다. 예수님이 제자들에게 한 말씀을 보라.

> 인자로 말미암아 사람들이 너희를 미워하며 멀리하고 욕하고 너희 이름을 악하다 하여 버릴 때에는 너희에게 복이 있도다. 그 날에 기뻐하고 뛰놀라 하늘에서 너희 상이 큼이라 그들의 조상들이 선지자들에게 이와 같이 하였느니라눅 6:22-23.

또 바울과 바나바의 이야기도 있다. 그들은 비시디아 안디옥에서 박해를 받은 뒤에 "기쁨과 성령이 충만한" 가운데 그곳을 떠나 이고니온으로 간다행 13:52. 다수의 그리스도인을 포함한 많은 이들에게 이것은 일종의 마조히즘처럼 거북하게 들릴 수도 있다. 그러나 성경은 마치 우리 그리스도인의 기쁨의 근원이 고통이나 고난 자체인 것처럼, 고통과 고난 자체를 기뻐하라고 가르치지는 않는다. 오히려 성경은 특정한 종류의 고난 특히 그리스도께 신실한 연고로 받는 고난이 기쁨의 계기가 될 수 있다고 시사한다. 그렇기 때문에 예수님의 이름으로 가르치지 말라는 산헤드린의 명령을 어겼다는 이유로 매를 맞은 뒤에 사도들이 "그 이름을 위하여 능욕 받는 일에 합당한 자로 여기심을 기뻐하면서 공회 앞을 떠났던"행 5:41 것이다.

야고보는 방향을 약간 바꾸어 시련이 성장과 성숙을 가져올 수 있기 때문에 기쁨의 계기가 된다고 주장한다. "내 형제들아, 너희가 여러 가지 시험을 당하거든 온전히 기쁘게 여기라. 이는 너희 믿음의 시련이 인내를 만들어 내는 줄 너희가 앎이라. 인내를 온전히 이루라. 이는 너희로 온전하고 구비하여 조금도 부족함이 없게 하려 함이라"약 1:2-4.

끝으로 이 성장과 성숙의 주제는 신약성경의 다른 두 인상적인 단락에서 그분의 고난까지 포함하여 그리스도의 본보기를 기쁘게 따르라는 권면과 결합되고 있다.

> 사랑하는 자들아 너희를 연단하려고 오는 불 시험을 이상한 일 당하는 것 같이 이상히 여기지 말고 오히려 너희가 그리스도의 고난에 참여하는 것으로 즐거워하라. 이는 그의 영광을 나타내실 때에 너희로 즐거워하고 기뻐하게 하려 함이라. 너희가 그리스도의 이름으로 치욕을 당하면 복 있는 자로다. 영광의 영 곧 하나님의 영이 너희 위에 계심이라벧전 4:12-14.

> 나는 이제 너희를 위하여 받는 괴로움을 기뻐하고 그리스도의 남은 고난을 그의 몸된 교회를 위하여 내 육체에 채우노라골 1:24.

"그리스도의 남은 고난을 채운다"라는 말의 정확한 뜻이 무엇이든지 간에, 바울은 그것을 기쁨의 계기로 삼고 있다는 것에 주목할 필요가 있다. 위에서 논의한 내용과 더불어 이 말씀은 기쁨이야말로 그리스도인의 삶의 중심 요소일 뿐 아니라, 타인지향적인 특징을 지닌 기독교 공동체의 기쁨은 세상적인 기쁨과 다른 것임을 확신시키기에 충분하다고 증거하고 있다.

희락·기쁨을 방해하는 걸림돌

기쁨의 필요조건이 자기 자신을 뛰어넘는 어떤 것에 열린 태도를 갖는 것이라면, 오늘날의 지배문화적인 풍조에 함몰되어 있는 사람들이 기쁨을 경험하기 어렵다는 것은 놀랄 일이 아니다. 우리는 어린 시절부터 다른 무엇보다 우리 자신의 즐거움을 추구하도록 부추김을 받는다. 이런 끊임없는 개인적인 쾌락의 추구를 오늘날의 지배문화는 "행복의 추구"라고 부른다. 우리 모두는 교묘하게 또는 노골적으로 자신이 규정한 행복을 추구하도록, 개인적인 즐거움을 약속해 주는 것을 추구하도록 재촉당하고 있다. 아울러 이 지배문화는 우리의 욕망과 애정을 형성하는 데도 엄청난 위력을 발휘한다. 이 말이 내키지 않는다면 다음과 같이 질문해보라. 우리가 지금 원하는 것을 소원해도 된다고 가르쳐 준 곳은 어디인가? 우리 삶에 있었으면 하는 것을 가르쳐 준 곳은 어디인가? 무엇을 입어야 할지, 무엇을 먹어야 할지에 관해 배운 곳은 어디인가? 어떤 외모였으면 좋을지, 어떤 차를 타고 어떤 집에서 살면 좋을지, 시간을 어떻게 사용해야 할지에 대해 배운 곳은 어디인가? 물론 우리의 욕망 배후에는 복잡한 연원이 있을 것이다. 그러나 지배문화가 그런 욕망을 형성했다는 데, 그리고 조작했다는 데 상당한 영향력을 발휘했다는 것은 의심할 여지가 없다.

욕망을 조작하는 문화 많은 문화적 책략들이 우리에게 우리의 삶을 주도하고 의미를 느끼게 해 주는 욕망을 주입시키고 있다. 그 중에서도 가장 강력한 책략이자 기독교적인 기쁨을 키우는 데 가장 큰 방해거리 중 하나는 광고다. 미국의 광고산업은 사람들에게 다양한 욕망을 주입시키기 위해 매년 1조 달러 이상을 쓰고 있다. 세계적인 제조업체인 P&G의 경우, 그들이 만든 치약과 샴푸의 광고 효과가 없다면 매년 텔레비전 광고에만 30억 달러씩 투자하지 않을 것이다이 액수는 작은 섬나라인 아이티의 GNP보다 약 0.5배 많은 규모다

광고업자들의 설득 작업은 브랜드에 대한 충성심을 불어넣고 그것을 유지하는 데 그치지 않는다. 광고행위는 우리가 누구인지 또 우리가 가치 있는 존재인지에 관한 혼동과 불안감을 조성하기도 하고 그것을 조장하기도 한다. 광고업자들은 오늘날의 광고가 그들의 제품과 특정 이미지 내지는 그 가치를 서로 연계하는 것이라고 공공연하게 자인하고 있다. 즉 그들이 겨냥하는 것은 사람들로 하여금 특정 제품을 소비하는 일이 바람직한 이미지나 가치를 갖게 되는 것이라고 연상하도록 만드는 것이

다. 복음과 소비주의를 진지하게 연구한 신학자 존 캐버너는 말한다.

> 우정, 친밀감, 사랑, 자부심, 행복, 기쁨 등은 이제 BMW, 벤츠 같은 고급 브랜드가 약속하고 있는 것보다 훨씬 더한 소비품이 되었다. 그런데 그런 물건을 소비하는 것으로 인간의 깊은 욕망은 결코 충족되지 못한다. 물건을 "더 많이" 갖거나 "신상품"을 구입하는 것은 우리의 욕망을 그저 조금 덜어 주는 임시방편일 뿐이다. 그래서 상인은 터무니없는 약속을 내걸고 더 많이 구입하도록 우리를 몰고 간다. 더 많은 상품을 소유하는 것이 미디어에 의해 조작된 불안감을 해결하는 방책이다. 따라서 소비는 하나의 경제적인 활동이 아니라, 그것은 "존재방식"way of life으로 떠오르고 있다. 그것은 일종의 중독이다.[5]

그러므로 오늘날처럼 항상 새롭긴 하지만 덧없는 욕망의 창출을 자랑하는 문화에서는 영국의 시인 바이런의 시구"세상이 줄 수 있는 기쁨은 그것이 주는 고통에 비할 바가 아니다"가 더욱 날카롭게 느껴지는 것이다. 그리고 광고는 늘 새롭고 개선되고 더 크고 더 나은 제품을 원하는 채울 수 없는 욕망을 키우기 때문에, 우리는 일상에서 기쁨과 만족감을 경험할 수 없게 된다.

이처럼 광고행위가 우리의 욕망에 강력한 영향을 미치긴 하지만, 문화적 진공상태에서 그런 일이 일어나는 것은 아니다. 오히려 다른 것들과 함께 이런 행습은 우리의 욕망과 행복 및 기쁨에 대한 생각을 형성하는 특정한 신념과 이야기와 성향과 서로 얽혀 있다. 그 가운데 몇 가지를 생각해 보자.

새로운 것을 찬양하는 풍조 오늘날 지배문화의 편견 중 하나는 새 것이 항상 옛 것보다 낫다는 생각이다. 이런 편견으로 말미암아 과거를 언제나 의심의 눈초리로 보게 된다. 이런 편견은 우리 문화가 들려주는 이야기, 곧 전통적인 사고방식은 줄곧 개인의 자율성과 자유와 진보를 방해한다는 이야기에 담겨 후대로 전수된다. 갈릴레오의 발견과 관련된 이야기를 생각해 보면 이것이 어떤 의미인지 분명해진다. 우리는 중세 교회가 갈릴레오의 발견을 배척했던 이야기를 들으면서 전통은 언제나 발전과 혁신의 걸림돌이 된다는 생각을 하게 되는 것이다.

새로운 것을 찾고자 하는 욕망은 최신유행을 선호하는 것에 국한되지 않고 "뭔가 색다른" 의미에서 "새로운" 것을 추구하는 것에까지 확장된다. 그래서 진정으로 행복해지고 싶으면, 끊임없이 새롭고 신나는 경험을 추구해야 한다고 확신한다. 그 결과 똑같은 일을 하는 것은 인생을 지루하고 불행하게 보내는 것이라고 생각하게 된다. 어릴 때부터 "다양성은 인생을 풍성하게 한다"라고 배우는데, 이제 우리 주변엔 다양성밖에 없는 인생들만 있는 것 같다. 새로운 즐거움만을 찾아 나서는 발걸음은 결국 실망으로 끝날 수밖에 없는 여정을 시작한 셈일 뿐이다. 왜냐하면 그런 추구 자체가 우리는 결코 만족할 수 없는 존재임을 보여 주

Joy

기 때문이다. 결국 우리는 즐거움 그 자체를 추구하게 되고, 그것은 우리에게서 진정한 기쁨을 경험하고 표현할 수 있는 능력을 앗아가 버릴 것이다.

우리가 교회로 함께 모인다고 해서 새로운그래서 더 나은 것에 대한 욕망이 저절로 멈추어지는 것은 아니다. 오늘날 특히 젊은 세대를 중심으로 한 그리스도인들은 이천 년에 걸친 교회 전통의 가치를 의심하는 경향이 있다. 그들 대부분이 교회가 오랜 세월 동안 해오던 것을 지속하는 것은 어리석은 일이기 때문에 할 수 있는 한 새롭고 다르게 바꿔야 한다고 생각한다. 가령 왜 매주, 매해마다 똑같은 예배를 반복해서 드리는지에 대해 반문하며 지금 가장 필요한 것은 사람들이 지겨워하지 않도록 새로운 것을 추구하는 것이라고 생각한다. 물론 우리는 기독교 신앙을 새롭게 표현할 필요가 있다. 그러나 우리는 그 새로운 표현방식을 정당하게 만드는 것이 무엇인지, 즉 그것이 그저 새롭다는 이유만으로 정당하다고 생각하는 것인지 아니면 그것이 기독교 신앙을 북돋우는 표현방식임을 우리가 분별할 수 있기 때문인지, 그리고 후자라면 과거를 돌아볼 충분한 이유가 있겠지만 그렇지 않다면 그 새로운 표현방식이 정말로 기독교적인지를 어떻게 알 수 있는지 자문해 봐야 한다. 이런 분별력은 우리에게 새로운 표현방식이 과연 기독교적인 것인지를 가늠하도록 그것을 예전의 표현방식에 빗대어 평가할 것을 요구하며, 따라서 그리스도인들이 과거를 불필요한 짐처럼 내버리는 일은 바람직하지 않다는 합당한 근거를 제공한다.

"조금만 더"라는 풍조 "조금만 더" 그리고 "보다 좋은" 것에 대한 욕망이 항상 새로운 것을 찾는 모습으로만 나타나는 것은 아니다. 양적인 면에서 보자면 조금만 더는 "더 큰" 것을 뜻하기 때문에 욕망은 조금만 더 큰 것을 추구하는 모습으로 드러나기도 한다. 조금 더 큰 집, 조금 더 큰 차, 조금 더 큰 텔레비전, 조금 더 큰 냉장고. 이런 것들은 "보다 좋은" 것이기 때문에 바람직한 것들로 간주된다. 조금만 더라는 것은 "조금 더 크다"는 뜻일 뿐 아니라, 말 그대로 "하나만 더"를 의미하기도 한다. 집 한 채를 소유하고 있는 것이 좋은 것이라면 거기에 조그만 별장이 하나 더 있으면 훨씬 좋고, 차 한 대를 갖고 있는 것이 좋은 것이면 한 대 더 있는 것이, 학위 하나가 좋으면 두세 개 더 있는 것이 더 좋다고 생각하는 게 당연하지 않겠는가! 이 밖에도 우리 주변에는 더 많은 것이 더 좋은 것이라고 생각하는 일이 수도 없이 많다. 우리는 식료품을 살 때도 종류가 많은 가게로 가려고 한다. 선택의 폭이 넓을수록 좋은 것이라고 생각하기 때문이다. 컴퓨터도 할 수만 있으면 업그레이드하고 싶어 안달한다. 속도가 빠르면 빠를수록, 메모리가 크면 클수록 더 낫다고 배웠기 때문이다. 또 지금의 필요와 상황과 관계없는 정보인데도, 더 많은 정보를 얻기 위해 정보의 바다를 끊임없이 돌아다닌다. 정보를 많이 가지면 가질수록 더 낫다고 확신하기 때문이다. 이런 식의 사례들은 끝도 없다.

요컨대 우리는 "조금만 더" 있으면 조금 더 행복할 거라고 인식하게 되었다. 더구나 행복을 추구할 권리와 소유하는 것이 행복이라는 지배문화가 내린 행복에 대한 정의에 따라 우리를 행복하게 해 줄 것 같은 소유물이라면 무엇이든 더 획득해서 쌓을 권리가 있다고 믿게 되었다. 그 결과 우리의 집, 옷장과 창고와 베란다는 말할 것도 없고 여기저기에 우리에게 행복을 약속했던 수많은 물건들이 어지럽게 널브러져 있다.

"더 많은 것이 언제나 좋은 것이다"라는 신념은 그리스도인의 기쁨을 위협하고 있다. 조금만 더 있으면 조금 더 행복해지고 더 만족할 것이라는 생각이 일단 우리 머릿속에 자리 잡게 되면 우리는 현재 우리가 가지고 있는 것에 대해 감사하거나 자족할 수 없게 되고 결국 지금 기쁨과 만족감을 경험할 수 있음에도 불구하고 실제로 그것을 경험하지 못하게 된다.

불안과 두려움을 낳는 문화 오늘날의 지배문화는 기쁨과 만족을 누리는 대신 불안과 두려움으로 채색된 생활방식을 갖게 한다. 지금처럼 일반적으로 획일화된 사회에서는 두각을 나타낼 기회가 많지 않기 때문에 사람들은 특별한 소비 패턴으로 남들과 차별성을 드러내고 싶어한다는 것을 광고업자들은 누구보다 잘 알고 있다. 그러나 시시한 것으로 차별되고 싶어하는 이런 욕망의 배후에는 실제로는 남들과 달라지는 것을 두려워하는 더 깊은 불안감과 두려움이 숨어 있다.

예를 들어 내가 어느 날 잘 타고 다니던 구형 자동차를 최신

형 자동차로 바꾸어 출근한다면, 나는 대중교통으로 출근하는 대다수의 사람과는 뭔가 다른 차별성을 갖게 되었다고 말할 수 있다. 그러나 내가 순전히 도보로 출근하거나 자전거로 출근한다고 하면, 사람들은 나를 "특이한" 사람으로 취급할 소지가 다분하다. 내가 왜 최신형 자동차로 바꾸었는지 그 이유를 궁금해할 사람은 거의 없겠지만, 조금 다른 교통수단으로 출근한다면 왜 그렇게 출근했는지 궁금해할 것이다. 아니, 사람들이 묻지 않더라도 "응, 어제 수리를 맡겨서"라든가, "기름값 좀 아끼려고"라든가, "운동 삼아서"라는 식으로 어떻게든 먼저 해명하려 했을 것이다. "앞으로 우리 가정은 자동차를 소유하는 일이 우리 문화가 생각하는 것만큼 정말 필수적인 일은 아니라고 생각하기로 했어. 그래서 차를 사는 대신 그 돈으로 하나님 나라의 일을 하는 데 쓰기로 했지. 더군다나 자동차가 없으면 여러 가지 놀라운 방식으로 서로를 의존하게 된다는 것도 알게 됐다구." 이런 식으로 말했다가는 정말 다른 부류로 취급되기 십상이다. 그런 식으로 말했다가는 다른 사람을 불편하게 만드는 존재로 인식될 것이고, 대다수의 그리스도인을 포함한 거의 모든 사람에게 따돌림을 당할 게 불 보듯 뻔하다.

소비주의의 커다란 아이러니 중 하나는 소비주의가 개인의 자유를 행사하는 수단이라고 선전하지만, 사실은 가장 기만적인 형태의 획일성을 조장한다는 사실이다. 우리는 물건을 구입할 때 자유로운 선택을 한다고 생각하지만, 결국은 남들과 비슷한 소비를 하는 것을 보게 된다. 물론 스타일에 약간의 차이가 있긴 하지만 그건 일부일 뿐이다. 중요한 것은 이 자유가 실제로는 일종의 속박이라는 사실이다. 새것을 볼 때마다 그것을 사고 싶지 않은 사람이 얼마나 되겠는가! 또 최신 유행의 옷을 입지 않고도 남의 시선으로부터 자유롭다고 느낄 사람이 얼마나 되고, 남들 다 하는 것을 따라 하거나 생각하지 않고도 자유로울 사람이 얼마나 되겠는가! 남들이 모두 원하는 것을 바라지 않고도 여전히 자유롭다고 느낄 사람은 거의 없을 것이다.

광고산업은 우리가 너무 다르게 될까 봐 두려워하는 마음을 갖게 만들고 그것을 조장한다. 우리는 필사적으로 남들과 같아지고 싶어하며, 혹시 그렇게 되지 못할까 봐 두려워한다. 그렇기 때문에 우리는 다른 사람과 비슷하게 보이려고, 입고 말하고 소비하는 데 상당한 노력을 기울이는 것이다. 그러나 복음은 우리에게 좋은 소식을 전해 준다. 우리의 가치가 더 이상 주변 사람의 기준에 맞는 이미지를 만들고 소비하는 데에 달려 있지 않다는 소식 말이다. 우리 그리스도인은 유행의 1번지에서 제공하는 최신 이미지를 닮으려고 노력할 필요가 없고, 그리스도의 이미지형상를 닮을 자유가 있기 때문이다롬 8:29, 벧전 1:14.

이제 자명해졌겠지만, 위에서 묘사한 사고방식은 그리스도인 개인뿐만 아니라 교회 공동체에도 영향을 미친다. 우리가 공동체로 모일 때 우리의 삶이 온전한 감사보다는 만족을 모르는 욕망을 느끼는 데 익숙해져 있기 때문에 우리의 감사도 온전하지 못한 경우가 많다. 그래서 우리가 감사를 드릴 때에도 머릿속 한편에서는 '이것보다 조금만 더 좋은 일이 생긴다면 정말 감사할 텐데'라고 생각하는 것이다.

이와 비슷하게 우리는 이웃과 다른 외모를 갖는 것을 매우 두려워하고, 그보다 우리 자녀를 다르게 키우는 것을 더 두려워한다. 우리 자신은 물론이고 그들도 세상적으로 성공하기를 바라고 튀지 않기를 바란다. 그 결과 대부분의 그리스도인의 삶은 지배문화에서 배운 신념에다가 기독교적인 신념을 살짝 덮어씌운 경우가 많다.

Joy

희락·기쁨이라는 열매 기르기

오늘날처럼 만족을 모르는 조작된 욕망에 흠뻑 젖은 문화에서 희락·기쁨을 기르는 일이란 결코 쉬운 일이 아니다. 그러나 우리는 하나님이 교회에 기쁨을 끌어낼 수 있는 엄청난 자원을 주셨음을 알기 때문에 희망을 가지게 된다.

예배 중에 기뻐하기 욕망 그 자체는 나쁜 것이 아니다. 그리스도인이라고 욕망을 버려야 하는 것은 아니다. 올바른 이유로 올바른 것을 바라는 마음은 필요하다. 그리스도인들은 욕망의 연원과 대상을 신중하게 검토해야 한다. 우리는 이 세상이 제공하는 것에서 기쁨을 찾으려는 유혹을 받을 때가 많다. 그래서 우리 자신의 즐거움과 그것을 제공하겠다고 약속하는 것이 기쁨의 일차적인 대상이 된다. 하나님은 분명 우리가 선한 창조질서를 즐기길 바라시지만, 그 창조질서 자체와 그로 인한 즐거움이 우리의 우상이 되어서는 안 된다고 말씀하신다. 바울은 인류가 하나님께 등을 돌렸고 창조주 대신에 피조물을 경배했다고 거듭해서 지적한다롬 1:22–25. 그러면 어떻게 세상이 우리에게 소원하도록 가르친 것이 아니라, 하나님만을 바라고 또 그분이 소원하는 것을 원하게 되는가? 어떻게 하면 시편 기자와 같이 하나님을 소원하는 것을 배울 수 있는가?

하나님이여, 주는 나의 하나님이시라.
내가 간절히 주를 찾되
물이 없어 마르고 황폐한 땅에서
내 영혼이 주를 갈망하며 내 육체가 주를 앙모하나이다.
내가 주의 권능과 영광을 보기 위하여
이와 같이 성소에서 주를 바라보았나이다.
주의 인자하심이 생명보다 나으므로
내 입술이 주를 찬양할 것이라.
이러므로 나의 평생에 주를 송축하며
주의 이름으로 말미암아 나의 손을 들리이다.

골수와 기름진 것을 먹음과 같이 나의 영혼이 만족할 것이라.

나의 입이 기쁜 입술로 주를 찬송하되
내가 나의 침상에서 주를 기억하며
새벽에 주의 말씀을 작은 소리로 읊조릴 때에 하오리니
주는 나의 도움이 되셨음이라.
내가 주의 날개 그늘에서 즐겁게 부르리이다시 63:1-7.

다른 곳에서는 다윗이 언약궤를 기쁨으로 메고 예루살렘에 올라갈 때 "힘을 다하여 춤을 추었다"고 기록되어 있다삼하 6:12-14. 하나님이 가져온 구속을 깨닫지 못한 사람들에게는 다윗의 행동이 이상하게 보였겠지만, 주님 앞에서 다윗보다 더 기뻐 춤을 출 이유가 있는 우리에게는 예배야말로 우리의 삶을 특징짓는 것이어야 마땅하지 않겠는가!

예배와 감사에서 우리가 기쁨을 경험하는 것은 그것이 하나님이 우리를 창조하신 중요한 목적이기 때문이다. 우리의 일상이 기쁨으로 채색되어 있지 않다면, 우리는 우리의 삶이 인생의 진정한 목적을 제대로 증언하고 있지 않기 때문일지도 모른다고 생각해야 한다. 우리가 어둠에서 불려 나와 그분의 영광스러운 빛으로 들어간 것은 "가장 많은 것을 갖고 죽는 자가 이기는 것이다"라는 메시지를 전파하기 위함이 아니다. 인생의 목적에 대한 교회의 전통적인 진술 중 하나는 "우리의 제일 되는 목적은 하나님을 영화롭게 하고 그분을 영원히 즐거워하는 것"이라는 고백이다웨스트민스터 소요리 문답 제1문. 그러므로 우리가 예배하러 모이는 것은 우리의 주된 존재 목적에 주목하고 있는 셈이며, 우리의 창조 목적에 걸맞는 행위를 할 때 따르는 그런 기쁨이 그 모임 가운데 충만한 것은 당연하다.

이런 모임이 기쁨으로 충만해야 할 또 다른 이유는 그리스도가 그 가운데 함께하시기 때문이다. 그리스도의 임재는 기쁨을 가져온다. 부활의 이야기가 기쁨에 대한 언급으로 가득 차 있는 것을 보라마 28:8, 눅 24:41, 요 20:20. 승천에 관한 누가의 기록은 상당히 교훈적이다. "[예수님이] 축복하실 때에 그들을 떠나 하늘로 올려지시니, 그들이 그에게 경배하고 큰 기쁨으로 예루살렘으로 돌아가, 늘 성전에서 하나님을 찬송하니라"눅 24:51-53.

시편들은 우리가 주께 즐거운 소리를 내도록 격려하고 있다시 66:1, 95:1-2, 98:4-6, 100:1.

의인은 기뻐하여 하나님 앞에서 뛰놀며
기뻐하고 즐거워할지어다.
하나님께 노래하며 그의 이름을 찬양하라.
하늘을 타고 광야에 행하시던 이를 위하여 대로를 수축하라.
그의 이름은 여호와이시니
그의 앞에서 뛰놀지어다시 68:3-4.

그러나 우리의 예배에서는 기쁨을 찾기가 극히 어렵다. 경외감, 엄숙함과 함께 기쁨과 즐거움도 우리 예배의 필수적인 요소가 되어야 한다. 좋아하는 팀이 잘할 때 우리는 "기뻐" 소리 지르지만, 살아 계신 하나님 앞에서는 그럴 만한 것이 없는 것처럼 예배한다. 그래서 이른바 은사주의 운동이 많은 사람들로부터 공감을 얻는 것 같다. 그러나 하나님의 은혜와 기쁨은 일부의 것이 아니라 모든 그리스도인의 것이라는 의미에서 "은사적"이어야 한다.

하나님과 그분의 화목 사역으로 인해 우리 그리스도인은 기뻐할 수 있게 되었다. 구약성경조차 구원의 하나님께 기쁨의 시편을 올려 드리고 있다. 하나님의 구원을 기뻐하는 소리는 우리의 삶에 불행이 찾아와도 결코 잠잠해지지 않는다.

> 비록 무화과나무가 무성하지 못하며
> 포도나무에 열매가 없으며
> 감람나무에 소출이 없으며
> 밭에 먹을 것이 없으며
> 우리에 양이 없으며
> 외양간에 소가 없을지라도
> 나는 여호와로 말미암아 즐거워하며
> 나의 구원의 하나님으로 말미암아 기뻐하리로다합 3:17-18.

신약성경에서 이 기쁨은 특히 그리스도 안에서 이루어진 하나님의 화목 사역을 중심으로 표현되어 있다. 초대교회 그리스도인은 추수하는 일, 혼인하는 일, 출산하는 일, 잃어버린 것을 되찾는 일, 잔치에 참여하는 일 등 일상적인 기쁨의 사건과 이미지로 그리스도 안에 있는 기쁨을 묘사했다. 우리의 기쁨과 그리스도 안에서 이룬 하나님의 화목 사역 사이의 불가분의 관계는 베드로전서에 잘 표현되어 있다.

> 우리 주 예수 그리스도의 아버지 하나님을 찬송하리로다! 그의 많으신 긍휼대로 예수 그리스도를 죽은 자 가운데서 부활하게 하심으로 말미암아 우리를 거듭나게 하사 산 소망이 있게 하시며 썩지 않고 더럽지 않고 쇠하지 아니하는 유업을 잇게 하시나니 곧 너희를 위하여 하늘에 간직하신 것이라. 너희는 말세에 나타내기로 예비하신 구원을 얻기 위하여 믿음으로 말미암아 하나님의 능력으로 보호하심을 받았느니라. 그러므로 너희가 이제 여러 가지 시험으로 말미암아 잠깐 근심하게 되지 않을 수 없으나 오히려 크게 기뻐하는도다. 너희 믿음의 확실함은 불로 연단하여도 없어질 금보다 더 귀하여 예수 그리스도께서 나타나실 때에 칭찬과 영광과 존귀를 얻게 할 것이니라. 예수를 너희가 보지 못하였으나 사랑하는도다 이제도 보지 못하나 믿고 말할 수 없는 영광스러운 즐거움으로 기뻐하니 믿음의 결국 곧 영혼의 구원을 받음이라벧전 1:3-9.

예배의 중요성뿐 아니라 예배에 대한 올바른 관점 또한 가져야 한다. 기쁘게 하나님을 찬송할 때 우리는 더 넓고 더 풍성한 끊임없는 예배에 참여하는 자들이 된다. 성경은 하나님의 보좌가 하나님을 영원히 예배하는 자들로 둘러싸여 있다고 말해준다. 그러므로 우리가 예배하러 모일 때에는 장차 우리가 마음껏 기쁘게 드릴 영원한 예배를 기대하면서 하늘에 속한 노래를 합창하고 있는 것이다.

하나님은 우리의 예배를 필요로 하는 분이 아니심에도 불구하고 그분은 우리의 예배를 기뻐하신다. 셰익스피어가 "기쁨은 기쁨을 기뻐한다"고 말했던 것처럼 하나님은 우리의 기쁨을 기뻐하신다. 성경은 우리에게 "주님을 송축하라"고 거듭 권고하는데, 우리에게서 어떤 것도 받을 필요가 없는 누군가에게 그런 것을 요구한다는 것이 조금 이상하게 들리기도 한다. 그러나 하나님은 그의 백성들의 찬송 중에 거하시는 분이다. 어떤 의미에서, 기쁨에 찬 우리의 예배가 하나님을 송축할 때는 사랑과 기쁨이 순환된다고, 그러니까 하나님이 그의 백성을 사랑으로 구속하시면 그 백성이 기쁨과 경배로 반응하고, 이는 다시 하나님께 기쁨을 드린다고 할 수 있다. 혹 일터에서 일과를 마치고 집으로 돌아올 때 아빠들이 혹은 엄마들이 경험하는 것과 비슷하다. 일과를 마치고 집으로 돌아올 시간이 되면, 아이들은 창문에 매달려 목이 빠져라 아빠·엄마를 기다리다가 멀리서 걸어오는 아빠·엄마를 발견하고 연신 손을 흔들어댄다. 문을 열고 집으로 들어서면, 아이들은 뛰쳐나와 입이 찢어질 만큼 커다란 미소를 지으면서 두 팔을 벌린 채 아빠·엄마를 맞이한다. 이때 아이들의 기쁨이 얼마나 순수하고 강렬한지! 이때 가장 강렬하게 느낀 내 기쁨이 아이들의 기쁨에 대한 반응으로 생긴 것처럼 하나님도 우리가 기쁘게 그분의 존전에 들어가서 진심 어린 예배와 경배를 드릴 때 그와 같은 기쁨을 느끼시리라.

자족함 자라게 하기 우리의 삶이 진정한 찬송과 감사에서 흘러나오는 기쁨으로 충만하다면, 이는 우리의 공동 예배에만 영향을 미치지는 않을 것이다. 하나님의 풍성한 은혜를 감사하는 습관은 우리의 탐욕을 제어하는 역할도 한다. 하나님의 값없는 은혜에 감사와 찬송을 드리는 동시에 "새롭고", "더 낫고", "특별한" 것을 끊임없이 추구하는 우리 자신을 상상할 수 있겠는가? 그럴 수는 없다! 조금 더 많이, 조금 더 나은 것에 대한 우리의 끝없는 갈망은 우리의 기쁨의 깊이와 우리의 찬송과 감사의 진정성에 관해 많은 것을 시사한다.

그리스도인의 목표는 욕망을 소멸시키거나 그 강도를 최소화하는 것이 아니다. 오히려 그리스도인의 구별된 점은 욕망과 애정의 대상이다. 바울은 빌립보 성도들에게 무엇을 갖고 있든지 자족하는 법을 배웠다고 말한다빌 4:11. 바울이 그처럼 자족하게 된 배후에는, 그의 편지들이 하나같이 기쁨과 감사로 충만한 것을 볼 때, 하나님이 그의 영혼 중심에 솟아나게 한 기쁨과 감사의 샘이 있다. 바울은 욕망과 애정을 온통 하나님께 쏟았기 때문에 세상적인 즐거움은 퇴색되고 말았다.

디모데에게 보낸 첫 편지도 비슷한 논조를 담고 있다. "자족하는 마음이 있으면 경건은 큰 이익이 되느니라. 우리가 세상에 아무것도 가지고 온 것이 없으매, 또한 아무것도 가지고 가지 못하리니, 우리가 먹을 것과 입을 것이 있은즉 족한 줄로 알 것이니라. 부하려 하는 자들은 시험과 올무와 여러 가지 어리석고 해로운 욕심에 떨어지나니, 곧 사람으로 파멸과 멸망에 빠지게 하는 것이라"딤전 6:6–9. 오늘날 그리스도인의 삶을 포함하여 수많은 사람들의 삶을 정확히 묘사하는 한마디는 바로 "어리석고 해로운 욕심에 떨어졌다"라는 말이다. 하나님은 우리가 그런 욕심에 떨어지기를 원치 않고 우리의 욕망을 하나님 앞에서 올바로 정리하기를 바라신다.

전통 다시 끌어안기 오늘과 같은 시대에 기쁨과 자족의 열매를 키우는 일은 결코 쉽지 않다. 그 자체만 해도 만만찮은 일인데 우리에게 매우 중요한 자원 하나가 없다면 더더욱 그렇다. 그 자원이란 시공간을 가로질러 흐르는 교회의 역사와 전통이다. 그런데 불행하게도 우리 문화는 전통을 의심하고 그 방대하고 풍부한 자원을 묵히는 경우가 많다. 늘 새것과 더 나은 것을 추구하다 보면, 하나님의 손에 붙들려 오늘의 우리에게 유익을 줄 수 있는 교회의 과거는 묻혀 버리게 된다. 우리의 상상력을 새로운 최신식 이야기들에만 국한하지 말고, 그것을 활짝 열어 하나님이 과거의 역사를 통틀어 그리고 세계 전역에서 행하신 일에 의해 풍요롭게 될 필요가 있다. 하나님은 실로 역사를 가로질러 수많은 언어와 문화의 노래로 찬송을 받아 오신 분이다. 그런데 왜 우리 자신을 지난 몇 년 동안의 미국 중산층 그리스도인이 지은 찬송에 제한할 필요가 있는가! 또는 19세기 후반에 유럽과 미국의 중산층 그리스도인이 쓴 찬송가에 국한할 필요가 무엇인가?

나는 오늘의 사회에서 그리스도인다운 삶을 사는 데 가장 큰 걸림돌이 우리의 빈약해진 상상력이라고 확신한다. 상상 없는 인생이란 말도 안 된다. 아이러니하게도 이것이 광고를 그토록 효과적으로 만드는 원리다. 광고는 당신이 어떤 제품을 갖고 살면 그렇게 보일 것이라고 상상하도록 만든다. 우리가 우리의 삶과 목적을 다르게 보여 주는 이야기 속에 푹 잠기지 않는다면, 어떻게 현재와 다른 인생을 상상할 수 있겠는가? 이 점에서 시공간을 가로지르는 교회의 전통은 우리에게 헤아릴 수 없는 풍요로움을 선사해 준다. 우리 스스로를 여러 시대에 걸친 그리스도인들의 이야기 속에 흠뻑 젖게 함으로써, 그들의 몸부림과 실패와 승리를 귀담아들음으로써, 당장의 욕구를 채우는 데 급급한 우리 문화 속에 감춰진 새로운 가능성을 발견하도록 상상력을 동원할 수 있다. 그러므로 우리 시대의 정신과는 반대로 현재에 충실한 삶은 과거에 더욱 귀 기울일 것을 요구한다.

아이들과 즐기기 마지막으로 이 주제만으로도 책 한 권을 쓸 수 있는 한 가지 영역을 잠깐 언급하고자 한다. 기쁨을 키우는 것은 아이들의 존재와 쉽게 분리될 수 없다. 기쁨을 자라게 하고 싶은 사람들은 규칙적으로 아이들과 함께 지내고 그들을 돌볼 수 있는 기회를 갖는 것이 좋다. 그 이유는 적어도 두 가지다. 첫째, 아이들이 남에게 끝없이 기쁨을 선사하는 것처럼 보이는 것은 그들 자신이 기쁨으로 충만하기 때문이다. 솔직히 어린이들은 어른들과는 다르게 세상을 본다. 어떤 경우에는 아이들의 시각을 "유치하다"고 말할 수 있지만, 아이들과 함께 있어 보면 세상을 보는 우리의 눈이 너무 닳고 닳았다는 것을 깨닫게 된다. 그래서 우리 어른들이 갖고 있는 냉소주의와 의심의 눈초리가 우리에게서 기쁨을 앗아 가는 것이다.

아이들과 함께 지낼 필요가 있는 또 다른 이유는 그런 경험이 기쁨을 하찮은 즐거움이나 행복과 동일시하면 안 된다는 것을 새삼 일깨워 주기 때문이다. 하루에 열두어 번 기저귀를 갈아 본 사람, 반나절 동안 숨바꼭질을 네 번이나 해 본 사람, 자식들 간의 싸움을 중재해 본 사람은 이것이 무슨 뜻인지를 알 것이다. 물론 대다수는 이 같은 활동을 별로 즐기지 않겠지만, 이런 활동을 하다보면 예기치 않게 찾아오는 기쁨에 놀랄 때가 있다. 그 이유를 정확히 설명할 수는 없지만, 겉으로 보기에 별로 즐거워 보이지 않은 이런 일들을 외면할 경우 십중팔구 깊은 기쁨을 경험할 수 있는 기회를 놓쳐 버릴 것이다. 아이들이 있는 곳에 언제나 기쁨이 가까이에 있다.

Joy

묵상과 적용

어떻게 하면 그리스도인은 조작된 욕망이 우리의 삶을 장악하여 기쁨을 앗아 가는 것을 물리칠 수 있겠는가? 물론 간단한 해결책은 없지만, 기쁨의 삶을 배양하기 위해 우리가 할 수 있는 일이 몇 가지 있다.

■ 당신이 하루를 어떻게 시작하는지 생각해 보라. 잠에서 깬 뒤에 약 20분이나 한 시간 동안 당신은 보통 어떤 일을 하는가? 흔히들 그렇듯이 당신의 생각과 에너지를 그날의 염려거리와 해야 할 일들로 향하는가? 그렇다면 당신의 삶에서 기쁨의 발판을 마련하기란 쉽지 않을 것이다. 하루를 정신없이 시작하지 말고 짧더라도 조용한 시간을 갖고 우리의 생활에서 경험할 단순한 즐거움과 기쁨으로 인해 하나님께 감사하는 습관을 기르라. 잠자리에서 일어서기 전에 단 몇 분이라도 그렇게 하면, 우리에게 닥치는 많은 긴급한 일에 대처하는 데 필요한 관점을 얻을 수 있을 것이다.

■ 최대한 정직하게 마음 깊숙이 품고 있는 욕망을 모두 기록해 보라. 목록을 만든 뒤에 그 목록을 하나하나 곱씹어 보라. 각각의 욕망에 대해 왜 그런 욕망이 생겼는지 최대한 명료하게 글로 써 보라. 그리고 어떻게 해서 그 욕망을 품게 되었는지를 묵상해 보라. 어떻게 해서 다른 것이 아닌 그 욕망을 품게 되었는가? 끝으로 위에서 토론한 내용과 당신이 알고 있는 하나님의

바람에 비추어 당신의 갈망과 욕망이 바람직한 것인지 여부를 분별하려고 노력해 보라. 바람직한 욕망이라면 그런 소원을 당신의 마음에 심어 주신 하나님께 감사드리라. 바람직하지 않은 욕망이라면 당신의 갈망을 다른 방향으로 돌려 달라고 하나님께 부탁하라.

이 문제는 또 다른 중요한 이슈를 제기한다. 당신에게 정말로 필요한 것을 어떻게 결정하는가 하는 것이다. 만일 이 시대의 문화가 새로운 욕망을 끝없이 조장하고 있다면, 우리가 느끼는 그 필요성을 어떻게 신뢰할 수 있겠는가? 그리스도인으로서 우리 마음의 소원을 의심해 볼 이유가 충분하지 않겠는가? 이와 관련해서 생각해 보아도 우리가 살아 있는 믿음의 공동체의 일원이 되어야 할 타당한 이유를 찾을 수 있다. 우리가 속한 믿음의 공동체는 지체들끼리 서로가 품은 욕망과 필요에 대해 솔직히 평가해 주는 그런 공동체가 되어야 한다. 이런 면에서 당신이 몸담은 공동체는 어떠한가? 그런 공동체가 된다는 것은 우리 문화의 흐름을 거스르는 것임에 틀림없고, 어쩌면 우리의 자유를 빼앗기고 있다고 느낌을 받을 수도 있다그리고 남들에게 "종교"에 너무 빠져 있다고 비난받을 수도 있다. 그러나 실은 우리 문화는 자유를 언제든지 또 무엇이든지 소비할 수 있다는 의미로 생각하도록 부추기고 있다.

그러면 내가 나의 "필요나 욕구"에 대해 다른 믿음의 형제자매들과 의논할 경우에는 그것을 다르게 생각할 가능성이 있는가?

이런 과정은 우리의 욕구를 부인하는 게 아니라, 정당한 필요와 조작된 필요를 구별하는 데 도움을 받는 것이다. 개인주의가 편만한 우리 문화에서는 이런 제안이 생소하게 들리겠지만, 이런 제안을 지혜롭게 여기는 이들에게는 소박한 발걸음을 내디딜 수 있는 계기가 될 것이다. 당신과 뜻을 같이하는 그리스도인을 찾아서, 당신이 품고 있는 "개인적인" 필요와 욕망을 내놓고 그들이 어떻게 생각하는지를 들어 보라.

■ 당신의 목록에 적어도 두어 가지 의심스러운 항목이 들어 있을 것이다. 어떻게 해서 그런 욕망을 품게 되었는지를 파악하는 일이 쉽지는 않을 것이다. 우리의 욕망들은 미묘하고 명백한 것들이 뒤엉켜 형성되는 법이므로, 정신 차리고 어떤 경로를 통해 그런 욕망이 생기게 되는지 분별할 필요가 있다. 먼저 우리는 조작된 욕망을 실어 나르는 일차적인 통로에 노출되는 것을 최대한 피하는 것이 좋다. 엄청난 시청자를 갖고 있는 텔레비전은 여전히 가장 영향력 있는 광고 매체다. 텔레비전에 대해 조치를 취하는 것은 좋은 출발점이지만, 텔레비전 광고에 노출되는 것을 최소화시키는 일로 충분하지는 않다. 이런 조치의 한 가지 문제는 텔레비전이 의도적으로 프로그램과 광고의 경계를 모호하게 만들고 있음을 놓치고 있다는 점이다. 이런 추세가 가장 뚜렷하게 나타나는 곳은 홈쇼핑 채널과 MTV 같은 방송이지만, 거기에만 국한되지 않는다. 예전에는 텔레비전 프로그램에 등장하는 상품의 브랜드를 가리거나 브랜드가 없는 제품을 사용하

곤 했는데, 지금은 제품이 화면에 잘 보이도록 하기 위해 교묘하고 집요한 전략을 쓰고 있다.

그런데 텔레비전 광고나 프로그램이 우리를 부추기는 것은 특정한 제품에 대한 욕망에 국한되지 않는다. 욕망을 위한 욕망을 불러일으키는 경우도 무시할 수 없다. 즉 우리는 우리가 소유한 것으로는 만족할 수 없는 존재라고 부추긴다. 이런 욕망이 우리 자신에 대한 불만족스러움과 합쳐져 패션 산업 같은 분야가 잘 돌아가게 되는 것이다. 작년에 구입했던 최신 유행복이 금년에는 "한물간" 것으로 취급되는 일이 얼마나 비일비재한가! 이런 욕망을 위한 욕망은 광고 못지않게 텔레비전 프로그램에 의해 생기게 되므로 텔레비전 시청 시간을 줄이는 것도 좋은 방책이 될 수 있다. 또 시청을 하게 된다면, 텔레비전 프로그램 편성자들과 광고업자들이 시청자들로 하여금 현재의 삶을 불만족스럽게 느끼도록 하고, 그 공허감을 채우기 위해 새로운 것을 찾으면 찾을수록 더 많은 이익을 챙기게 된다는 사실을 충분히 인식해야 한다.

날마다 우편함에 들어오는 광고지와 우편주문용 카탈로그가 미치는 영향도 고려해 볼 필요가 있다. 광고지를 훑어보다가 예전에는 불필요하다고 생각했거나, 아예 있는지도 몰랐던 이런저런 제품이 "할인 판매"되고 있다는 정보를 보고는 금방 우리에게 "필요한" 것처럼 생각하는 경우가 얼마나 많은가! 이처럼 불과 몇 분 전만 해도 전혀 필요하지 않던 물건을 할인받아 구입할 수 있어서 좋다고 느낀다면, 광고업자는 자기네 전략이 적중했다고 기뻐할 것이다. 우리에게 꼭 필요한 것이 무엇인지 마음속으로 미리 정해 놓지 않았다면, 욕망을 불러일으킬 소지가 있는 것은 아예 읽지 않는 것도 나쁘지 않다.

■ 신앙과 관련된 이야기와 찬송의 폭을 넓혀 보려고 시도해보라. 이를테면, 다른 시대나 문화에 살았던 그리스도인의 전기나 자서전을 읽어 보거나 다른 문화권에서 만든 찬송을 배워 보라. 그 노래가 당신의 "취향"에 맞는지 여부를 판단하지 말고, 기독교 신앙의 일면을 어떻게 잘 전달하고 있는지에 초점을 맞추도록 하라.

■ 아이들과 시간을 보낸 적이 언제였나 생각해 보라. 꽤 오래되었다면 학교나 교회나 동네에 자원봉사를 신청하라. 아이들에게 당신의 시각으로 세상을 보라고 고집하지 말고, 당신이 그들의 시각으로 세상을 보려고 노력해 보라.

능히 너희를 보호하사 거침이 없게 하시고 너희로 그 영광 앞에 흠이 없이 기쁨으로 서게 하실 이, 곧 우리 구주 홀로 하나이신 하나님께 우리 주 예수 그리스도로 말미암아 영광과 위엄과 권력과 권세가 영원 전부터 이제와 영원토록 있을지어다 아멘유 24-25절.

그리스도께서 대신하여 죽으신 형제를 네 음식으로 망하게 하지 말라 그러므로 너희의 선한 것이 비방을 받지 않게 하라 하나님의 나라는 먹는 것과 마시는 것이 아니요 오직 성령 안에 있는 의와 평강과 희락이라…그러므로 우리가 화평의 일과 서로 덕을 세우는 일을 힘쓰자

롬 14:15-17, 19

시기와 다툼이 있는 곳에는 혼란과 모든 악한 일이 있음이라 오직 위로부터 난 지혜는 첫째 성결하고 다음에 화평하고 관용하고 양순하며 긍휼과 선한 열매가 가득하고 편견과 거짓이 없나니 화평하게 하는 자들은 화평으로 심어 의의 열매를 거두느니라 약 3:16-18

4장 화평

파편화된 세상에서 맺는 열매

Peace

대학원을 졸업할 즈음, 취업을 위해 여러 기관에서 면접을 본 적이 있다. 어느 해엔가 네 곳의 학교에서 최종 면접을 보게 되었는데, 나를 원하는 곳이 있다고 생각하니 가슴이 벅찼고, 합격해 교수가 될 상상을 하니 더 흥분되었다. 하지만 벅찬 감정과 흥분은 잠깐이었다. 두 번째 면접을 보러 가는 동안에 무척 혼란스러웠다. 어느 주립대학에서 면접을 보려고 중서부에 막 도착했는데, 다음 주에는 큰 가톨릭 대학교에서 면접을 보러 서부 연안에, 그 직후에는 아이비리그에 속한 학교에서 면접을 보기 위해 동부로 향하고 있겠구나 하는 생각이 들었다. 각기 다른 장소는 차치하고 판이하게 다른 학교들이 나를 어떻게 평가할지 생각하기 시작하자, 내가 누구인지 조금이라도 아는 기관이 하나도 없다는 생각이 떠올랐다. 이력서를 봤겠지만, 나를 움직이는 원동력이 무엇인지, 내 삶의 관심사가 무엇인지, 내 삶을 움직이는 내면의 신념이 무엇인지를 아는 사람은 아무도 없었다. 별안간 이제는 "그들이 나를 어떻게 생각할까?" 하는 물음은 제쳐 놓고, 그들이 "내가 어떤 사람이 되기를 바랄까?" 하고 묻는 편이 더 낫겠다는 생각이 들었다.

이 두 번째 물음이야말로 현대인의 삶을 특징짓는 것이 아닐까 하는 생각이 든다. 소수의 사람들이 삶을 공유하면서 얼굴과 얼굴을 맞대던 시대는 지났다. 지금은 삶을 공유하면서 함께 일하는 사람은 많지 않다. 함께 일하는 사람들 가운데 함께 여가를 즐기는 사람도 드물고 함께 예배를 드리는 사람은 거의 없다. 전화와 팩스와 이메일로 소통하는 전자 시대에는 이름도 모르는 채 셀 수 없이 많은 사람과 접촉하는 게 보통이다. 요컨대 우리에게 근본적으로 다른 기대를 거는, 어지러울 정도로 많은 상황에서 살고 있는 우리 자신을 발견하게 된다. 그 결과 우리는 파편화된 느낌, 곧 우리의 삶뿐만 아니라 존재 자체마저 서로 모순되지는 않을지라도 여러 조각으로 나뉘어져 있다는 느낌을 떨쳐버리기 어렵다. 이처럼 파편화시키는 일을 전공으로 삼는 문화에서 그리스도인들은 어떻게 화평의 열매를 맺을 수 있을까?

화평·평화의 성경적 의미

성경이 말하는 화평·평화는 우리가 흔히 생각하는 것보다 훨씬 포괄적이고 풍요로운 개념이다. 우리는 보통 화평을 갈등의 중지 내지는 부재를 가리키는 소극적인 개념으로 정의한다. 그러나 성경에 펴져 있는 화평의 개념은 매우 적극적이다. 사실 화평이라는 말 대신에 온전함이나 구원이란 단어를 사용하면 적극적인 색채를 더 살릴 수 있다. 예언자 이사야는 히브리의 병행어법을 사용하여 화평과 구원을 나란히 표현한다. "좋은 소식을 전하며 평화를 공포하며 복된 좋은 소식을 가져오며 구원을 공포하며 시온을 향하여 하나님이 통치하신다 하는 자의 산을 넘는 발이 어찌 그리 아름다운가"사 52:7, 롬 10:12-15.

화평 또는 샬롬이라는 히브리 개념은 구약과 신약을 모두 특징짓고 있다. 샬롬*shalom* 또는 신약의 평강*eirēnē*은 우리의 모든 관계에 스며 있는 평안과 온전함과 조화의 상태를 일컫는다. 이런 관념은 본래 사회적 성격을 갖고 있기 때문에 내면적으로 평화로운 상태는 샬롬을 온전히 경험하는 상태라고 볼 수 없다. 그렇기 때문에 성경이 평화를 말할 때 "마음의 평화"라는 표현처럼 순전히 정신적인 상태를 가리키는 경우가 매우 드물다. 평화라는 것은 한 사람의 마음에만 국한되어 있는 어떤 것이 아니다. 평화는 하나의 생활방식the way of life이다. 그래서 성경은 "평화의 길"이란 표현을 여러 번 사용하고 있다사 59:8, 눅 1:79, 롬 3:17.

한 사람이 모든 관계에서 온전함을 이루고 그것을 유지한다는 것은 결코 쉬운 일이 아니다. 하나님 및 동료 피조물들과 바른 관계를 맺으려면 한결같이 올바른 일, 하나님이 원하시는 일, 하나님이 요구하는 일을 행하지 않으면 안 된다. 이런 이유로 성경은 거듭거듭 화평·평화를 의와 연결시키고 있는 것이다.

> 내가…화평을 세워 관원으로 삼으며
> 공의를 세워 감독으로 삼으리니
> 다시는 광포한 일이 네 땅에 들리지 않을 것이요
> 황폐와 파멸이 네 국경 안에 다시 없을 것이며
> 네가 네 성벽을 구원이라
> 네 성문을 찬송이라 부를 것이라.…
> 네 백성이 다 의롭게 되어
> 영원히 땅을 차지하리니
> 그들은 내가 심은 가지요, 내가 손으로 만든 것으로서
> 내 영광을 나타낼 것이라사 60:17-18, 21.

> 내가 하나님 여호와께서 하실 말씀을 들으리니
> 무릇 그의 백성 그의 성들에게 화평을 말씀하실 것이라.
> 그들은 다시 어리석은 데로 돌아가지 말지로다.
> 진실로 그의 구원이 그를 경외하는 자에게 가까우니
> 영광이 우리 땅에 머무르리이다.

인애와 진리가 같이 만나고

의와 화평이 서로 입맞추었도다사 85:8-10.

공의의 열매 중 하나가 평화이고사 32:17 "악인에게는 평강이 없다"면사 48:22 우리에게 스스로 평화를 확보할 능력이 없는 이유는 쉽게 알 수 있다. 타락한 상태에 있는 우리는 하나님과 동료 피조물 앞에서 의롭게 살 능력이 없기 때문이다. 그렇기 때문에 이스라엘은 샬롬이 오직 하나님에 의해서만 이룩되고 유지될 수 있음을 깨달았던 것이다. 그래서 하나님이 이스라엘에게 허락하신 구원과 온전함은 하나님이 그 백성과 세우신 언약에 뿌리를 두고 있다. "산들이 떠나며 언덕들은 옮겨질지라도 나의 자비는 네게서 떠나지 아니하며 나의 화평의 언약은 흔들리지 아니하리라"사 54:10; 참고. 민 25:12, 겔 34:25, 37:26.

Peace

평화와 온전함과 구원은 오직 하나님에게서 온다는 이 주제는 신약성경 전체에 울려 퍼지고 있다. 예수님이 개시하신 하나님의 통치는 평화, 온전함의 다스림이다. 예수님은 치유와 귀신 쫓기, 곧 질병과 속박으로 부서지고 조각난 인생들에게 온전함을 가져옴으로써 그런 통치를 강력하게 입증하신다. 복음서들을 보면, 예수님과 접촉하는 사람들이 평화와 온전함과 구원을 경험하는 장면이 연이어 등장한다. 시므온은 아기 예수를 안고 그의 "눈이 주의 구원을 보았기" 때문에 평안을 맛보게 되어 하나님을 찬송한다눅 2:29-30. 예수님의 발을 씻어 주고 그분에게서 죄를 용서받은 여인눅 7:50과 믿음으로 예수의 옷을 만진 여인 모두에게 예수님은 "네 믿음이 너를 구원하였으니 평안히 가라"라고 말씀하신다눅 8:48, 막 5:34. 끝으로 요한복음에서 예수님은 제자들에게 평안을 선물로 주신다. "평안을 너희에게 끼치노니 곧 나의 평안을 너희에게 주노라"요 14:27, 요 20:19, 21, 26.

그 가운데서 가장 중요한 신약의 가르침은 우리와 하나님 사이의 수직적 평화, 그리고 우리 상호 간의 수평적 평화가 그리스도 안에서 하나님의 화목 사역에 의해 이룩되었다는 것이다. 그래서 바울은 복음을 "평안의 복음"엡 6:15이라고, 또 하나님을 "평강의 하나님"롬 15:33, 16:20, 빌 4:9, 살전 5:23; 참고. 고후 13:11, 히 13:20이라고 부른다. 기독교의 기쁜 소식은 하나님이 그리스도 안에서 세상과 화목하셨고, 이로써 하나님과 창조세계 간의 진정한 샬롬을 재확립하셨다는 것이다. 이 그리스도에 대해 바울은 이렇게 말한다. "아버지께서 모든 충만으로 예수 안에 거하게 하시고 그의 십자가의 피로 화평을 이루사 만물 곧 땅에 있는 것들이나 하늘에 있는 것들이 그로 말미암아 자기와 화목하게 되기를 기뻐하심이라"골 1:19-20. 그런데 하나님과 화목하게 되면, 그분과의 관계가 온전케 될 뿐 아니라 타인과의 관계도 그렇게 된다고 바울은 주장한다. 이 점을 가장 강력하게 단언하는 곳은 바울이 에베소 교인에게 보낸 편지 가운데 유대인과 이방인 간의 적대관계가 그리스도 안에서 폐지되었다고 선언하는 대목이다.

이제는 전에 멀리 있던 너희가 그리스도 예수 안에서 그리스도의 피로 가까워졌느니라. 그는 우리의 화평이신지라 둘로 하나를 만드사 원수 된 것 곧 중간에 막힌 담을 자기 육체로 허시고 법조문으로 된 계명의 율법을 폐하셨으니 이는 이 둘로 자기 안에서 한 새 사람을 지어 화평하게 하시고 또 십자가로 이 둘을 한 몸으로 하나님과 화목하게 하려 하심이라. 원수 된 것을 십자가로 소멸하시고 또 오셔서 먼 데 있는 너희에게 평안을 전하시고 가까운 데 있는 자들에게 평안을 전하셨으니 이는 그로 말미암아 우리 둘이 한 성령 안에서 아버지께 나아감을 얻으려 하심이라. 그러므로 이제부터 너희는 외인도 아니요 나그네도 아니요 오직 성도들과 동일한 시민이요 하나님의 권속이라. 너희는 사도들과 선지자들의 터 위에 세우심을 입은 자라 그리스도 예수께서 친히 모퉁잇돌이 되셨느니라. 그의 안에서 건물마다 서로 연결하여 주 안에서 성전이 되어 가고 너희도 성령 안에서 하나님이 거하실 처소가 되기 위하여 그리스도 예수 안에서 함께 지어져 가느니라엡 2:13-22.

Peace

이 말씀의 성전의 이미지는 매우 놀랍다. 그리스도로 인해 이방인들은 이제 이방인의 뜰에만 들어갈 수 있던 신분에서 벗어났고, 더 이상 하나님의 백성에서 제외된 외인이 아니다. 성전 예배의 주요 행위에서 제외된 존재가 아니라, 이제는 그리스도로 인해 교회라고 불리는 살아 있고 거룩한 성전에서 유대인과 어깨를 나란히 하는 바위 같은 굳건한 신분을 얻게 되었다. 과거에 어떤 적대관계였든지 지금은 그것이 그리스도의 몸 안에서 모두 소멸되었고, 그로 말미암아 함께 하나님을 위해 문화적으로 혁명적인 새로운 거처를 만든 것이다. 대대손손 적대관계를 유지했던 두 민족이 하나님의 손에 의해 새로운 인류가 되었다. 이 대목은 성경 전체에서 평화와 온전함의 관계를 보여 주는 가장 강력하고 감동적인 본보기다. 초기 그리스도인들은 그런 혁명적인 변화를 몸소 겪었기 때문에 예수님을 약속된 "평화의 왕" 사 9:6으로 간주했던 것이다.

만일 하나님이 그리스도 안에서 우리를 그분 자신 및 다른 사람들과 화목하게 하심으로 평화를 이룩하셨다면, 우리는 온 힘을 다해 새로운 평화의 삶의 특징인 통일성과 화목을 가시적으로 구현해야 마땅하다. 그래서 이 평화가 사랑과 감사와도 밀접한 관계에 있는 것이다.

> 이 모든 것 위에 사랑을 더하라 이는 온전하게 매는 띠니라. 그리스도의 평강이 너희 마음을 주장하게 하라. 너희는 평강을 위하여 한 몸으로 부르심을 받았나니 너희는 또한 감사하는 자가 되라골 3:14-15.

더 나아가 평화로운 삶은 예수님의 삶에 주의를 기울일 것을 요구한다. 그분이야말로 죄-폭력-복수-죽음의 순환 고리에 개입하길 거부하시고, 제자들에게도 그와 같이 하라고 촉구하신 분이기 때문이다. 바울은 예수님의 산상설교를 상기시키듯이 로마 성도들에게 다음과 같은 권고를 하고 있다.

> 너희를 박해하는 자를 축복하라 축복하고 저주하지 말라. 즐거워하는 자들과 함께 즐거워하고 우는 자들과 함께 울라. 서로 마음을 같이하며 높은 데 마음을 두지 말고 도리어 낮은 데 처하며 스스로 지혜 있는 체하지 말라. 아무에게도 악을 악으로 갚지 말고 모든 사람 앞에서 선한 일을 도모하라. 할 수 있거든 너희로서는 모든 사람과 더불어 화목하라. 내 사랑하는 자들아 너희가 친히 원수를 갚지 말고 하나님의 진노하심에 맡기라 기록되었으되 "원수 갚는 것이 내게 있으니 내가 갚으리라"고 주께서 말씀하시니라롬 12:14-19.

Peace

이것이 바로 이 장의 초두에 야고보서에서 인용한 단락의 핵심이기도 하다. 즉 폭력의 순환 고리에 개입하지 말고 하나님에 의해 가능케 된 평화-의로움-평화로 이어지는 다른 순환에 참여하라는 것이다. 하나님의 화목 사역은 평화를 가져오고, 이 평화는 우리로 하여금 하나님 앞에서 의롭게 살고 또 서로 간에 평화롭게 살게 해 주는 것이다. 그래서 야고보가 말하듯이 평화의 씨앗을 심을 때 의의 열매가 자라는 것이며, 이는 평화와 의의 관계가 일방통행의 관계가 아니라는 점을 시사해 준다. 의는 평화를 낳고 평화는 또한 의를 낳는다.

평화는 무엇보다 하나님이 주시는 선물이긴 하지만, 우리가 추구해야 할 것이기도 하다. 이 역설을 이해하려면 처음에 소개한 원예 은유로 되돌아갈 필요가 있다. 자라게 하시는 분은 하나님이지만 농부의 수고가 반드시 필요하다. 우리 그리스도인은 하나님이 평화와 온전함을 선물로 주신다고 믿고, 우리의 역할 또한 중요하다고 생각해야 한다. 사실 예수님은 화평케 하는 일이 하나님의 성품을 반영하는 것이기 때문에, 그런 일을 하는 사람은 "하나님의 자녀"라고 불릴 것이라고 선언하셨을 정도다마 5:9. 성경은 우리에게 평화를 위해 힘쓰고 그것을 열심히 추구하라고 권면한다시 34:14, 딤후 2:22, 벧전 3:11, 벧후 3:14.

평화를 추구하며 화평케 하는 자가 되는 일은 평생 지속해야 할 과업이다. 지금의 우리는 하나님이 그리스도 안에서 이룩하신 이 평화와 온전함을 부분적으로 경험할 수 있지만, 우리가 이 평화와 온전함을 배양하기 위해 할 수 있는 일은 많다. 바울은 빌립보 교인들에게 평화의 하나님께 더 가까이 나아가려면 어디에 에너지를 쏟아야 할지를 분명히 일러 준다.

> 끝으로 형제들아 무엇에든지 참되며 무엇에든지 경건하며 무엇에든지 옳으며 무엇에든지 정결하며 무엇에든지 사랑 받을 만하며 무엇에든지 칭찬 받을 만하며 무슨 덕이 있든지 무슨 기림이 있든지, 이것들을 생각하라. 너희는 내게 배우고 받고 듣고 본 바를 행하라 그리하면 평강의 하나님이 너희와 함께 계시리라빌 4:8-9.

우리가 그리스도인으로서 평화의 하나님이 우리와 함께하기를 바란다면, 우리가 "지속적으로 해야" 할 일이 많다고 바울은 믿었다. 그렇지만 이 성화의 과정, 곧 우리 모두가 온전한 상태에 도달하는 것은 궁극적으로 하나님의 손에 달려 있다. 또한 우리가 모든 면에서 온전해지고 평화로운 상태에 도달하기까지 하나님이 우리의 손을 놓지 않으실 것이다. 그렇기 때문에 바울은 데살로니가 교인들에게 이렇게 기도했다.

> 평강의 하나님이 친히 너희를 온전히 거룩하게 하시고 또 너희의 온 영과 혼과 몸이 우리 주 예수 그리스도께서 강림하실 때에 흠 없게 보전되기를 원하노라. 너희를 부르시는 이는 미쁘시니 그가 또한 이루리라살전 5:23-24.

Peace

화평·평화를 방해하는 걸림돌

성경에 나오는 샬롬의 비전은 우리의 삶과 너무나 대조적이다. 우리의 삶은 평화롭고 온전한 것이 아니라 심하게 찢겨져 있다. 여러 이유가 있지만, 그 가운데 중요한 요인은 우리 사회가 지닌 삶의 구조와 관련이 있다. 한마디로 파편화 현상은 우리의 정치가 낳은 부산물이다. 여기서 정치는 흔히 연상하는 좁은 의미의 정치, 곧 정당, 주기적인 선거, 입법을 통한 권력 행사 등을 가리키는 것이 아니다. 오히려 좀더 넓고 고전적인 의미의 정치, 곧 우리들이 더불어 사는 그 삶에 질서를 부여하는 수많은 방식을 의미한다. 물론 넓은 의미의 정치는 분명히 좁은 의미의 정치를 포함하고 있긴 하지만, 그 밖에도 많은 것을 내포한다.

조금만 생각해 봐도 우리의 일상생활이 우리가 당연시하는 수없이 많은 정치적 합의에 의해 어떻게 질서 잡히고 또 풍요롭게 되는지 알 수 있다. 가령 우리는 도로의 어느 편으로 운전하게 되어 있는지, 학교 근처에서는 얼마나 빠른 속도로 운전해야 하는지, 빨간불이 들어오면 어떻게 해야 하는지 하는 규칙들이 있어야 한다고 생각한다. 또 우리가 구입해서 먹는 음식, 타고 다니는 비행기, 일하고 자는 건물 등과 관련된 규정이 필요하고 생각한다. 뿐만 아니라 시간을 정하고, 은행에서 계좌의 수지를 맞추고, 법적인 토지의 경계선을 정하는 것 등과 관련해 합의된 방법이 있어야 한다고 생각한다. 이와 같이 우리의 삶에 질서를 부여하는 수많은 방법이 정치적인 사안에 해당된다. 이런 정치적인 합의 자체가 우리에게 평화나 온전함을 가져다주지 않더라도, 적어도 상당한 혼란을 막아 준다는 이유로 우리는 그런 것을 좋게 생각한다. 그러나 공동체 삶의 모든 국면이 빨간불이나 건축 규정처럼 구체적으로 통제될 수 있는 것은 아니다. 이런 정치 질서에 똑같이 중요한 것은 일상을 지배하는 암묵적인 신념들이다. 이와 관련하여 우리와 같은 자유민주주의 사회는 각각의 특징을 갖고 있다.

이제 우리는 사회를 사회답게 만드는 정치적 신념들과 그와 관련된 행습과 미덕과 이야기들을 살펴볼 것이다. 특히 그것들이 기독교적 평화의 양성을 막는 모습에 대해 다룰까 한다. 이 대목에서 신념들에 초점을 맞추는 이유는 그것들이 우리의 행습과 미덕과 이야기에 스며 있기 때문만이 아니라, 그런 것을 명쾌하게 설명하기가 매우 어렵기 때문이다.

세계를 공적·사적 영역으로 나누는 문화 우리 사회를 일컬어 자유민주주의 사회라고 부르는 것은 그 시민들이 소속 정당과 상관없이 고전적인 자유주의 정치철학의 신념들을 당연시하고 있기 때문이다. 첫째, 일차적인 정치 단위는 개인이다. 우리 사회는 한 개인보다 더 근본적인 초석은 없다고 생각한다. 둘째, 정부의 역할은 개인의 자유와 자율성을 극대화하는 일이며, 이런 자유가 타인의 권리를 확실히 침해할 경우에만 개입하게 된다. 달리 말해서 우리 사회는 개인적 자유와 자율성이 더 큰 손해를 유발할 것이 자명한 경우에만 정부가 개입하여 그것을 박탈하는 일이 정당화된다(이를테면 어린이들을 학대받는 환경에서 다른 장소로 피신시키는 일 등). 그리고 끝으로 인생의 목적과 도덕의 형태와 같이 폭넓은 합의가 이루지지 않은 사안에 대해서는 (단 이런 문제들이 권리의 언어로 표현될 수 없을 경우에 한하여) 국가가 중립을 유지하게끔 되어 있다. 그런즉 우리 사회가 인생의 목적에 대해서 합의된 견해는 없지만, 어떤 손해를 입었다는 것을 공적으로 주장하고 싶으면 언제든지 "권리"의 언어에 호소해야 한

Peace

다는 점에 암묵적인 합의를 하고 있다예를 들어 낙태 논쟁에 뛰어드는 양편이 공히 "권리"의 언어, 즉 산모의 "선택의 권리"나 아기의 "생존의 권리" 같은 언어에 호소하는 모습을 보라.

이런 정치적 생각은 바른 지식에 관한 문화적 가정假定들과 더불어 정치적 지형을 두 가지 영역으로 나눈다. 하나는 이른바 공적인 사실의 영역으로서 어떤 것을 사실로 인정할지에 관해 언어와 문화적 관습, 그리고 목적까지 폭넓은 합의가 이루어진 영역이다. 가령 사람들은 당신이 지금 새물결플러스에서 출판한 책을 읽고 있다는 것을 "사실"로 간주할 것이다. 하지만 이것을 사실로 이해하기 위해서는 책이란 무엇인지, 책의 목적이 무엇인지, 출판사는 어떤 일을 하는지 같은 몇 가지 선이해가 전제되어야 한다. 또 새물결플러스 책들과 다른 출판사 책들을 구별할 줄 안다는 것도 전제되어 있다. 따라서 어떤 사실이 "사실"이 되는 것은 그것이 모든 사람에게 자명하기 때문이 아니라, 그에 관한 이견異見을 해결할 수 있는 합의된 방법이 있기 때문이다.

이 공적인 사실의 영역과 구별되는 것은 사적인 의견·취향·가치의 영역이다. 여기에 포함되는 삶의 영역은 (1) 합의할 필요가 없다고 간주하는 영역이거나 (2) 이견을 판결할 만한 합의된 방법이 없기 때문에 합의할 수 없는 영역이다. 첫째 유형의 예로는 많은 사람에게 주어져 있는 오락과 여가의 기회를 들 수 있다. 어떤 여가가 다른 여가보다 더 낫다고 규정지을 방법이 없는 것은 우리 대다수가 그런 질문 자체가 불필요하다고 생각하기 때문이다. 사람은 누구나 자신만의 여가를 선택할 자유가 있는 것이다. 둘째 유형의 적절한 예는 "종교"라는 영역이다. 흔히들 이 분야에서 자유민주주의 질서가 현대의 정치 제도에 중요한 기여를 했다고 믿고 있다. 사람들이 종교에 관한 이견을 해결할 방법에 대해 합의할 수 없다고 판단해서 종교가 사적인 영역으로 밀려나 각자 소견대로 자유롭게 결정할 수 있는 문제가 되었다. 이에 따른 한 가지 장점은 국가가 종교와 같은 인생의 중요한 문제에 간섭하지 못하도록 막을 수 있다는 점이다. 반면에 단점은 종교를 사적인 영역으로 축소시킴으로써 기독교적 신념을 하찮은 것으로 만들고 그 신봉자들로 하여금 신앙을 사적인 취향 정도로 생각하도록 부추긴다는 점이다. 그 결과 종교들 간의 중요한 차이점은 물론이고 같은 종교를 가진 신자들 사이의 차이점도 특정 채소에 대한 개인적 선호와 비슷한 수준의 문제로 간주되어 버렸다. 기독교를 불교보다 선호하는 사람은 마치 브로콜리보다 콩을 더 좋아하는 것과 같은 선택을 하고 있는 것으로 간주하는 것처럼 말이다.

그래서 자유민주주의 사회에서는 사적인 영역 내에 존재하는 대다수의 차이점이 개인적인 선호와 스타일의 문제에 불과한 것으로 간주된다. 이런 정치적인 신념이 초래하는 결과는 무엇인가? 가장 중요한 결과는 우리의 삶을 공적 영역과 사적 영역으로 나눔으로써 공동의 삶과 개인의 삶에 굉장한 균열을 일으킨다는 점이다. 이처럼 세계를 둘로 나눔으로 인해 초래되는

Peace

파편화 현상을 보려면 다음 몇 가지 시나리오를 상상하는 것만으로도 충분하다.

■ 당신이 맡고 있는 직장 업무가 합법적이긴 하지만 윤리적으로 문제가 있다고 하자. 그런 일을 해야 하나 싶은 마음이 들지만, 가족을 먹여 살려야 한다는 의무감에 그건 그저 일일 뿐이라는 마음이 들기도 한다. 그뿐 아니라, 퇴근하고 집에 들어가 편안히 텔레비전을 보는 "평상시의 내 모습"으로 돌아가면 그뿐이라는 생각을 하기도 한다. 집이야말로 당신의 요새이자 안식처로서 "자신의" 모습을 스스럼없이 드러낼 수 있는 곳이다. 그런데 매주 42시간 이상 일하는 "공적인 당신"이 "진정한 사적인 당신"이 아니라면 그는 누구인가? 그리고 이 서로 다른 "당신들" 사이에는 어떤 관계가 있는가?

■ 당신은 지금 서점이나 음반 코너에 있다. 책이나 음악을 선택하는 당신의 기준은 무엇인가? 그리스도인 친구들과 공적인 자리에 있을 때 읽는 책이나 음악과 집이라는 "사적인 공간"에서 즐기는 책이나 음악이 다르진 않는가?

■ 당신은 지금 친구들과 성性에 대해 진지한 토론을 하는 중이다. 서로의 의견이 확연히 다르다는 것을 인식하게 되면서, 둘 중 하나 혹은 둘 다 "글쎄, 그건 네 의견일 뿐이지!"라는 말로 비판을 비껴가려고 할 때 토론은 더 이상 진전하지 못한다. 의견을 놓고 논쟁을 하는 것은 좋아하는 야채를 놓고 싸우는 것만큼 쓸데없는 짓이 된다. 라틴어 속담이 말해 주듯이 "입맛을 놓고는

싸울 일이 없는 법이다."

이 마지막 예는 두 가지 신념, 즉 세계를 공적 영역과 사적 영역으로 나눌 수 있다는 신념과 사람들에게 나름의 의견을 가질 권리가 있다는 신념 사이에 밀접한 관계가 있음을 잘 보여 준다. 공적인 대화를 얻을 수 있을 거라고 어디에서도 기대할 수 없는 이유는 공적인 대화가 사적인 의견으로 여겨지는 것을 내포하고 있기 때문인데 이런 신념이 너무 보편화되어 있어서 그것의 자명한 본질이 그 기저에 놓인 가정들을 가리고 있다. 사적인 세계는 개인적인 의견의 세계이므로 비판으로부터 자유롭고, 비판으로부터 자유롭기 때문에 어떤 의견이든 성실하기만 하면 된다고 생각한다. 이처럼 미리부터 모든 의견을 평준화시키는 입장을 취하면, 토론은 욕구불만을 낳게 되고 최악의 경우에는 쓸모없는 짓에 불과하게 된다.

우리가 가장 깊숙이 품고 있는 신념조차도 의견이나 취향이나 선호의 문제에 불과한 것으로 취급되면 과연 무슨 일이 일어나는가? 이럴 경우에는 그런 신념이 신념으로서 작동하는 힘, 곧 우리의 일상적인 결정은 물론이고 타인의 결정에까지 영향을 미칠 수 있는 그런 능력을 빼앗기게 된다. 나아가 그런 신념이 공동의 신념그저 개인적인 의견이나 선호나 취향의 공유가 아니라, 공동체의 존재와 그 깊이에 필수적인 요소라면, 오늘날 진정한 공동체가 사라지고 있는 원인은 바로 공동생활을 북돋우고 유지하는 그런 신념이 제대로 기능하지 못하기 때문일 것이다.

Peace

이것이 사실이라면, 의견에 대한 이런 공동의 신념이 사람들을 묶어 주기보다는 역설적으로 사람들의 "의견"을 사적이고 신성한 것으로 여기게 만듦으로써 그들을 분열시키고 있는 셈이다. 그 결과 사람들은 그들의 신념이 사적이기 때문에 비판에서 면제된다고 믿는다.

아마도 이 책의 독자들이 예수 그리스도의 제자답게 살려고 애쓰려고 할 때 그와 같은 신념을 견지한다는 이유로 과도한 스트레스를 받은 적이 있을 것이다. 우리는 예수의 제자가 된다는 것이 몇 가지 "사적인" 영역이나 "종교적인" 부분이 아닌 삶의 모든 영역에 대해 의미를 지닌다는 것을 잘 알고 있다. 그러나 그런 통합된 삶을 사는 것은 샬롬의 온전함이 아닌 파편화를 양성하는 사회에서는 무척 힘겨운 일이다.

문제가 "교회 바깥일반 문화에"만 있는 것은 물론 아니다. 교회조차 신앙의 사유화에 기여할 때가 적지 않다. 이를테면 우리가 흔히 쓰는 "예수님과의 개인적인 관계"라는 말이 그렇다. 이 말은 마치 우리가 개인 책상과 개인 컴퓨터를 갖고 있는 것처럼 예수님과 개인적인 관계를 맺고 있다고 생각하게 만든다. 많은 그리스도인은 그리스도와의 개인적이고 사적인 관계가 신앙의 기초라고 믿으면서 교회가 도움이 되면 좋지만, 믿는 데 꼭 필요한 것은 아니라고 생각한다. 그래서인지 많은 그리스도인들이 교회와 관계없이 경건한 그리스도인이 될 수 있다고 믿고 있다. 아울러 교회의 일원이 된 사람들조차도 교회는 근본적으로 개인적이면서 사적인 예수님과의 관계를 증진하는 일종의 수단이라고 생각한다. 그렇기 때문에 적지 않은 그리스도인은 교회의 치리治理라는 개념을 이해하지 못한다. 치리의 문제를 끄집어내면 많은 그리스도인은 "교회가 무슨 권리로 예수님과 나와의 개인적이고 사적인 관계를 판단한다는 거지?"라고 묻는다. 여기서 우리는 많은 그리스도인이 개인이 일차적인 정치 단위라는 신념과 함께 정치적 자유주의에 대한 신봉을 교회에까지 끌고 들어오고 있음을 보게 된다.

그리스도인은 또한 스스로를 특정 종교의 신봉자라고 기꺼이 밝히지만 우리 문화에서 "종교"는 근본적으로 사적이고 개인적인 영역에 불과하다고 생각한다. 기독교를 소위 "영적인" 부분과 관련된 것으로 보고, 그 밖의 다른 영역, 즉 "물질적인" 또는 "비非영적인" 부분은 정치나 경제 같은 주변적인 것과 관계된 것으로 보는 것이 그 예다. 뿐만 아니라 회심에 대해 생각하는 방식에서도 그와 같은 사고 패턴이 드러나는데, 다른 시대 다른 장소에 살았던 신자는 그리스도의 제자가 공적인 신앙고백을 할 필요가 있다고 믿었다. 그런데 신앙이 사유화됨에 따라 현재는 예수님을 마음에 영접하기 위하여 하나님께 조용히 기도만 드리면 된다는 식으로 말하곤 한다. 다른 사람은 그런 결단에 대해 알 필요가 없는 순전히 본인과 하나님 사이의 문제라는 것이다.

이것이 전부가 아니다. 그 밖에도 우리가 날마다 관여하는 많은 정치적 행습이 특정한 정치적 미덕과 이야기들을 양성하

Peace

고 구현하고 있지만 그 모두가 우리를 곤경에 빠뜨리고 있다. 그 가운데 몇 가지를 간단하게 언급하고자 한다.

삶의 구획화 현대적인 삶의 조건은 외견상 자율적으로 보이는 영역들, 곧 제각기 나름의 규율과 규범과 기대치를 갖는 영역들을 창조했다. 예를 들어 일터를 주관하는 규율과 규범은 우리의 가정 및 교회생활에 맞는 규율과 규범으로 받아들여지지 않는다. 우리 각자는 여러 영역에 몸담을 수밖에 없기 때문에 계속해서 각 영역에서 기대되는 행실을 하도록 압박을 받고 있다. 게다가 한 주간 내지는 한 달 동안 엄청나게 많은 상황에 처하게 되고, 그 가운데 다수는 이름도 모른 채 참여하기 일쑤다. 그런 상황은 무언가 새로운 것을 찾는 우리의 욕망과 결부되어 우리로 하여금 우리 자신이 아닌 다른 인물이 되도록 유혹하곤 한다. 즉 새로운 정체를 덧입거나 우리와 우리를 아는 사람들이 보기에 우리답지 않은 행동을 하도록 부추긴다. 끝으로 여러 영역이나 상황에서 동일한 사람들을 접하는 경우가 무척 드물어졌다. 앞서 언급한 것처럼 우리는 일하고, 출퇴근하고, 먹고, 예배하고, 쇼핑하고, 쉬고, 취미생활을 할 때, 각각 다른 사람들과 관계를 맺는다. 따라서 각 경우에 우리는 나 아닌 "다른" 사람이 되기 쉽다.

이와 같은 상황에서는 유연성이라는 미덕을 계발하는 일을 최고로 삼는다. 달리 말하면 우리의 문화적 환경에서는 자기가 처한 상황에 유연하게 적응하는 능력과 태도를 상당히 높이 평가하는데 단기적으로 볼 때 특히 더 그렇다. 이처럼 다중적인 자아와 정체를 창조하고 유지하는 것을 "다중정신"multiphrenia이라고 부르기도 한다. 현대사회에 사는 어떤 이들은 이런 "자유"를 즐기기도 하지만, 다른 이들은 파편화된 정체성으로 인해 갈기갈기 찢기는 듯한 고통을 받는다.

이런 파편화 현상은 우리가 기독교 신앙을 구현하려 할 때 막강한 영향을 미친다. 이에 대한 전통적인 용어인 소위 다양한 종류의 "선데이 크리스천"이 세상에 이제 처음으로 등장하는 것은 아니지만 우리가 몸담은 환경은 그런 형태의 신앙생활을 선호하게 만든다. 만일 우리가 바른 이해를 가지고 신앙생활을 구현하려고 노력하지 않는다면, 우리의 제자도는 자연스럽게 사적인 종교 영역에 제한되고 삶의 모든 영역에서 우리의 행실에 영향을 미쳐야 할 성령의 능력은 사라지고 만다.

Peace

이익집단식 정치의 확산 오늘의 삶을 관찰하는 논평가들은 우리의 정치적 삶이 흔히 "이익집단식" 정치라 부르는 것에 좌우된다고 평가한다. 이런 구조 속에서는 마음이 통하는 사람들끼리 로비 그룹을 만들어서 자기네 이익을 최대한 도모하는 방향으로 입법과정에 영향을 미치려고 한다. 지난 수십 년 동안에 퇴직자 협회, 의료 협회, 기독교 연맹, 환경보호단체 등 수많은 이익집단이 우후죽순처럼 생겨났다. 이런 시스템은 자유시장 경제를 변호할 때 거론하는 소위 보이지 않는 손에 의해 옹호되곤 한다. 즉 각 사람이 자기의 이익을 챙기면, 모든 사람의 이익이 확보될 것이라는 식으로 생각하도록 우리가 길들여졌기 때문에 정치인은 으레 우리에게 "살림살이 좀 나아지셨습니까?"라고 묻는다. 우리는 좋은 것이 무엇인지를 고려하도록 격려받는 경우가 드문데, 상대방에게 좋은 것이 우리 편의 희생을 요구할 경우에 특히 그렇다. 그 결과 "정치"는 더 이상 공동선을 추구하지 않으며, 각기 제 이익만 챙기려고 싸우는 당파 간의 정쟁과 다름이 없게 된다. 이런 현상은 개인적으로나 사회적으로 우리의 삶을 더욱더 파편화시킬 뿐이다.

우리의 삶이 이토록 조각나 있고 모든 이슈를 우리의 이익에 입각해서 보는 데만 익숙해 있기 때문에 우리의 다중자아를 교회에까지 들고 와서 그 욕구들을 채우려고 한다. 이런 모습은 제한된 자원과 관심을 얻으려고 경쟁하는 전형적인 당파들끼리의 싸움을 낳는다. 내가 다른 교인들과 함께 그리스도의 몸으로 모일 때 나는 누구인가? 일차적으로 내 "영적인" 필요를 채우는 일을 최우선으로 여기는 개인인가? 아니면 전체의 일부로서 서로 경쟁관계가 아니라 공동체의 평안을 위해 서로 섬기는 지체의 일원인가?

이익집단식 정치는 교회 안에서 서로를 대하는 방식뿐 아니라 우리와 사회의 관계를 생각하는 방식에도 영향을 미친다. 그리스도인들은 자기네 이익과 의제를 위해 다투는 이익집단처럼 행동할 때가 너무도 많다. 따라서 하나님의 평화나 온전함에 뿌리박은 참된 공동체의 모습보다는 우리에게 사회에서 편한 자리를 차지하게 해주는 법안을 지지하는 집단으로 보이기 쉽다.

자신들의 권리를 옹호함 위에서 언급했듯이 오늘날의 으뜸가는 도덕적 언어는 "~할 권리" 운운하는 것이다. 예를 들어 미국의 건국 문헌에는 우리의 "양도 불가능한" 권리의 하나가 행복을 추구하는 권리, 즉 남의 권리를 침해하지 않는 한 행복을 추구할 자유가 있다고 되어 있다. 그러나 이런 식의 사고 및 행동 방식은 두려움과 의심의 문화를 낳는데, "권리"라는 말의 배후에는 우리는 서로에게서 보호될 필요가 있다는 전제가 깔려 있기 때문이다. 서로를 볼 때 상대방의 행복을 위협할 수 있는 존재로 보도록 부추김으로써 우리도 모르는 사이에 적대적인 관계 위에서 번성을 추구하도록 만들고 있는 셈이다. 이에 대한 한 가지 분명한 현상은 소송의 강박관념에 빠져 있는 우리 사회의 모습이다. 이런 두려움과 의심의 분위기는 불개입의 습관을 양성하게 된다. 이를테면 어떤 사람이 위급한 상태에 있는데도 혹시 고소를 당하지 않을까 두려워서 도와주지 못하는 것처럼 말이다.

우리 사회에서는 다수의 뜻에서 소수를 보호할 필요가 있기 때문에 권리의 언어가 꼭 필요한 것처럼 보인다. 미국의 역사를 보면 권리의 언어가 사람들을 대우하는 문제와 관련하여 중요한 시금석 역할을 한 적이 많았다. 세계적인 차원에서도 의견불일치가 아주 심하고 그것을 다루기가 힘들 때도 그런 일이 일어난다. 이처럼 권리 언어가 세상에 만연되어 있고 또 어떤 상황에서는 그것이 유용하다는 점을 감안하면 왜 권리의 언어가 교회의 첫째 언어가 되어서는 안 되는지를 그리스도인들이 이해하

Peace

기란 쉽지 않다. 그 결과 권리의 언어가 교회 공동체의 묘한 지점에서 종종 등장한다. 예를 들면 많은 그리스도인이 각기 자기의 소견에 옳은 대로 성경을 해석할 권리가 있다고 믿는다. 예배 시간에 자기 취향에 맞는 음악을 사용할 권리가 있다고 믿는 사람도 있고 또 어떤 봉사나 교회 프로그램에 참여할 권리가 있다고 믿는 사람도 있다. 가령 어떤 교회의 독신자 그룹이 교회가 기혼 부부를 위한 수양회는 계획하면서도 독신자 수양회는 계획하지 않았다고 불평한다는 얘기를 들은 적이 있다. 권리의 언어가 사람들이 서로에게서 보호받을 필요가 있다는 사상에 뿌리를 두고 있음을 감안하면, 교회의 교인들이 이 권리의 언어에 호소한다는 사실은 잘못되어도 크게 잘못되었음을 정확히 보여준다.

폭력을 허용함 우리 문화의 특징이 되어 버린 폭력에 대해서는 다른 장에서 자세히 다룰 예정이지만, 여기서는 잠시 파편화와 의심이 어떻게 폭력을 조장하는지를 살펴보고자 한다. 폭력은 간헐적으로 우리의 평온한 삶에 끼어드는 어떤 것이 아니라, 우리 문화 깊숙이 뿌리박힌 파편화와 의심이 낳는 자연스러운 결과다. 그렇지 않다면, 우리가 싫어하는 이들은 물론이고 사랑한다는 사람들에게까지 폭력을 행사하는 우리의 모습이 설명되지 않는다. 직접적으로 말하자면, 그리스도인들이 토요일 밤에 배우자와 자녀를 학대하고 나서 어떻게 다음날 아침에 말쑥하게 차려입고 아무 일도 없었다는 듯이 교회로 향할 수 있는가?

이런 현상의 배후에는 여러 가지 요인이 있다. 나 자신을 일차적으로 개별적인 존재로 보는 것, 내 가족까지 포함해서 다른 모든 사람을 내 행복을 위협하는 존재로 보는 것, 인생을 별개의 여러 영역들로 생각하고 신앙은 그 가운데 하나일 뿐이라고 여기도록 배운 것, 나의 생활방식에 반대하는 입장이 있으면 그건 그저 누군가의 의견일 뿐이라고 간주하도록 훈련받은 것, 사람들이 온전함이나 조화를 구하는 것은 자신들의 정의관자기 몫을 챙기는 일에 기초한 것이라고 배운 것 등이다. 일단 이런 생각이 자리를 잡으면, 파편화된 나의 삶이 결코 줄 수 없는 안전과 안정을 제공할 것처럼 보이는 여하한 형태의 폭력을 사용하고 또 재가하게 되는 것이다.

요약하자면 현대에는 우리의 삶을 통합된 그 무엇으로 이야기하도록 격려하는 목소리가 없다. 오히려 그런 통합이 이제는 불가능하다는 소리만 크게 들린다. 현대 세계의 발흥과 오늘날의 파편화된 삶을 논하는 이야기들은 그 모든 단편들을 묶어서 하나로 통합하려는 것은 잘못이라고 주장한다. 요즘 세계는 불변하고 확고한 정체성을 구하는 것을 일종의 질병으로 보기 때문에 그저 적당히 적응하면서 사는 게 필요하다고 말한다. 그럴지도 모르겠다. 우리 삶의 모든 단편을 모아 하나로 통합하려는 노력이 잘못일지도 모른다. 그러나 그리스도인들은 그들의 전 성기에는 그런 이야기를 하지 않았다. 우리의 이야기는 우리 편에서 그 절망적으로 파편화된 인생을 구하기 위해 영웅적인 조치를 취했다는 것이 아니다. 기독교의 좋은 소식은 바로 이것이다. 하나님이 개입하셔서 그분을 떠나서 산다는 걸 생각할 수 없는 그런 인생을 살도록 우리에게 자원을 제공하셨다는, 달리 말하면 하나님이 개입하셔서 하나님의 나라가 완성될 때에 주어질 그 온전함을 우리가 미리 맛볼 수 있게 되었다는 것이다.

화평·평화라는 열매 기르기

이처럼 파편화와 분쟁과 폭력을 조장하는 문화에 몸담고 있는 한, 그리스도인들은 하나님의 성품을 반영하는 생활방식을 자라게 해 줄 자원을 절실히 필요로 한다. 그런데 하나님의 은혜로 그런 자원이 제공되어 있다. 그 가운데 몇 가지를 소개하고자 한다.

그리스도의 몸에 영입시키는 세례 교회는 이 중요한 관행을 성찰함으로써 파편화의 흐름을 거스르는 데 필요한 귀중한 자원을 찾을 수 있다. 많은 기독교 전통은 세례를 그리스도의 죽음에 참여하는 것으로 본다. 우리는 세례를 통해 모두 죽으라는 부름을 받는다. 바울은 이를 로마서에서 이렇게 가르친다.

> 무릇 그리스도 예수와 합하여 세례를 받은 우리는 그의 죽으심과 합하여 세례를 받은 줄을 알지 못하느냐.…우리가 알거니와 우리

의 옛 사람이 예수와 함께 십자가에 못 박힌 것은 죄의 몸이 죽어 다시는 우리가 죄에게 종노릇 하지 아니하려 함이라롬 6:3, 6.

단 하나의 "자아"를 갖고 있든지 여러 파편화된 자아들을 갖고 있든지, 바울이 말하는 바 "옛 사람"을 십자가에 못 박는 것, 곧 우리는 죄스러운 욕망과 생활방식을 죽이는 일이 꼭 필요하다. 자기 식으로 하고 싶은 욕망을 죽이는 일은 세상이 알지 못하는 새로운 존재양식을 가능케 한다고 바울은 말한다. "내가 그리스도와 함께 십자가에 못 박혔나니 그런즉 이제는 내가 사는 것이 아니요 오직 내 안에 그리스도께서 사시는 것이라"갈 2:20.

세례를 한 개인의 개별적인 행위로 이해하는 것은 세례를 오해한 것이다. 세례는 그리스도의 몸에 영입되는 것이다. 세례는 새로운 정치, 곧 우리의 공동생활에 새 질서를 부여하는 방식을 상징한다갈 3:27-28. 바울은 고린도 교인들에게 "우리가 다 한 성령으로 세례를 받아 한 몸이 되었"음을 상기시킨다고전 12:13. 따라서 그리스도의 몸과 그 몸의 지체들 사이를 갈라놓는 일은 잘못이다. 몸의 지체들이 몸 전체보다 앞서지 않는 것은 몸이 그 지체들보다 앞서지 않는 것과 마찬가지다. 어느 하나가 없이는 다른 하나도 있을 수 없기 때문이다. 이 양자는 서로를 구성해 주는 관계다. 이는 교회가 그리스도의 몸이라는 은유로부터 우리가 배울 수 있는 한 가지 중요한 교훈이다. 오늘날 개인주의가 교회생활에 만연되어 있는 현상을 감안하면, 오늘날의 교회는 이 은유를 다음의 예들을 통해 깊이 묵상하는 것이 현명하리라.

1. 몸의 지체들을 몸 자체보다 우선시하는 것은 잘못이다. 지체들은 몸의 평안을 도모하기 위해 존재하며, 각 지체는 그 평안에 참여하고 또 스스로의 행복을 넘어 몸을 돌보는 만큼 평안이 증진된다.
2. 몸과 관계없이 자율적으로 존재하는 지체들의 합이 몸이라고 생각하는 것은 잘못이다. 신체의 일부를 몸으로 착각하는 사람은 없을 것이다. 이런 상태는 그 지체에도 문제가 되지만 몸 전체에도 문제가 된다.
3. 지체들이 중개자 없이 머리에 직접 접근할 수 있다고 생각하는 것은 잘못이다. 몸의 각 지체는 서로 유기적으로 머리와 연결되어 있다. 어느 지체든지 독자적으로 연대성을 유지할 수는 없다.

물론 이렇게 말하면 많은 사람이 상당히 어색하게 느낄 것이다. 일반적으로 알고 있던 신앙생활과 상당히 다르기 때문이다. 몸 은유에 대해 나중에 더 자세히 논의하겠지만, 여기서는 이처럼 교회를 그리스도를 머리로 하는 그분의 몸으로 보는 안목은 찢겨진 몸의 치유에 사용될 수 있는 지극히 강력한 이미지를 우리에게 제공한다는 점에서 주목할 필요가 있다. 바울은 우리의 집합적 정체성을 그렇게 이해했기 때문에 애절한 마음으로 에베소 교인들에게 "평안의 매는 줄로 성령이 하나 되게 하신 것을 힘써 지키라"엡 4:3라고 권고했던 것이다. 이는 외견상으로는 역설처럼 보이는 기독교 신앙의 한 요소, 즉 우리가 자아와 육신의 욕망에 대해 죽을 때에야 하나님 및 다른 사람과 화평을 누리게 된다는 것으로 이어진다. 한마디로 죽음이 생명을 불러온다는 것이다. "육신을 따르는 자는 육신의 일을 영을 따르는 자는 영의 일을 생각하나니 육신의 생각은 사망이요 영의 생각은 생명과 평안이니라"롬 8:5-6.

세례는 대대로 이어지는 교회의 주요 관행으로서 세상을 향해서는 우리의 충성의 대상이 바뀌었다고 선포하고, 동료 지체들을 향해서는 우리가 그리스도의 몸을 이루는 지체로서 상호의존관계에 있다고 선언하는 공적이고 정치적인 행위다. 일단 이처럼 급진성을 지닌 "정치적인" 교회관이 자리를 잡으면 다른 여러 정치적인 관행들도 중요한 역할을 수행할 수 있게 된다.

서로 덕을 세우기 이 장의 초두에 인용한 로마서 14장의 한 단락이 권고하듯이 우리 그리스도인들은 그리스도 안에 있는 자유를 사적인 소유물로 여길 것이 아니라 그리스도의 몸을 세우는 기회로 삼아야 한다. 바울은 빌립보 교인에게 다른 사람들의 일을 돌봄으로써 그리스도와 같이 되도록 권면하는 것같이빌 2:4-5, 로마 교인들에게도 그들의 자유를 교회 내에 분열과 혼란을 삼는 기회로 이용하지 말고 또 형제나 자매를 넘어지게 하지 말라고 경고하고 있다.

바울이 고린도 교회에게 소송 문제에 대해 훈계를 할 때에도 교회를 대안적인 폴리스*polis*로 사회생활에 질서를 부여하는

Peace

대안적인 방안으로 보는 견해가 그 배후에 깔려 있다. 바울은 그리스도인들이 어떻게 상호 간에 일어난 분쟁을 이방인의 법정에 들고 가서 그들의 원칙과 표준에 의해 심판받도록 할 수 있느냐고 묻는다. 그런 행습이 가능한 것은 고린도의 교인들이 다른 형제자매들과의 관계를 경히 여기고 개인적인 권리와 이익을 더 중시하기 때문이라고 바울은 주장한다. "너희가 피차 고발함으로 너희 가운데 이미 뚜렷한 허물이 있나니 차라리 불의를 당하는 것이 낫지 아니하며 차라리 속는 것이 낫지 아니하냐"고전 6:7. 이 바울의 질문에 대해 우리는 자동적으로 "내게 그럴 권리가 있는데 그렇게 하지 말아야 할 근거가 어디에 있는가?" 하고 반응할 것이다. 그러나 이런 식의 응답은 우리의 일차적인 시민권이 또 다른 폴리스에 있다고, 즉 다른 사람들을 우리의 행복을 위협하는 존재로 보고 나의 행복을 보호하는 것을 최우선으로 여기는 이 땅에 있다고 주장하는 셈이다. 이와 반대로 그리스도가 세운 이 새로운 폴리스에서는 몸에 속한 각 지체의 행복이 이미 보장되어 있는데 이는 지체 스스로가 확보한 행복이 아니다. 건강한 몸이 그렇듯이 이 경우에도 각 지체가 다른 지체들과 유기적으로 연결되어 그 몸을 양육하고 지탱하고 있다. 이런 몸에서 샬롬, 즉 온전함과 구원이 드러나는 법이다.

서로 권고하기 그리스도의 몸이란 이런 폭넓은 정치적 틀 안에서만 우리가 서로 권고를 주고받을 수 있다. 우리가 일차적으로 하나님 앞에 홀로 서는 개별적 존재라는 착각을 품고 있는 한, 훈계하고 교정하려는 다른 그리스도인의 노력을 부당하게만 여겨 "당신이 무슨 자격으로 나한테 훈계를 하느냐!"라고 말할 것이다. "이건 나와 하나님과의 문제니 참견 마세요"라는 생각은 태어날 때부터 우리를 개별적 존재로 생각하도록 훈련하는 사회에서나 들어맞는 것이지 그리스도의 몸으로 연결된 후에는 결코 어울리지 않는 생각이다.

예수님은 값싼 평화를 주러 온 것도 아니고 깊이 뿌리박힌 문제들이나 분열을 보고도 못 본 체하러 온 것도 아니다. 휴전이 전면전보다는 나을지 모르지만 그것이 평화는 아니다. 사실 예수님은 자신이 온 것이 평화가 아니라 분열을 주러 왔다고 분명히 말씀하신다. "내가 세상에 화평을 주려고 온 줄로 아느냐. 내가 너희에게 이르노니 아니라 도리어 분쟁하게 하려 함이로다. 이 후부터 한 집에 다섯 사람이 있어 분쟁하되 셋이 둘과 둘이 셋과 하리라"눅 12:51-52. 예수님은 우리가 기대했을 법한 다음과 같은 말을 하신 적이 없다. "나는 어떤 갈등과 대결도 일으킬 필요가 없도록 그 싹을 없애기 위해서 왔다. 나는 그저 여러분이 모두 조화롭게 살고, 자유로이 서로의 단점과 잘못을 무시하고, 다른 무엇보다도 서로 잘 대해 주기를 바랄 뿐이다."

그리스도인은 공동의 목적을 위해 주관하는 그리스도의 마음을 품도록 부름 받았다. 만일 우리의 공동생활이 현재와 장래에 걸친 하나님의 통치를 구현하는 표시의 역할을 하게끔 되어 있다면 어느 한 지체의 아픔은 온몸의 관심사가 되어야 한다. 그

Peace

래서 바울은 고린도 교인들에게 다음과 같이 상기시킨다. "만일 한 지체가 고통을 받으면 모든 지체가 함께 고통을 받고 한 지체가 영광을 얻으면 모든 지체가 함께 즐거워하느니라"고전 12:26.

서로 권고하는 우리의 방식은 세상에 대해 우리들의 차별성을 보여 주는 것이다. 우리의 권고하는 방식이 우리 문화의 지배적인 정치에 맞추어진다면, 그 교정 작업은 적대적인 마음에 의한 것이 될 것이다. 권고를 하는 사람은 자신은 의로운 사람이라고 생각하게 되고, 권고를 받는 사람은 그것과는 거리가 먼 사람이라는 느낌을 받게 될 것이다. 반면에 서로에 대한 우리의 권고가 그리스도의 몸에 따른 정치에 맞추어진다면, 즉 함께 그 문제를 고민하고 있으며 언제든지 권고자와 권고받는 사람이 바뀔 수 있음을 믿는다면, 하나님이 우리의 작은 노력을 사용해 몸 전체에 평안을 가져올 것을 기대할 수 있을 것이다.

그럼에도 불구하고 우리는 교회가 그런 관행에 다시 관여하기 시작하는 것이 얼마나 어려운 일인지를 정직하게 인정할 필요가 있다. 우리는 문화의 영향을 받고 있는 존재들인 만큼, 우리는 다른 사람에게 훈계를 받는 일을 무척 고통스럽고 거북하게 느낄 것이다. 우리는 자기 방식대로 살아가는 데 익숙하고, 자신의 삶을 간섭받고 싶어하지 않는다. 이런 생각이 우리 속에 깊이 자리 잡고 있기 때문에 누군가 몸의 건강을 위해 간섭하게 되면 그것을 상당히 부담스러워 한다. 그런 때에 우리는 다음과 같은 히브리서의 말씀을 기억하자. "무릇 징계가 당시에는 즐거워 보이지 않고 슬퍼 보이나 후에 그로 말미암아 연단 받은 자들은 의와 평강의 열매를 맺느니라"히 12:11.

서로 용서하기 그리스도인이 전할 좋은 소식은 하나님이 모든 창조질서를 조화롭고 질서정연한 상태로 회복시키신다는 소식이다. 샬롬, 정의, 공의 등과 같은 여러 이름을 붙일 수 있는 이 조화와 질서는 하나님의 지극히 풍성한 은혜에 뿌리박고 있으며, 이 은혜는 예수 그리스도 안에 나타난 하나님의 선물, 곧 우리의 죄 사함에서 가장 뚜렷이 그 모습을 드러낸다. 이것이 바로 좋은 소식이다! 그러나 이것이 전부는 아니다. 하나님의 의도는 마술을 부리듯이 단 한 번의 용서의 행위로 창조세계를 낙원으로 바꾸는 것이 아니었다. 그리스도 안에서 이루어진 이 용서의 행위는 잔잔한 호수 한가운데에 던져진 큰 돌맹이 같은 것이다. 그로 인해 생긴 물결이 돌맹이 자체는 아니지만 그것을 떠나서는 설명할 수 없는 것처럼 하나님은 우리에게 십자가에 나타난 그분의 죄 용서를 우리 삶의 모든 영역으로 확장하라고 부르고 계신다.

우리는 종종 예수님의 비유에 나오는 무자비한 종마 18:23-35과 같은 존재들이기 때문에, 우리 자신이 용서를 받았으니 다른 사람을 용서해야 마땅하다는 이 메시지를 계속해서 들어야 한다. 우리는 우리가 마땅히 받아야 할 것은 받지 않도록 하나님이 그리스도 안에서 은혜를 베푸셨다고 기뻐하면서도, 바로 밖으로 나가서는 다른 사람에게 마땅히 받아야 할 것을 받아 내야 한다고 고집한다. 그러면서도 자신이 하나님의 공의를 받들고 있다고 자만하고 있다. 그러나 모든 창조세계에 질서와 조화를 회복시키려는 하나님의 공의, 하나님의 샬롬, 하나님의 계획의 중심에 나에 대한 용서하심이 있다면, 거기에는 내게 잘못한 이들에 대한 하나님의 용서하심 그리고 나의 용서함도 포함되어 있지 않겠는가! 또 내가 공의의 이름으로 그렇게 용서하는 일을 거부한다면, 내가 품고 있는 정의관은 하나님의 정의여기서 정의, 샬롬, 온전함, 구원 등은 서로 상반되는 목표들이 아니라 하나님의 한결같은 소원을 일컫는 다양한 이름이다에 미치지 못하는 것은 아닌가!

호세아서의 끝 부분은 하나님의 샬롬, 하나님의 온전함, 하나님의 구원에 대한 강력한 비전을 우리에게 제공해 준다. 하나님은 예언자 호세아를 통해 이스라엘에게 이방 나라들과 우상들을 믿는 데서 등을 돌리고, 치유와 풍성한 열매를 줄 수 있는 참 하나님께 돌아오라고 부르신다.

내가 그들의 반역을 고치고
기쁘게 그들을 사랑하리니
나의 진노가 그에게서 떠났음이니라.
내가 이스라엘에게 이슬과 같으리니
그가 백합화 같이 피겠고
레바논 백향목 같이 뿌리가 박힐 것이라.
그의 가지가 퍼지며

그의 아름다움은 감람나무와 같고
그의 향기는 레바논 백향목 같으리니
그 그늘 아래 거주하는 자가 돌아올지라.
그들은 곡식 같이 풍성할 것이며
포도나무 같이 꽃이 필 것이며
그 향기는 레바논의 포도주 같이 되리라호 14:4-7.

묵상과 적용

Peace

■ 당신의 삶에서 당신이 "공"과 "사"를 어떻게 구별하고 있는지 생각해 보라. 그런 구별이 유익한가? 오늘날의 지배문화는 "종교"를 "사적인" 영역에 위치시키고 있는데, 이는 신앙에 대한 당신의 사고방식과 실천에 어떤 영향을 미치는가? 당신은 신앙을 일차적으로 "나와 예수"의 사적인 관계로 생각한 적이 없는가? "공적인" 영역과 "사적인" 영역을 구분하는 문화가 당신의 교회에는 어떤 영향을 미쳤다고 생각하는가? 특히 교회의 정체성과 사명에 대해 어떻게 생각하는지에 초점을 맞춰 보라.

■ 당신은 다양한 상황에 놓여 있는 역할로 인해 분열증 같은 것을 느낀 적은 없는가? 이처럼 서로 다른 상황에 처할 때마다 가령, 집에서나 회사나 학교, 교회에서 각각 다른 가면을 쓰는 것을 어떻게 생각하는가? 혹시 그런 경험 때문에 혼란스럽거나 다

행이라고 생각한 적은 없는가? 이처럼 파편화된 삶을 살다 보면 어떤 상황에서는 아주 거칠게 반응하기 쉬운데 당신의 경우는 어떤가? 이를테면 당신이 "공적인" 자리에 있을 때보다 가정과 같은 "사적인" 곳에 있을 때 더 거칠어지지는 않는가? 왜 그런다고 생각하는가?

■ 정기적으로 어울리는 사람들을 그룹별로 분류해 보라. 그 그룹들이 어떤 식으로 당신의 헌신과 애정을 이끄는가? 그런 사람들 가운데 당신이 한 가지 이상의 상황에서 만나는 이들이 있는가? 예를 들면 당신과 같은 일터에서 일하는 동시에 같은 교회에 다니는 사람이 있는가? 그런 여러 구획된 영역을 넘어 동시에 만날 수 있는 친구들을 사귀도록 노력해 보라. 그런 사람들이 많을수록 당신은 상황에 따라 "다른" 가면을 쓰려는 유혹을 더 적게 받을 것이다.

■ 교회가 사람들에게 "공적인" 신앙고백을 하도록 촉구하는 게 중요하다고 생각하는가, 아니면 그저 예수님을 자기 마음 속에 영접하도록 격려하는 것으로 충분하다고 보는가? 이 두 경우는 각각 사람들에게 신앙에 헌신하는 것을 어떻게 생각하도록 유도하는가? 만일 당신의 교회가 전자의 방법을 따르고 있지 않다면, 당회에 세례를 가능한 한 공적이고 공동체적인 행사가 되도록 하자고 건의해 보라. 사실 세례는 사적인 문제나 개인적인 사안이 아니다.

■ 교회생활을 하는 동안에 "권리"의 언어가 불쑥 등장한 적

이 있는지 생각해 보라. 그런 언어가 당면 문제를 해결하도록 도왔다고 보는가, 아니면 문제를 더 악화시켰다고 생각하는가? 그리스도인들이 상호 간의 문제를 다룰 때 그런 언어를 사용해야 한다고 생각하는가? 달리 말하면 어떤 그리스도인이 다른 신자에 대해 불평할 일이 있을 때 그것을 권리의 용어로 표현하는 것이 과연 합당한가? 혹시 그리스도인들이 정당하게 자신이나 타인의 권리에 호소해도 좋은 상황이 있을지 상상할 수 있는가?

■ 교회에서 누군가로부터 권면이나 훈계를 받은 적이 있는가? 그런 권고가 당신이나 다른 사람에게 유익했던 경우가 있었다면 얘기해 보라. 그와 반대로 당신이나 누군가에게 그것이 해로웠던 경우는 없었는가? 그와 같이 다른 결과가 나오게 된 요인은 무엇이라고 생각하는가? 이제 자신을 다시 서로서로 권고하며 교정해 주는 작업에 대해 그런 경험으로부터 무언가를 배우려고 노력하라.

만일 우리 시대의 교회가 서로 권면하는 모습을 회복하려면 그것은 자천한 그리스도인들이 주변 사람을 교정하기 시작한다고 되는 일이 아니라 서로 권면하는 것의 중요성을 인식하는 그리스도인들이 서로의 삶을 돌아보도록 허용하기 시작해야 가능하다. 이를 염두에 두고 당신을 잘 아는 신앙의 형제나 자매에게 상호 권면의 중요성에 관해 얘기를 나눈 뒤에 그들에게 당신의 삶 가운데 교정할 부분이 있으면 말해 달라고 부탁해 보라.

■ 당신도 연약하고 단점이 많다는 것을 인식하면서 용서하

Peace

기 힘든 사람들의 명단을 작성해 보라. 우리가 용서하기를 꺼려하는 이유는 상처를 받았기 때문이기도 하거니와 그에 못지않게 우리의 자존심 때문이기도 하다우리도 용서받을 필요가 있다고 우리는 믿지 않는다. 하나님의 은혜를 힘입고 당신 자신의 죄성을 유념하면서 당신의 명단에 있는 자들에게 당신이 그리스도에게서 받은 용서를 똑같이 베풀겠다고 결의하라. 화해를 향해 한 걸음 더 나아가려면 그 사람들에게 그 동안 그리스도의 은혜와 용서를 베풀지 않은 것을 용서해 달라고 부탁하는 편지를 써 보라.

■ 끝으로 다른 무엇보다도 하나님의 궁극적인 소원은 부서지고 조각난 당신의 인생을 치유해서 당신을 온전하고 완전한 존재로 내놓는 것임을 기억하라. 하나님의 궁극적인 소원은 우리가 작지만 중요한 그 부분을 이루는 창조된 우주 전체에 평화와 화목과 온전함을 가져오는 것이다. 하나님이 교회를 그 평화의 도구뿐 아니라, 예수 그리스도 안에서 가능케 된 화목의 징표이자 맛보기로 사용하시도록 기도하라.

양들의 큰 목자이신 우리 주 예수를 영원한 언약의 피로 죽은 자 가운데서 이끌어 내신 평강의 하나님이 모든 선한 일에 너희를 온전케 하사 자기 뜻을 행하게 하시고 그 앞에 즐거운 것을 예수 그리스도로 말미암아 우리 가운데서 이루시기를 원하노라 영광이 그에게 세세무궁토록 있을지어다 아멘히 13:20-21.

피조물이 다 이제까지 함께 탄식하며 함께 고통을 겪고 있는 것을 우리가 아느니라 그뿐 아니라 또한 우리 곧 성령의 처음 익은 열매를 받은 우리까지도 속으로 탄식하며 양자 될 것 곧 우리 몸의 속량을 기다리느니라 우리가 소망으로 구원을 얻었으매 보이는 소망이 아니니 보는 것을 누가 바라리요 만일 우리가 보지 못하는 것을 바라면 참음으로 기다릴지라 롬 8:22-25

그러므로 형제들아 주께서 강림하시기까지 길이 참으라 보라 농부가 땅에서 나는 귀한 열매를 바라고 길이 참아 이른 비와 늦은 비를 기다리나니 너희도 길이 참고 마음을 굳건하게 하라 주의 강림이 가까우니라 형제들아 서로 원망하지 말라 그리하여야 심판을 면하리라 보라 심판주가 문 밖에 서 계시니라 형제들아 주의 이름으로 말한 예언자들을 고난과 오래 참음의 본으로 삼으라 보라 인내하는 자를 우리가 복되다 하나니 너희가 욥의 인내를 들었고 주께서 주신 결말을 보았거니와 주는 가장 자비하시고 긍휼히 여기시는 이시니라 약 5:7-11

생산성이 기준인 세상에서 맺는 열매

Patience

시계 없는 하루란 상상하기 힘든 일이다. 아이들이 생기기 전 나는 알람소리로 하루 일과를 시작하곤 했다. 지금이야 아이들이 이른 아침부터 깨우지만, 그래도 새 날을 의식하는 첫 순간에 시각을 알아야겠다는 충동에 이끌려 본능적으로 시계를 쳐다본다. 이어서 눈을 비비며 부엌에 가서 아이들과 내가 먹을 아침식사를 챙기고 재빨리 신문을 읽은 뒤에 집안일을 몇 가지 처리하는데, 줄곧 내 눈은 시계를 향해 있고 머리로는 스케줄을 떠올린다. 그리고는 간단하게 샤워를 마친 뒤 학교로 향한다. 자동차로 학교까지 가는 시간은 보통 12분, 신호등에 걸리거나 교통통제 구간 같은 곳이 없으면 10분 정도면 충분하다. 나는 "시간을 칼같이" 지키는 사람이라는 자부심을 갖고 있어서 다른 사람보다 시간을 더 자주 확인한다. 내가 지각하는 것은 물론이고 그런 사람을 보면 짜증이 나기도 한다. 연구실에서 강의실까지 보통 걸음으로 3분 30초가 걸리고, 도중에 캠퍼스 우편함에 들릴 경우 5분 정도 소요된다. 나는 제시간에 강의를 시작해 강의 시간 내내 시간이 얼마나 지났는지 주기적으로 시계를 보면서 계획대로 진도가 나가고 있는지 확인한다. 배가 고프든지 않든지, 식사시간에 맞춰 점심을 먹는다. 아내가 기대하는 귀가 시간에 맞춰 집에 오려고 노력한다. 저녁식사 뒤에는 아이들과 시간을 보내고, 목욕을 시키고, 책을 읽어 주고, 잠자리에 든다. 아이들이 잠든 뒤 남은 시간에는 아내와 나의 시간을 보낸다. 이처럼 시간의 노예가 되는 것이 우리가 인내에 대해 생각하고 참을성을 기르는 것과 어떤 관계가 있는가?

역사적으로 보든 타문화권과 비교하든 오늘날 대다수의 사람들은 유별난 시간관을 갖고 있다. 이 점은 우리가 시간에 대해 가진 "일반적인" 견해가 다른 민족과 얼마나 다른지를 비교해 보면 금방 드러난다. 이를테면 우리는 주일 예배를 하루 종일 드리는 일부 아프리카 문화를 낯설게 생각한다. 사실 원근각처에서 교인들이 모이는 데만 몇 시간과 엄청난 수고가 드는 특수한 상황 때문에 짧은 시간 동안 예배하고 헤어지는 것은 자기 문화에서는 합당치 않다는 게 아프리카 사람들의 생각이다. 어쨌든 이를 통해 우리는 우리의 시간관이 어느 지점에서 어느 지점까지 얼마 만에 갈 수 있는가 하는 우리의 능력과 밀접하게 관계되어 있음을 알 수 있다. 움직임을 절대적으로 통제할 수 있다는 의식 또는 착각이 우리에게 있기 때문에 우리는 예상치 않은 교통 체증과 그 밖의 "지체"에 대해 그토록 짜증을 내는 것이다. 이런 "사태"는 우리에게 통제권이 있는 것이 아니라는 사실을 일깨워 준다. 우리는 능동적인 행위자인 동시에 수동적으로 당하는 입장에 놓이기도 한다. 이런 상황은 참을성을 요구하지만, 우리의 삶이 줄곧 시간의 통제를 받게 되면 그런 인내심을 기르기란 어려운 법이다.

오래 참음의 성경적 의미

대다수의 현대판 영어 성경은 성령의 네 번째 열매를 "인내"patience로 번역하고 있다. 이 단어도 적절한 표현이긴 하지만, 옛 번역판은 좀더 생생한 맛을 살려 "오래 참음"long-suffering으로 번역했다. "급한 성질"이란 표현은 쓰지만 그와 반대되는 "느긋한 성질"을 가리키는 현대 영어는 없는데, 혹 그런 단어가 있다면 그것은 바울이 갈라디아서에서 사용하는 그 그리스어 단어의 뜻에 가까울 것이다.

이 성품을 가리키기 위해 성경은 여러 단어를 사용하고 있는데, 보통은 "인내", "참을성", "끈기", "확고부동함" 등으로 번역되어 있다. 마지막 두 단어는 분명히 인내와 밀접한 관계가 있지만 주로 박해와 고난에 대한 반응을 가리키는 말이다. 그래서 이것들은 나중에 충성의 열매를 다룰 때 논의하게 될 것이다성령의 열매가 따로따로 존재하는 게 아니라는 사실을 새삼 상기하게 된다.

우리 사회는 잘 참는 사람, 끈기 있는 사람, 모든 곤란을 무릅쓰고 끝까지 견뎌 내는 사람을 크게 존경한다. 우리 주변에는 온갖 역경에도 불구하고 끈기를 발휘해 극복해 내는 인물들에 관한 이야기로 가득 차 있다. 우리는 커다란 난관 속에서도 승리를 일궈 낸 사람들의 이야기를 좋아한다. 우리도 그런 성품을 가졌으면 좋겠다는 생각을 하고, 또 그런 사람을 흠모하는 것은 자연스러운 일이다. 성경도 거듭해서 하나님의 백성들에게 고난을 견디고 인내하라고 격려한다. 그런데 인내와 참을성은 끈기와는 약간 다른데, 우리 사회에서는 인내와 참을성에 비해 끈기를 더 높이 평가하는 경향이 있다. 이 미묘한 차이점은 인내의 영어 단어가 "환자"patient로도 사용된다는 것을 통해 알 수 있다. 그러니까 이 단어는 성품을 가리키는 단어인 동시에 의료인의 보살핌을 받는 사람을 의미하기도 한다. 이는 고통을 견디는 사람은 "환자"라는 중세의 관념에서 발전한 것으로 "인내하는 것"과 "환자가 되는 것"은 양자 모두 통제권을 남에게 양도하는 일이 필요하다는 공통분모, 즉 자신을 능동적인 행위자로만 보는 것이 아니라, 두 경우 모두 수동적으로 당하는 문제와 씨름해야 한다는 뜻을 담고 있다.

모든 성령의 열매가 그렇듯이 인내도 하나님의 성품에 뿌리박고 있다. 예를 들면, 구약성경은 반복해서 하나님을 "노하기를 더디 하는" 분이라고 말한다. 아니, 그 정도가 아니라 이는 구약성경 전체에 울려 퍼지는 후렴과 같이 계속 반복되고 있는 메시지다. "여호와는 긍휼이 많으시고 은혜로우시며 노하기를 더디하시고 인자하심이 풍부하시도다"시 103:8, 출 34:6, 민 14:18, 느 9:17, 시 86:15, 145:8, 욜 2:13, 욘 4:2, 나 1:3. 성경에서는 하나님을 발끈하는 성질을 가진 분으로 그리는 경우는 거의 없다. 그렇기 때문에 그 예외적인 경우를 읽을 때 우리가 당황하게 되는 것은 자연스러운 일이다. 달리 말하면 하나님은 성경 전체에 걸쳐 오래 참는 분으로 한결같이 묘사되어 있기 때문에 우리는 언약궤를 붙들다 하나님에게 죽임을 당한 웃사 이야기삼하 6:6-7 같은 사건을 이해하기 어려워한다.

Patience

여기서 우리가 놓치기 쉬운 점은 하나님의 인내노하기를 더디 하는 성품가 통제권을 기꺼이 양도하는 것을 의미한다는 점이다. 우리는 누군가가 하나님을 인내하는 분으로 묘사하면 금방 수긍하지만, 그분이 통제권을 양도한다는 말을 하면 쉽게 수긍하지 못한다. 하지만 성경은 하나님을 묘사할 때, 놀랍게도 이 둘을 비슷한 것으로 얘기하고 있다. 하나님의 창조행위만 해도 기꺼이 통제권을 양도하려는 그분의 의도를 엿볼 수 있다. 하나님은 하나님이 아닌 것을 창조함으로써 창조세계가 나름의 길을 갈 수 있는 여지를 만들었다. 이는 모든 부모가 경험하는 것과 비슷한 것이다. 부모는 자식을 키워서 세상에 내보낼 때 그들이 단지 부모의 연장延長이 아니라, 그들 나름의 길을 가는 별개의 존재임을 인식하게 된다. 이렇듯 창조는 언제나 어느 정도의 통제권을 양도하는 일을 수반하는 법이다.

그런데 하나님이 통제권을 양도하는 것과 관련하여 한 가지 더 주목해야 할 점이 있다. 하나님은 서두르지 않으신다는 점이다. 하나님은 우리를 강요하지도 강제하지도 않고, 오히려 그분의 손길에 우리가 반응을 보일 때까지 참고 기다리신다. 물론 하나님의 은혜로 우리가 반응하게 되는 것이지만, 그분의 사랑은 오래 참고 "자기의 유익을 구하지" 않는다고전 13:4-5. 그러므로 비록 하나님이 우주를 주관하실지라도, 우리가 하나님이 통제권을 갖고 계신다고 선포하면서 상상하는 그런 식으로 일하시지 않는다. 우리는 예수 그리스도의 십자가가 하나님의 성품을 이해하는 데 어떤 함의를 갖고 있는지를 이해하지 않으면 안 된다. 이 십자가가 우리에게 상기시켜 주는 것은 우리가 믿는 만유의 주님은 무자비하게 다스리는 분이 아니라는 사실이다. 오히려 주권자이신 이 하나님은 그 나무에 매달려 통치하시는 분이다. 이보다 더 놀라운 오래 참음의 본보기를 찾을 수 있을까? 창조주께서 창조세계를 위하여 나무 위에 달리신다는 것을 말이다.

야고보 역시 하나님을 "노하기를 더디 하시는" 분으로 묘사하면서 우리도 그렇게 하라고 권면한다. "내 사랑하는 형제들아 너희가 알지니 사람마다 듣기는 속히 하고 말하기는 더디 하며 성내기도 더디 하라. 사람이 성내는 것이 하나님의 의를 이루지 못함이라"약 1:19-20. 진정한 경청자는 경청이라는 것이 통제권을 남에게 넘겨주는 일임을 잘 알고 있다. 교수로서 나도 종종 이 문제와 씨름하곤 한다. 강의실에서 토론이 진행될 때 엉뚱한 방향으로 나아가는 것을 교정하고 싶은 유혹을 느낄 때가 많고 실제로 그런 경우도 있었다. 그러나 끼어드는 일은 단기적인 해결책에 불과할 뿐이다. 참을성 있게 학생들을 지켜보는 일이 더 나은 것이다. 내가 학생들을 잘 인도하여 내가 중요하게 생각하는 것을 그들도 볼 수 있게 만들지 않는다면, 그들의 관점을 "교정하는" 일은 장기적으로는 아무 효과가 없을 것이다. 만일 내가 그들이 다른 시각을 갖도록 장기적으로 돕고 싶다면, 나는 인내심을 발휘하면서 천천히 인도하되 그들로 그들의 현 시각으로 사물을 보도록 허용하며 통제권을 그들에게 양도해야 한다.

이처럼 하나님은 장기적인 목적을 이루기 위해 단기적인 통제권을 포기하시는 분이다. 베드로는 하나님의 인내와 우리의 회개가 밀접한 관계에 있음을 언급하면서, 그리스도의 재림의 지체를 시간을 달리 계산하는 하나님의 방식의 본보기로 들고 있다.

> 사랑하는 자들아 주께는 하루가 천 년 같고 천 년이 하루 같다는 이 한 가지를 잊지 말라. 주의 약속은 어떤 이들이 더디다고 생각하는 것 같이 더딘 것이 아니라 오직 주께서는 너희를 대하여 오래 참으사 아무도 멸망하지 아니하고 다 회개하기에 이르기를 원하시느니라.…그러므로 사랑하는 자들아 너희가 이것을 바라보나니

주 앞에서 점도 없고 흠도 없이 평강 가운데서 나타나기를 힘쓰라 벧후 3:8-9, 14.

하나님의 인내에는 어떤 목적이 있다. 그저 인내를 위한 인내가 아니다. 하나님은 노하기를 더디 하시는 분이나, 노하실 때가 분명히 있다. 하나님은 오랫동안 참으시지만 심판의 때가 분명 온다. 바울은 유대인들에게 하나님의 선민이라고 심판에서 면제되지 않는다고 일깨워 준다. "혹 네가 하나님의 인자하심이 너를 인도하여 회개하게 하심을 알지 못하여 그의 인자하심과 용납하심과 길이 참으심이 풍성함을 멸시하느냐"롬 2:4. 바울은 심지어 자신의 인생을 하나님의 인내를 보여 주는 본보기로 얘기한다. 그는 자기를 죄인 중의 괴수라고 시인한 뒤에 "그러나 내가 긍휼을 입은 까닭은 예수 그리스도께서 내게 먼저 일체 오래 참으심을 보이사 후에 주를 믿어 영생 얻는 자들에게 본이 되게 하려 하심이라"딤전 1:16라고 말한다.

하나님의 인내는 어떤 목적이 있을 뿐 아니라 대상 또한 분명하다. 신약성경에 나오는 인내는 보통 인격적인 대상을 갖고 있다. 우리는 인내를 위한 인내가 아니라 타인을 위해 인내하라는 권면을 받는다. 이처럼 성경이 말하는 타인지향적인 인내는 스토아 철학이 말하는 단념, 곧 본인이나 타인의 불행에 영향을 받지 않겠다는 태도와는 다르다. 그리스도인은 타인을 위해 인내하라는 권면을 받는다. 하나님의 능동적인 사랑, 곧 타인의 유익을 구하는 사랑은 모든 것을 참고 모든 것을 견딘다고 바울은 말하고 있다고전 13:4,7. 로마 교인에게 보낸 편지에서도 이와 비슷한 말을 하고 있다.

> 믿음이 강한 우리는 마땅히 믿음이 약한 자의 약점을 담당하고 자기를 기쁘게 하지 아니할 것이라. 우리 각 사람이 이웃을 기쁘게 하되 선을 이루고 덕을 세우도록 할지니라. 그리스도께서도 자기를 기쁘게 하지 아니하셨나니 기록된 바 주를 비방하는 자들의 비방이 내게 미쳤나이다 함과 같으니라. 무엇이든지 전에 기록된 바는 우리의 교훈을 위하여 기록된 것이니 우리로 하여금 인내로 또는 성경의 위로로 소망을 가지게 함이니라. 이제 인내와 위로의 하나님이 너희로 그리스도 예수를 본받아 서로 뜻이 같게 하여 주사 한 마음과 한 입으로 하나님 곧 우리 주 예수 그리스도의 아버지께 영광을 돌리게 하려 하노라롬 15:1-6.

Patience

이제 화평과 인내가 서로 긴밀하게 관련되어 있음이 분명해졌을 것이다. 인내는 평화를 이루는 데 필요한 선결조건이다. 기꺼이 손해를 보겠다는 자세, 보복하지 않고 악을 견디겠다는 태도는 복수의 순환 고리를 끊고 치유와 평화의 가능성을 열어 준다. 그러므로 용서가 평화의 구성요소이긴 하지만용서 자체가 평화를 이루도록 돕는다 인내를 떠난 용서는 생각할 수 없다. 이 점을 가장 뚜렷이 보여 주는 것이 예수님의 무자비한 종의 비유인데, 이 비유는 하나님의 인내와 인간의 인내의 밀접한 관계까지 잘 드러내 준다. 이 비유는 자기에게 계속 죄를 짓는 사람을 몇 번이나 용서해 주어야 하는가 하고 물었던 베드로의 질문의 문맥에 놓여 있다. 이런 의미에서 이 비유를 참을성 없는 또는 용서할 줄 모르는 종의 비유라고 불러도 무방하리라. 예수님은 베드로의 제안일곱 번을 거부하고 자신의 것일곱 번을 일흔 번까지라도을 제안하면서 베드로의 질문 자체가 부적절한 것임을 암시하며 다음과 같은 비유를 들려준다.

> 그러므로 천국은 그 종들과 결산하려 하던 어떤 임금과 같으니 결산할 때에 만 달란트 빚진 자 하나를 데려오매 갚을 것이 없는지라. 주인이 명하여 그 몸과 아내와 자식들과 모든 소유를 다 팔아 갚게 하라 하니. 그 종이 엎드려 절하며 이르되 내게 참으소서 다 갚으리이다 하거늘. 그 종의 주인이 불쌍히 여겨 놓아 보내며 그 빚을 탕감하여 주었더니. 그 종이 나가서 자기에게 백 데나리온 빚진 동료 한 사람을 만나 붙들어 목을 잡고 이르되 빚을 갚으라 하매. 그 동료가 엎드려 간구하여 이르되 나에게 참아 주소서 갚으리이다 하되 허락하지 아니하고 이에 가서 그가 빚을 갚도록 옥에 가두거늘. 그 동료들이 그것을 보고 몹시 딱하게 여겨 주인에게 가서 그 일을 다 알리니 이에 주인이 그를 불러다가 말하되 악한 종아 네가 빌기에 내가 네 빚을 전부 탕감하여 주었거늘 내가 너를 불쌍히 여김과 같이 너도 네 동료를 불쌍히 여김이 마땅하지 아니하냐 하고 주인이 노하여 그

빚을 다 갚도록 그를 옥졸들에게 넘기니라. 너희가 각각 마음으로부터 형제를 용서하지 아니하면 나의 하늘 아버지께서도 너희에게 이와 같이 하시리라마 18:23-35.

여기서 우리는 주기도에 나오는 간구 "우리가 우리에게 죄지은 자를 사하여 준 것 같이 우리 죄를 사하여 주옵시고"마 6:12를 다시 듣게 된다. 두 경우 모두 하나님은 우리도 똑같이 할 것을 기대하면서 우리를 용서해 주신다고 가르치고 있다. 이것과 다르게 생각하는 것은 하나님이 단지 우리의 유익을 위해서만 용서해 주신 것으로 오해하는 것이다. 하나님은 복수의 순환 고리를 끊으셨으며 우리도 똑같이 그렇게 하기를 바라신다. 우리가 인내로써 서로를 용서할 때에만 하나님이 기대하시는 공동체가 된다. 그래서 신약성경에 나오는 다음 두 단락은 인내의 덕을 남을 "용납하는" 행위와 연결시키고 있는 것이다.

그러므로 주 안에서 갇힌 내가 너희를 권하노니 너희가 부르심을 받은 일에 합당하게 행하여 모든 겸손과 온유로 하고, 오래 참음으로 사랑 가운데서 서로 용납하고 평안의 매는 줄로 성령이 하나 되게 하신 것을 힘써 지키라엡 4:1-3.

골로새서에도 이와 비슷한 권면이 나온다.

그러므로 너희는 하나님이 택하사 거룩하고 사랑 받는 자처럼 긍휼과 자비와 겸손과 온유와 오래 참음을 옷 입고 누가 누구에게 불만이 있거든 서로 용납하여 피차 용서하되 주께서 너희를 용서하신 것 같이 너희도 그리하라골 3:12-13.

오래 참음을 방해하는 걸림돌

앞서 언급한 것처럼 모든 문화 내지는 생활방식의 중심에는 시간에 대한 이해가 있다. 이 이해는 명료한 말로 표현되기보다는 수많은 일상적인 활동으로 구현되는 것이 보통이다. 특정 문화의 시간관을 정확히 진술하는 것은 지극히 어려운 일이다. 이것이 어려운 이유 중 하나는 시간 자체가 신비롭기 때문이다. '시간이란 과연 무엇인가?' 하고 진지하게 생각해 본 사람이라면 아우구스티누스 만큼이나 당혹감에 빠질 것이다. "아무도 내게 묻지 않으면 나는 시간이 무엇인지를 잘 알고 있다. 하지만 그것이 무엇이냐고 누군가 물으면 나는 좌절할 것이다."[1] 시간과 관련해 우리 문화가 우리의 삶에 미치는 영향을 좀더 명료하게 볼 수 있다면, 이런 풍토에서 인내심을 기르기가 왜 어려운지 더 잘 알 수 있을 것이다.

시간을 세분하고 조정하는 문화 우리가 시간을 경험하는 방식은 그것을 측정하는 방식과 연관되어 있다. 문화인류학의 가장 매력적인 주제 중 하나는 문화에 따라 시간을 어떻게 달리 생각하고 경험하면서 살아가는지를 연구하는 일이다. 예를 들어, 인류 역사 내내 대다수의 민족은 창조질서의 리듬에 따른 시간관을 갖고 있었다. 즉 해가 뜨고 지는 것, 달의 위상, 사시사철 등에 따라 시간을 생각했다. 사람들의 삶은 밤낮의 주기와 일상적인 활동에 의해 정돈되었다. 하지만 이런 "자연적인" 방식과 함께 다른 방식으로 시간을 알리는 경우들도 있었다. 가령, 16세기 프랑스 농촌에서는 아베Aves, 한 아베 마리아를 암송하는 데 드는 시간로 시간이 측정되었다.[2] 이런 방식으로 시간을 알리는 것에는 적어도 두 가지 교훈적인 면이 있다. 첫째, 시간을 알리는 일에 관한 한 정확성과 획일성이 언제나 가장 중요한 문제는 아니었다는 점. 둘째, 시간 자체가 우리에게 그것을 "비인간적인" 방식으로 분할하도록 요구하는 것은 아니라는 점이다. 즉 시간을 알리는 옛날 방식은 시간의 단위가 언제나 그렇게 추상적이고 인위적이고 인생과 본질적인 관계가 없는 지금과 같이 시, 분, 초로 나누는 것은 아니었다는 점을 우리에게 보여 준다. 오히려 때로는 기도와 같은 삶의 구체적이고 중요한 행습과 긴밀하게 연결되어 있었다. 이처럼 시간을 좀더 유동적이고 융통성 있게 생각하던 전통은 시계의 발명으로 극적으로 변화했다. 사실 이 시계는 서양의 베네딕트 수도사들이 기도와 노동의 일정을 지키기 위해 만든 고안물이었다. 그러나 아이러니하게도, 이 발명품은 시간을 중단 없는 흐름이 아닌 다른 무엇으로 보는 길을 닦아 주었다. 이제 시간은 분할되고 수립되고 관리되는 하나의 자원이 되었다.

우리는 시간을 이런 식으로 보는 데 너무도 익숙해진 나머지 이를 "정상적"인 시간관이라고 생각하지만, 실은 그것은 최근에야 고안된 사고방식일 뿐이다. 하루에도 수없이 시계를 쳐다보는 우리들은 이런 현대적인 시간 개념이 중세의 대다수 사람에게는 전혀 생소한 것이었음을 이해하기 어려울 것이다. 뿐만 아니라, 우리가 사용하는 초秒 개념도 1700년대 초까지만 해도 등장하지 않았다는 사실도 이해하기 쉽지 않을 것이다. 이런 역사적인 사실을 아는 것이 중요한 이유는 그로 말미암아 현재의 시간관에 대해 비판적인 거리를 두고 다른 시간관들을 상상할 수 있기 때문이다.

우리의 생활을 시계에 맞춰 조정하는 것은 물론 분명 이점이 있다. 협력해서 하는 일은 사람들이 동시에 모일 때 생산성이 더 높아진다. 선생의 입장에서는 "아침식사를 한 뒤에" 학교 수업을 시작한다고 하면 무척 난감할 것이다. 출퇴근 체크기가 없이 "시간제"로 사람을 고용하는 회사를 상상할 수 있는가? 좋아하는 텔레비전 프로가 몇 시에 방영될지 모른다면 저녁시간을 어떻게 계획할 수 있겠는가? 흥미로운 사실은 많은 학생들에게는 이것이 거꾸로 돌아간다는 점이다. 즉 텔레비전에 무슨 프로가 진행되고 있는지를 보고 오늘이 무슨 요일이고 지금이 몇 시인지를 안다고 하는 사람이 생긴다. 그러니까 어떤 사람들에게는 텔레비전 자체가 시간을 분할하고 조직하는 일을 돕는 도구인 셈이다. 사람들이 자기가 좋아하는 프로를 시청하기 위해 일상적인 활동을 조정하는 것을 보면 텔레비전도 시계 못지않게 사람을 훈련시키는 능력이 있음을 알 수 있다.

시간의 정밀한 분할과 조정은 이런 여러 가지 이점을 갖고 있음에도 불구하고 우리를 시간의 노예로 만들었다는 점을 부인할 수 없다. 처음에는 우리의 도구로 발명되었던 것이 이제는 우리의 주인이 되는 위험한 상황이 도래한 것이다. 헨리 소로우의 표현을 빌리자면, 우리는 지금 "우리가 만든 도구들의 도구"가 될 위험에 처해 있다. 우리 생활의 상당히 많은 부분이 시계의 정밀성에 의해 통제받고 있기 때문에 시간을 선물로 보는 일이 거의 불가능해졌다. 오히려 시계는 채찍을 휘두르는 거대한 감독자가 되어 우리가 어디에 있어야 할지, 또 언제 거기에 있어야 할지를 감시하고 있는 중이다.

우리는 너무나 시계의 노예가 되어 살고 있기 때문에 보통은 그것을 의식하지도 못한다. 그런 상태를 내가 최고로 의식하는 경우는 시간이 아무 의미가 없는 환경에 갑자기 돌입했을 때다. 아이가 생기기 전만 해도 우리 부부는 해마다 노스캐롤라이나의 산악지대에 있는 통나무집에서 휴가를 보내곤 했다. 거기에는 시계도 라디오도 텔레비전도 없었다. 우리는 거기에 도착하자마자 손목시계를 풀어 버렸다. 시계 없이 지내는 일이 얼마나 다른지를 경험하고 새삼 놀라면서 평상시 우리의 삶의 고단함을 회상하니 무척 서글퍼졌다. 그 통나무집의 벽에 걸린 액자에 쓰인 글이 우리의 경험을 잘 대변해 준다. "여기서는 시간이 느리게 흐른다. 주인이 아닌 친구이기에."

시간을 자원으로 보는 문화 위에서 언급했듯이 우리가 시간을 의식하면 할수록 시간을 또 하나의 자원으로 생각하기 쉬워진다. 아니 이미 우리의 소유 가운데 가장 중요한 자원이 되어 있는지도 모르겠다. 우리는 "시간"을 내 것이라고 으레 생각한다. 언제든 통제할 수 있다고 생각한다. 시간은 하나의 소유물이요 상품에 불과하다. 이런 확신이 우리 문화에 깊이 뿌리를 내리고 있기 때문에 "시간은 돈"이라는 금언까지 생겼다. 시간을 일종의 상품으로 보는 생각이 우리를 얼마나 지배하고 있는지를 알려면, 우리가 보통 시간에 관해 얘기하는 다음과 같은 방식을 생각해 보면 된다. 시간을 소비한다, 시간을 죽인다, 시간을 절약한다, 시간을 낭비한다, 시간을 관리한다, 시간을 투자한다…. 이와 같은 환경에서 어떻게 시간을 하나의 선물로 경험할 수 있겠는가? 이것이 갈수록 어려워지고 있는 것은 우리만의 이야기가 아니다. 일본의 선교사이자 신학자였던 고수케 고야마는 동남아시아에서의 경험을 이렇게 회상했다.

> 사랑하는 엄마의 젖이 아기에게 한이 없듯이 시간도 전통적으로는 무제한적인 것이었다. 시간은 넉넉하게 주어지곤 했다. 돼지고기를 사듯 그러지 않았다. 시간에 사업적인 측면이란 존재하지 않았다. 시간은 순환적이며, 차분하고 온건한 그 무엇이었다.…그것

> 은 모두의 것이었다. 우리가 경험한 시간의 본질은 공동체적인 교제의 연속이었다. 나 홀로 시간을 경험한 적이 한 번도 없고 공동체를 떠나서는 시간도 존재하지 않았다.…그런데 우리에게 물어보지도 않은 채 이제는 그것이 변하고 말았다! 시간은 이제 사업적인 성취의 견지로 이해되어야 할 판이다. 시간은 이제 논밭이나 코코넛 나무 아래나 신전 마당에 있는 게 아니라, 수출입 회사와 오토바이 공장과 가게에 놓여 있다. 이제는 시간을 맹렬하게 붙잡아야 한다. 한때는 공적인 공동체의 자산이었지만 지금은 사적인 사업적 자산이 되었다. 한때는 서로 공유했던 것이었는데, 지금은 독점되고 있는 실정이다. 시간은 이제 우리를 치유하지 않는다. 시간은 우리에게 상처를 준다.[3]

우리는 시간을 우리의 소견대로 "소비할" 자원으로 보는 데 익숙해 있어서 하루 일과 중에 예기치 않은 일이 생기면 일종의 침범을 받은 것처럼 여기곤 한다. 가령, 내가 집필을 하기 위해 두 시간을 내 것으로 확보했는데, 어떤 학생이 연락도 없이 불쑥 찾아오면 그것은 방해거리에 불과하게 된다. '이렇게 생각하면 안 되는데' 하면서도 그렇게 느낀다. 지금은 사람들도 우리가 시간에 인색하기를 기대하고 있기 때문에 그들은 우리의 시간을 너무 많이 "빼앗아서" 미안하다고 늘 사과한다. 솔직히 우리도 그렇게 느끼고 있지 않은가? 사람들이 자신의 시간을 빼앗아 갔다고 말이다. 만일 우리의 시간을 우리만의 것이라고 믿는다면,

다른 사람들에 대해 인내하는 일이 과연 가능할까? 어떤 식으로든 우리가 사람들을 우리의 계획된 일정에 끼어드는 달갑잖은 불청객으로 여긴다면, 그들에 대해 인내하는 일이 과연 가능하겠는가?

생산성을 치켜세우는 문화 현대 사회는 시간을 정밀하게 분할하고 희소한 자원으로 변환시킴으로써 새로운 덕목의 출현을 위한 환경을 조성했다. 그것은 바로 생산성이란 덕목이다. 생산성이란 일정한 시간 동안에 수행된 측량 가능한 일의 양을 일컫는다. 시간당 일을 많이 하면 할수록 생산성이 높아지는 셈이다. 우리 사회에서 생산성보다 더 높이 받들어지는 덕목은 별로 없으며, 이런 상황은 우리 모두에게 알게 모르게 스트레스를 준다. 이를테면, 일단 생산성이 우리의 가치를 측정하는 척도로 간주되면, 자연스럽게 이런 질문이 뒤따른다. 시간을 투자했으니 이제 무엇을 보여 줄 것인가? 이 질문에 대해 보통 우리는 봉급의 액수·시험 성적·맛있는 음식과 같은 구체적인 답변을 기대한다. 이처럼 우리의 시간에 걸맞는 무언가를 요구할 때, 보여 줄 것이 없으면 어떻게 되겠는가? 그런 경우에 우리는 어떤 생각이 드는가? 나는 논문 작업을 하던 3년 동안 느꼈던 좌절감을 아직도 생생하게 기억한다. 별로 진전이 없이 몇 주가 후딱 지나간 적이 드물지 않았다. 나의 이런 좌절감을 아내가 이해할 거라고 알고 있었는데도, 좋은 의도로 묻는 그녀의 질문이 생산성 결여에 대한 질책으로 들리는 걸 피할 수 없었다.

앞에서 언급했던 것처럼, 전업주부들요즈음은 남자들도 있지만은 오늘날처럼 가시적인 생산성과 구체적인 보상이 있는 일만을 가치 있게 여기는 시스템 안에서 엄청난 좌절감을 느낀다. 우리의 문화는 그런 부모에게 시간과 자신의 가치에 대해 어떤 메시지를 주고 있는가? 그런 사람들은 아이들과 장난감 벽돌 쌓기를 하고, 책을 읽고, 자식의 기저귀를 갈아 주는 일에 시간을 "소모함"으로써 시간을 "낭비하고" 있는 것인가? 하루가 끝날 때쯤 보여 줄 수 있는 것은 무엇인가? 나를 포함해 대다수가 그와 같은 "비생산적인" 일에 전념하는 것은 자신의 자존감에 파괴적인 영향을 미칠거라는 생각을 하는 것을 보면, 우리가 얼마나 철저히 우리 문화의 시간, 생산성에 대한 신화에 함몰되어 있는지를 능히 짐작할 수 있다.

Patience

"생산성"에 대해 우리 부부가 가끔 하는 농담이 있다. 우리 부부는 둘 다 가만히 앉아 있지 못하는 성격이다. 아이들이 생기기 전부터 우리는 "해야 할 일"의 목록을 잔뜩 만들어 놓고 하나가 끝나면 다음 일로 넘어가곤 했다. 이처럼 우리의 생활이 해야 할 일로 꽉 차 있다 보니 누군가 우리에게 언제쯤 시간을 낼 수 있느냐고 물으면 우리는 반농담조로 "생산적인 사람이 되라"라고 대답하곤 했다. 우리가 우리 문화의 "생산성 숭배"에 물들어 있다고 인식한다고 해서 자동적으로 그 손아귀에서 벗어나게 되는 것은 아니다. 우리 부부는 체크하기 힘든 일이나 구체적인 결과를 내놓지 못하게 될 때 느끼는 불안감을 떨쳐 버리려고 노력한다. 이를테면, 좀더 헌신적인 아버지와 남편이 되고자 작성한 "해야 할 일" 목록과 별개로 어떻게 그런 노력을 기울일 수 있을지, 또 신앙적으로 계속 성장하고 싶은데 그런 성장은 꾸준하게 그리고 서서히 이루어지는 것이기에 손에 잡히는 결과만을 중시하는 문화에서 그런 노력을 어떻게 생각하고 있는지를 묻곤 한다.

시간과 생산성의 관계에 대해 마지막으로 하고 싶은 말은 이것이다. 경제학자들과 사회과학자들은 오래전부터 시간의 가치가 기회의 증가에 비례한다고 말해 왔다. 달리 말하면, 자신에게 자신의 시간을 "보낼" 대안이 많으면 많을수록 시간이 그만큼 귀중해진다는 뜻이다. "할 일이 없는" 사람들은 그만큼 값싼 시간을 갖고 있는 셈이다. 즉 시간은 그들이 풍부하게 공급할 수 있는 자원이 되고, 늘 "바쁜" 생활을 하고 있는 자들에게, 시간은 희소한 자원인 만큼 더 값진 것이 된다. 바로 이런 생각 때문에 오늘날 "일회용품"의 문화가 들어섰고 그 배경에는 "절약된" 시간이 버려진 물건들과 그것을 수용하는 쓰레기 매립지를 합친 것보다 더 귀중하다는 믿음이 자리하고 있는 것이다.

이런 생활방식에 젖어 있으면 당연히 인내의 열매를 맺는 일이 영향을 받는다. 우리는 늘 생산적이고 쉴 새 없이 바쁜 생활을 자랑하는 "활동가"다. 이런 고정관념을 품고 있으면 인내하는 것과 남에게 당하는 입장에 서는 것을 수동적인 모습으로 보기 마련이다. 인내하는 일은 죽는 것까지는 아닐지라도 약해지는 것이라는 느낌을 들게 한다. 사실 인내하는 일은 종종 "아무 일도 하지 않는" 것을 뜻하는데, 우리는 이보다 못한 것은 없다고 생각한다.

앞서 논의한 주제로 돌아가서 구체적인 예를 들어 보자. 얼마나 많은 사람이 예배를 드릴 때 시간을 의식하고 있는가? 예배를 드릴 때 시간을 의식한다는 것은 비생산적인 활동에 참여하고 있다고 생각하는 것이다. 예배에 관해 얘기하는 내용"오늘 예배는 별로 얻은 게 없는 것 같아"은 은연중에 예배가 생산적이어야 한다는 신념을 드러내는 것이 아닐까? 달리 표현하자면, "교회에서 보낸 시간에 비해, 생산성이 떨어져 실망스럽다"는 생산성이라는 고정관념이 우리를 조급하게 만들고 그 조급함 때문에 예배 시간에 기쁨을 느끼지 못하게 된다. 만일 우리가 예배를 드리는 대신에 다른 생산적인 일에 그 시간을 투자했더라면 어땠을까 하고 또는 예배가 끝난 뒤에 할 일에 대해 생각하고 있다면, 어떻게 기쁜 마음으로 예배에 참여할 수 있겠는가?

Patience

우리 삶의 특징이 되어 버린 이 조급함은 공동생활의 다른 영역에도 영향을 미치고 있다. 우리는 서로를 위해 시간을 낼 의향이 있는가? 좀더 구체적으로 우리는 우리의 시간과 에너지를 엄청나게 고갈시킬지도 모를 이들을 위해 시간을 내줄 수 있는가? 나는 여러 교회 주보에서 교인들에게 침울하거나 "부정적인" 사람들과 "어울리지" 말라는 식의 "긍정적인 사고방식"을 고무하는 글을 읽고 마음이 심란했던 적이 있다. 우리에게 눈에 보이는 결과는 없다 하더라도 서로에게 전념할 수 있을 자유, 비생산적으로 보이지만 다른 사람들과 삶을 나눌 자유가 있는가?

"빨리 빨리" 문화 위에서 말한 내용이 우리 문화의 특징에 대한 정확한 묘사라면 우리 문화가 왜 그처럼 속도에 미치도록 집착하는지 그 이유를 짐작할 수 있을 것이다. 제한된 시간에 하고 싶은 일이 점점 더 많아지고 있기 때문에 우리가 꼭 해야 할 일을 수행할 시간은 점점 더 줄어든다. 일단 시간을 희소한 자원으로 간주하기 시작하면, 해야 할 일을 가능한 빨리 해치워야 한다는 압박을 느끼게 된다. 따라서 우리 사회는 "시간을 절약해 주는" 고안물들과 사랑에 빠지게 되었다. 해마다 우리에게 귀중한 시간을 절약해 주겠다고 약속하는 수많은 제품들이 시장에 쏟아져 나온다. 그런데 그런 훌륭한 기계 장치로 절약한 시간은 모두 어떻게 되는가? 이 장치들이 하는 일이라고는 그 짜투리의 시간을 짜내어서 결국은 우리로 하여금 좀더 생산적이 됨으로써 우리의 존재를 정당화시키고 있는 것은 아닌가! 그러므로 우리를 자유롭게 만들어 주도록 고안된 것들이 오히려 우리를 더 심한 노예상태로 몰아넣고 있는 셈이다. 결국 시간을 얻은 게 아니라 시간을 빼앗기고 있는 것이다.

"시간이 조금만 더 있었으면" 하고 바랄 때가 얼마나 많은가? 우리는 시간이 부족하다고 늘 불평을 늘어놓는다. 누군가 시간이 있느냐고 물어보면, 너무 바빠서 정신이 없을 정도라는 게 늘상 우리의 답이지 않은가. 우리 사회가 들려주는 공통된 이야기가 있다면, 그것은 삶의 속도가 기하급수적으로 빨라지고 있다는 것이다. 그런데 우리가 이 미친 듯이 돌아가는 생활에 어떻게 기여하고 있는지를 알고나 있는지 의심스럽다. 우리는 아침에 일어나서 시리얼을 먹고 일회용 커피를 마신다. 급하지 않으면 신문의 헤드라인을 대충 살피고 『1분 성경』을 읽는다. 출근하는 길에 주유소에서 기름을 넣고, 30분 만에 현상해 주는 사진관에 필름을 맡기고, 한 시간 만에 세탁해 주는 세탁소에 옷을 맡긴다. "정신없이 바쁜" 일과를 보낸 뒤에 서둘러 집에 가서 인스턴트 식품으로 끼니를 때운다. 서둘러 저녁활동을 해야 하기 때문에 가족과의 대화도 급하게 피상적으로 해치우기 마련이다. 끝으로, 잠자리에 들 때는 당일에 하지 못한 모든 일이 머리를 맴돌고, 이보다 더 떠오르는 것은 바로 다음날 꼭 해야 할 일들의 목록이다. 왜 우리는 이런 악순환에 사로잡혀 살아야 하는가? 하나같이 삶의 속도를 줄이고 싶어하면서도 왜 그렇게 할 수 없는 것인가?

현 사회에서 우리에게 기다리도록 격려하는 곳은 거의 남지 않은 것 같나. 속도에 대한 집착이 자기이익과 결부되면 즉각적인 만족감을 부채질한다. 우리는 우리가 원하는 것을 원하는 때에, 그리고 언제나 지금 당장 갖고 싶어한다.

이와 반대로 기다림은 속도를 늦출 것을 요구한다. 기다림은 시간을 "낭비하는" 것을 수반할 수밖에 없다. 그래서 그런지 우리가 으레 기다려야 할 상황에 처할 때 우리의 못된 성질이 튀

Patience

어나오곤 한다. 나는 왜 가게에서 줄을 서서 기다릴 때 그토록 안절부절 못하는가? 신호등에서 앞에 있는 차가 파란불로 바뀌는 순간에 바로 출발하지 않으면 왜 짜증이 나는가? 출근길에 앞에서 가는 차가 규정 속도보다 느리게 갈 때, 불과 몇 분 "지체될" 뿐인 줄을 뻔히 알면서도 왜 그렇게 화를 내는 것인가?

속도를 더 앞당기는 새로운 기술에 의존하게 되고 그것에 기대감을 품을수록 참을성을 잃게 되었다. 오늘처럼 제트 비행기, 인스턴트 음식, 고성능 컴퓨터 등을 특징으로 하는 문화로 인해 우리는 속도에 집착하게 되었는데, 이런 습관이 이른바 영적인 삶을 포함한 삶의 다른 영역에도 영향을 미친다.

예를 들어, 우리는 응급처치 문화의 포로가 되고 말았다. 이제는 길게 참지를 못한다. 무언가 잘못되면 당장 그것을 고쳐야만 한다. 이런 사고방식이 우리 속에 깊이 새겨진 나머지 우리는 신앙생활도 그런 식으로 생각한다. 그 결과 신앙 성장에 대해서도 몹시 조급한 태도를 갖게 되었다. 그러나 성숙하려면 시간이 필요하고, 열매도 하룻밤에 자라지 않는다. 성령 안에서의 삶을 계발하는 일은 오랜 시간과 많은 수고가 필요한 작업이다. 그런데도 우리는 순식간에 변화되었으면 하고 바랄 때가 많다. 어쩌면 이 책에서 문화 분석을 시도한 부분에 대해 당신이 점점 더 참지 못하고, 좀더 빨리 "적용" 부분으로 넘어가서 어떻게 하면 좀더 "생산적인" 그리스도인이 될 수 있는지를 알고 싶다는 생각을 했을지도 모르겠다!

우리는 원하는 결과 내지는 최종 목적지에 도달하는 것을 중요시하게 되었다. 거기에 이르는 여정 내지 과정은 시간 낭비라고 생각하기 때문에 가능한 한 빨리 그 과정을 거치고 싶어한다. 기계가 사람보다 더 빨리 의자를 만든다면 왜 기계로 그 일을 처리하지 않는가? 시간을 포함해서 최소한의 자원을 사용해서 의자를 만드는 것이 중요한 것 아닌가? 그런데 부모의 입장에서 자식에게 어떤 덕목을 길러 주고 싶다면 어떻게 하겠는가? 원하는 결과를 얻기 위해 해야 할 일이 중요한가, 아니면 원하는 결과만 중요한가? 만일 내가 학생의 입장에서 언젠가 의과대학에 들어가고 싶다면 어떻게 하겠는가? 이 목표를 달성하는 가장 빠르고 확실한 길이 모든 인간관계를 무시하고 책에만 파묻혀 사는 것이라면, 그래도 이 길을 택할 것인가? 아니면 그 과정에서 내가 어떤 사람이 되는가 하는 문제에도 관심을 가져야 하는가?

Patience

우리 문화의 상당 부분은 아예 이런 질문조차 던지지 못하게 한다. 그러나 가끔 목표 달성이라는 강박관념에 사로잡힌 문화에 대해 의문을 제기하게 만드는 일이 생기기도 한다. 가령, 우리 부부는 가족과 친척을 만나러 자동차 여행을 하는 동안에 최고의 대화를 나눈 적이 여러 번 있었다. 사실 그 대화들은 우리 결혼 생활의 백미가 되었는데, 비행기를 타고 목적지를 향할 때마다 그것을 회상하곤 한다. 이렇듯 우리 문화의 주류는 가장 중요한 것이 목적지에 도달하는 일이라고 주장하지만, 그런 경험은 거기에 이르는 여정이 얼마나 중요한지를 일깨워 주는 기회를 제공하기도 한다.

이처럼 과정을 배제한 채 목표에만 주목하는 경향은 교회에서도 종종 볼 수 있다. 예를 들어 우리의 시간 및 생산성에 대한 견해는 교회에서의 의사결정 방식에 영향을 준다. 만장일치에 따라 움직이는 것과 다수결에 따라 움직이는 것에는 분명 차이가 있다. 물론 후자가 더 큰 생산성을 보장하긴 하지만, 이런 식으로 움직이는 것은 이미 과정보다는 결론을 더 중요시한다는 의미다. 게다가 다수파가 자신들의 뜻을 펼치는 데 필요한 표를 확보했다면, 소수의 우려와 의견에 참을성 있게 귀를 기울이기는 어렵다. 그러나 만일 하나님이 그 결정 그리고 그로부터 초래되는 것뿐만 아니라 그 과정에서 우리가 어떤 사람이 되는가 하는 면에도 관심이 있다면 어떻게 되겠는가? 생산성과 효율성의 이름으로 다수결 원칙을 주장하는 것이 하나님도 다수파의 편이라고 생각하게 만드는 것은 아닌가? 정말 하나님의 뜻을 아는 최선의 길이 투표에 붙이는 것이라고 생각한다면, 어째서 이스라엘에게 예언자들이 필요했는지, 또 열두 명의 스파이가 가나안 땅을 염탐하고 돌아왔을 때 왜 민주주의 방식으로 결정하지 않았는지민 13–14장를 설명하기 어려울 것이다.

오래 참음이라는 열매 기르기

생산성과 속도에 사로잡힌 문화의 한복판에서 인내의 열매를 재배하는 것은 결코 쉬운 일이 아니다. 그럼에도 하나님은 우리에게 이 중요한 열매를 키우는 데 필요한 풍성한 자원을 제공하셨다. 그 가운데 몇 가지를 소개한다.

우리의 이야기 기억하기 우리가 매주 다 함께 모일 때마다 기독교 이야기의 중심에는 오래 참는 하나님이 계시다는 사실, 곧 공동체적 삶으로 하나님을 증언할 한 백성을 창조하기 위해 여러 세대에 걸쳐 서서히 그리고 꾸준하게 일하시는 하나님이 계시다는 사실을 기억할 필요가 있다. 이 하나님은 그 백성을 광야로 이끌어 40년 동안 하나님께 의존하고 신뢰하는 법을 가르치셨다. 이 하나님은 나사렛 예수님으로 성육하셨고, 예수님은 사역을 준비하는 데 30년이란 세월을 기다리셨다. 그분은 서두르는 하나님이 아니라 서서히 행하시는 인내의 하나님이시다. 고수케 고야마의 말대로, 하나님은 보통 걸음의 속도로 움직이시는 "시속 6킬로미터의 하나님"이시다. 하지만 이것이 전부는 아니다.

> 예수 그리스도가 오셨다. 그분은 '마침표'를 향해 걸으셨고 그분은 움직일 힘을 잃은 채 못 박히셨다! 그분은 우리의 걸음걸이 속도인 시속 6킬로미터의 속력으로 걸으시지도 않으셨다. 그분은 아예 움직이시지 않으셨다. '마침표!' '마침표!', 곧 '못 박히신' 것보다 더 느린 것이 어디에 있는가! 초대교회는 인간을 향한 하나님의 사랑이 이 '마침표'의 지점에서 궁극적으로 그리고 완전히 계시되었다고 선

Patience

포했다. 하나님은 사랑이시기에 '천천히' 걸으신다. 그분이 사랑이 아니라면 훨씬 빨리 갔을 것이다. 사랑은 나름의 속도가 있다. 그것은 내면의 속도다. 영적인 속도다. 우리에게 익숙해 있는 기술의 속도와는 전혀 다른 속도다. 그건 '느리지만' 사랑의 속도이기에 다른 모든 속도를 뛰어넘는다.[4]

우리 하나님은 결코 서두르는 분이 아니라는 사실을 떠올리면 무언가로부터 해방되는 것 같다. 우리 하나님이 우리의 세상에 들어오셔서 우리 가운데서 걸으시다가 우리를 위해 "못 박히심"으로 그 사랑을 분명히 증명하셨다는 사실을 기억하면 정말로 막혔던 무언가가 트이는 것만 같다. 또 못 박히심으로 우리를 의롭게 하시고, 이리저리 이것저것을 성취해서 스스로를 의롭게 할 필요가 없게 만드셨다는 사실을 기억하면 정말 자유하게 되는 것 같다. 이처럼 단순하면서도 심오한 진리를 염두에 둘 때, 우리는 지배문화의 시간관과는 전혀 다른 시간관에 뿌리를 내린 차별성을 가지고 상호관계를 자유롭게 맺을 수 있게 된다.

시간을 다르게 생각하기 교회는 시간에 대해 다른 자세를 갖도록 부름 받았다. 그리스도인은 과거가 인과율에 따라 움직이다가 필연적으로 현재에 이른다는 결정론적 관점을 갖고 있지 않는다. 오히려 현재와 미래와 마찬가지로 과거는 하나님의 창조적인 활동이 벌어지는 무대다. 교회가 매주 전례를 통해 되풀이하는 하나님 이야기는 바로 창조세계의 한복판에서 계속해서

"새로운 것"을 행하시는 하나님, 곧 이전의 원인을 추적해서는 예상할 수도 설명할 수도 없는 "새로운 것"을 이루시는 하나님의 이야기다. 이를테면 그리스도인은 우주가 필연적으로 창조될 수밖에 없었다거나, 어떤 원인에 의한 창조된 필연적 결과였다고 믿지 않는다. 오히려 하나님은 우주를 창조하시고, 아브라함을 부르시고, 히브리 노예들을 이집트에서 해방시키시고, 율법을 계시하셨던 것처럼 수없이 많은 새로운 가능성을 창조하셨다고, 그 중에서도 우리 가운데 직접 성육하시는 그 신비로운 일을 기꺼이 행하셨다고 믿는다. 이런 이야기들을 되풀이하면, 비록 과거가 현재와 미래에 영향을 주는 것이 사실일지라도 하나님과 하나님의 피조물들이 필연적으로 과거의 그늘 아래 있어야 하는 것이 아니라는 것을 깨닫게 된다. 그렇기 때문에 그리스도인은 과거를 후회와 실망으로 얼룩진 것으로 생각할 것이 아니라, 하나님이 행하셨던 과거의 창조적인 역사를 기억하고 이를 통해 지금 현재와 앞으로 올 미래에 대해 희망을 품을 수 있게 된다.

그리스도인은 미래에 대해서도 달리 생각한다. "미래는 우리의 것"이라든가, "우리의 아이들이 우리의 미래"라든가 하는 상투적인 말은 그리스도인에게 어울리지 않는다. 오히려 그리스도인은 미래를 종말론적으로 바라보는 우주를 향한 하나님의 궁극적인 목적에 따른 시간관을 갖는다. 범우주적으로 진행되는 하나님의 화목 사역이 마지막에 완성될 때 그 우주는 어떤 모습을 지니게 되는가? 물론 우리에게 완벽한 청사진이 주어지지는 않았다. 그러나 오랜 세월에 걸친 교회의 증언에 따르면, 우리는 이스라엘과 그리스도와 교회를 창문으로 삼아 온 창조세계를 향한 하나님의 소원을 들여다볼 수 있다. 더구나 하나님의 소원 중 하나는 한 민족을 불러내어 그들의 공동생활을 통해 온 창조세계를 향해 하나님의 목적을 증언하게 하는 것이었다. 하나님의 백성은 비록 불완전하지만 그분의 궁극적인 소원을 증언하는 존재다. 이런 면에서 그리스도인은 고상한 소명, 곧 온 세상을 향해 장차 하나님이 확실히 가져오실 궁극적인 영광의 맛보기를 지금 여기서 제공하는 일을 한다.

이 같은 미래관은 극적이고 포괄적인 함의를 갖는다. 미래는 더 이상 우리가 우리 자신의 목표를 실현하려고 애쓰는 무대가 아니다. 또한 미래가 도래하면 우리가 어렵게 성취한 것들을 모두 잃어버릴 것이라고 생각해서 미래에 대해 두려움에 떨 필요도 없다. 미래는 과거와 현재와 마찬가지로 하나님의 주권적인 활동이 벌어지는 무대인 만큼, 열려 있는 미래라고 할 수 있다. 미래에 무슨 일이 일어날지를 확실히 말할 수 있는 사람은 아무도 없다. 미래는 하나님께 속해 있다. 하지만 그리스도인으로서 우리는 미래가 특정한 어떤 모습으로 나타날 것임을 믿는다. 미래는 예수 그리스도의 죽음과 부활을 그 주요 특징으로 나타날 것이라고 우리는 확신한다. 그 십자가에 의해 형성된 미래의 정확한 모습은 알 수 없지만, 우리는 하나님의 백성으로서 늘 하나님의 영을 간구하면서 이 세상의 한복판에서 그 미래를 맛볼 수 있도록 부름을 받았다.

이와 같이 과거와 미래를 조망하는 가운데 그리스도인은 현재에 대해서도 다른 입장을 취한다. 시간을 희소한 자원으로 생각하면 안 된다. 시간의 부족이 중요한 업적을 이루려는 우리의 노력을 위협하는 것이라고 생각하면 곤란하다. 오히려 우리 그리스도인은 하나님의 은혜와 그분이 과거에 행하신 일과 앞으로 행하실 일을 생각하면서 시간을 선물로 여기고, 하나님이 우리 스스로 의로워져야 했던 처지에서 해방시키신 것을 알고 은혜 안에 거하게 된다. 요컨대 하나님은 그 존재를 통해 세상에 하나님 나라를 맛보게 해 줄 "시의적절한 백성"을 창조하신 것이다. 이 백성은 궁극적인 운명이나 기쁨이 시간을 어떻게 "보내느냐"에 달려 있다는 강박관념에서 해방된 사람들이다. 이 자유로 인해 우리의 삶에 "새로운" 시간이 나타나기 시작한다. 노인·어린이·정신장애자 등 비생산적인 삶을 살고 있다고 치부되는 이들을 돌보는 시간, 가난한 자·억압받는 자·절망에 빠진 자 등 우리에게 도움이 되거나 썩 기분 좋지 않은 이들과 함께하는 시간, 감사와 기쁨으로 모든 일을 우리가 바라는 대로 해 주겠다고 약속하신 게 아니라 우리를 결코 떠나거나 버리지 않겠다고 약속하시는 하나님을 예배하는 자리로 들어가는 시간 등이 그것이다.

다른 리듬에 맞추어 살기 교회의 시대는 그리스도의 초림과 재림 사이에 낀 기다림과 활동의 시기다. 이는 기다림이 우리 이

Patience

야기의 중심이라는 뜻이다. 이 기다림은 전례를 따르는 교회 전통 속에 뚜렷이 구현되어 있다. 이를테면, 강림절은 이런 기대와 인내의 정신을 키우는 데 초점이 맞춰져 있다. 사실 해마다 순환되는 교회의 전례를 보면, 믿음의 공동체가 매우 다른 리듬을 키우고 또 시간을 다르게 경험하고 이해하는 일이 얼마든지 가능하다.

교회가 효과적으로 활용할 만한 또 다른 자원은 오랜 역사를 가진 안식일 준수라는 전통이다. 그리스도인들은 일주일의 하루를 안식을 위해 떼어 놓는 이 관습을 어떻게 언제 지켜야 할지, 심지어는 지킬지 말지를 놓고 의견이 분분했다. 이 관습은 유대인들에게 그들의 삶이 하나님의 방식을 반영하게끔 되어 있다는 점을 늘 상기시켰다. 하나님이 일곱째 날에 안식했듯이 유대인들도 모든 노동에서 안식해야 했다. 이런 관습이 이스라엘의 이웃 나라들에게는 이상하게 보였을 것이다. 아니, 온 세상이 "좀더 많이" "좀더 나은" 것을 향해 미친 듯이 질주하는 판에 일주일 중 하루를 "아무 일도 하지 않는" 날로 떼어 놓고, 어떻게 세상에서 머리가 될 수 있단 말인가?

이처럼 안식일의 준수는 우리의 쉴 새 없는 노력에 의문을 제기하도록 만든다. 하지만 그것은 그리스도인에게 주어진 많은 자원 가운데 하나일 뿐이다. 또 하나의 교회 전통은 일요일을 기독교의 안식일이나 한 주의 첫날로만 보는 것이 아니라 "창조의 여덟째 날"로 보는 것이다. 동방정교회에서 두드러지는 이 전통은 우리의 매주 모임을 예수 그리스도의 부활에서 시작된 하나님의 새 창조를 증언하는 것으로 본다. 부활절로부터 하나님의 새 창조는 시작되었다. 이 부활 사건의 권능과 영향력이 너무도 광범위해서 우리가 일반적으로 생각하는 시간으로는 포용할 수 없을 정도다. 새 창조가 옛 창조 속으로 뚫고 들어왔고, 미래가 현재를 뚫고 들어왔으며, 이는 만물을 예전 그대로 두지 않았다. 그러므로 우리가 다 함께 예배하러 모이는 것은 단지 새 주간을 시작하는 첫날이기 때문만이 아니라 예수 그리스도의 부활에서 시작된 하나님의 결정적인 재창조를 경축하고, 하나님이 온 피조물을 새롭게 하고 계심을 기뻐하기 위해 모이는 것이다. 그래서 우리는 이 새로운 창조의 날, "창조의 여덟째 날"을 경축하러 모인다. 여기에 종말론적인 시간관을 구현하는 데 도움이 되는 굉장히 풍성한 자원이 있다.

Patience

묵상과 적용

두 번째 천년기라는 거대한 역사적 전환기를 지났지만, 사람들은 한 세기나 몇천 년 같은 큰 시간 단위보다 특히 우리 일상생활에서는 한 시간과 한 날과 한 주간 같은 작은 시간 단위로 생각하고 움직이고 있다. 우리가 인내의 열매를 맺지 못하도록 막는 걸림돌에 대해 생각해 볼 때 더욱 그렇다. 이런 확신을 염두에 둔 채 다음과 같은 질문과 묵상을 적용해 볼 것을 제안한다.

■ 지난 며칠을 돌아보면서 참을성을 잃었던 순간이 있었는지 생각해 보라. 시간에 대한 당신의 생각이 참지 못하는 데 어떻게 관여하고 있는지 생각해 보라. 이를테면 조급함과 욕구불만이 시간을 자신의 것이라고 생각하는 사고방식 때문인 경우는 없었는가? 사람들이 기대에 못 미치거나 자신의 시간표에 맞추지 못해서 화를 낸 적은 없었는가?

■ 시간을 전과 다르게 생각하려면, 시간에 관해 말하는 방식을 바꾸는 것도 좋은 시도가 될 수 있다. 예를 들어 시간을 마치 소비하거나 낭비하는 또 하나의 상품인 것처럼 말하는 말투를 삼가려고 노력해 보자. 이와 비슷하게 시간을 어떤 사람이나 일에 "투자한다"는 식의 생각과 말투를 지양하고 "쏟는다"고 말하기 시작해 보라. 이런 것은 물론 사소하고 미미한 것이지만, 사고방식과 말하는 방식이 우리의 상상력과 정서에 영향을 미칠 수 있음을 과소평가하지 말자. 만일 내가 무언가 또는 누군가에 내 시간을 "투자"하면, 당연히 그 투자에 따른 보상을 기대할 것이다. 이와 반대로 내 시간을 누군가에게 "쏟는" 것은 상대방의 가치에 대한 인정이자 그 행위 자체가 헌신적인 행동이 되는 것이다.

■ 이는 매일의 경건생활이라는 다루기 힘든 그리고 죄책감을 일으키는 문제를 제기한다. 기도 습관에 대해서는 나중에 더 자세히 다룰 예정이므로, 여기서는 간단하게만 언급하고자 한

다. 우리 중 다수는 너무 바빠서 기도할 시간이 없다고 하는 한편, 다른 이들은 규칙적으로 기도하되 주로 "해야 할 일"의 목록의 한 가지 항목을 끝내려는 목적으로 그렇게 한다. 두 그룹 모두 생산성에 우선순위를 두고 있다. 솔직히 말해서 우리 중 대부분은 기도의 본질을 모르고 있기 때문에 기도에 시간을 내지 못하고 있다. 달리 말하면 기도가 시간 낭비처럼 보이기 때문이다. 우리는 헨리 나우웬이 잘 표현한 "쓸모없게 되는 이상한 기간"[5]의 중요성을 알 필요가 있다. 기도에 어떤 유익이 있다면, 그것은 기도가 가장 지혜로운 투자이기 때문이 아니라, 생산적이 되어야 한다는 관념에서 우리를 해방시켜 주기 때문이다.

■ 늘어나는 약속 때문에 늘 쫓기는 생활을 하는 이들은 창의력을 발휘해 틈틈이 "한산한" 시간을 넣는 것이 좋을 것이다. 만일 시간이 붙잡아야 할 개인적인 소유물이 아니고 값없이 주고받을 선물이라면 하루를 시작할 때 내 것이 아닌 것을 움켜쥐려고 정교한 전략을 짜는 것은 무의미한 일일 것이다. 게다가 만일 몇 분 단위로 "나의 하루"이런 표현 자체가 흥미롭다를 치밀하게 계획해 놓았다면 뜻밖의 상황이 벌어지거나 예기치 않은 사람이 불쑥 나타날 때에 인내심을 제대로 발휘할 수 있을지 의심스럽다. 사람을 방해거리로 보지 않고 사람답게 대우하는 방향으로 하루를 계획한다는 것은 효율성과 생산성이라는 우상에게 예배하기를 거부하는 것이다. 일을 하나 더 끝내는 식의 계획은 가능하지만, 거기에는 언제나 그만한 대가가 따른다. 그런데 그

대가가 지금 여기 내 앞에 있는 사람의 희생을 의미할 때가 너무 도 많다.

■ 이와 더불어 언제나 시간에 쫓겨 일을 처리하지 않아도 되는 삶의 영역을 계발하는 것도 좋다. 당신의 삶 속에서 효율성을 따지지도 않고 묻지도 않고 느긋하게 일을 해도 괜찮은 경우가 언제인가? 나는 가족을 위해 음식이나 간식을 직접 만드는 사람들을 보면 깊은 인상을 받곤 하는데, 그런 일에는 상당한 시간이 필요하기 때문이고 여기에는 "굶주린 배를 채울 음식이 여기 있습니다"가 아니라 "가족을 생각하고 있습니다"라는 메시지가 담겨 있기 때문이다. 차를 타고 갈 수 있는 곳을 일부러 걸어서 가는 것도 좋다. 그저 기름을 절약하기 위해서가 아니라, 훨씬 천천히 인간다운 속도로 걸으면서 여러 가지 생각을 해 보는 것이 일종의 마음 훈련이 되기 때문이다. 그것은 우리가 시간에 쫓겨 정신없이 다닐 때 놓치기 쉬운 많은 것 그리고 사람들을 생각나게 해 주는 좋은 기회가 될 것이다.

■ 시간의 횡포에서 탈출을 시도해 볼 필요도 있다. 내 친구는 손목시계 대신에 주머니시계를 갖고 다니는데 조금이나마 시계의 지배력에서 벗어나기 위해서다. 하루 중에 아무 생각 없이 시계를 보며 시간을 확인하는 경우가 얼마나 많은가? 내 친구는 주머니시계 덕분에 꼭 필요한 경우에만 시간을 확인하게 된다고 한다. 또 다른 친구는 아예 시계를 차고 다니지 않는다. 시간이 궁금할 때면 조금만 눈을 돌리면 시계가 지천에 널려 있

기 때문이다. 혹시 그렇지 않을 때는 주변 사람들한테 물어보며 인간적인 교류를 즐긴다고 한다. 이런 것들이 비록 작은 몸짓이긴 해도 이를 계기로 성령께서 우리 속에 인내의 정신을 자라나게 하실 수 있을 것이다.

■ 공동체적인 차원에서는 무엇을 할 수 있는가? 어떻게 하면 다 함께 시간에 대해 달리 접근할 수 있는가? 절기에 따른 기독교의 전례에 익숙하지 않은 교회는 전례를 공부해 보고 거기서 공동체적인 대안을 찾아도 좋다. 이와 비슷하게 교인들이 다 함께 모이는 주일을 "창조의 여덟째 날"로 생각하고 말하기 시작하면 부활에 비추어 새로운 시간관을 발견할 수도 있을 것이다. 하나님이 우리 가운데서 행하고 계시는 그 새로운 일을 정말 구현하고 싶다면 주일에는 어떤 활동에 참여해야 한다고 생각하는가?

■ 공동생활에 영향을 주는 또 하나의 이슈는 우리의 모임을 기본적으로 제약하는 "시간을 의식하는" 습관이다. 우리가 모여서 예배를 드릴 때 한쪽 눈은 찬송가에 다른 쪽 눈은 시계에 둔다면 서로에 대해 인내하는 것을 배울 수 있겠는가? 요즈음에는 많은 교회가 예배를 정해진 시간에 정확히 마치는 것을 자랑삼아 얘기하는데 그런 이야기를 들을 때면 솔직히 여러 생각이 든다. 이런 자랑은 우리가 아직도 우리 공동체를 하나님의 가족으로 보는 수준까지 도달하지 못했음을 보여 준다. 정해진 시간 이내에 가족 모임을 끝내려고만 하는 가족이 어디에 있는가! 가족이 된다는 것은 자기의 스케줄이 다른 가족의 필요에 의해 "방

해받는" 것을 기꺼이 감수하는 것을 포함한다. 시간에 맞춰 예배를 끝내지 않고 집안일을 거의 끝냈을 때 예배를 마무리하는 여러 전통 등으로부터 교훈을 배울 필요가 있다.

■ 다수결 원칙을 따르는 교회와 교역자들은 일정 기간 동안 만장일치에 따른 의사결정을 시도해 보는 것도 좋을 것이다. 물론 시간도 더 걸리고, 비효율적이며, 지금보다 서로에 대한 인내를 더 필요로 할 것이다. 그런 시도를 해 보면 결정에 이르는 과정을 통해 서로에 대해, 우리 자신에 대해, 그리고 하나님의 뜻에 대해 더 많이 배우게 되는데, 실제로 이런 것이 생산성을 중시해 빠른 시간 내에 결론에 도달하는 것보다 훨씬 중요한 것들이다.

■ 우리의 교회는 신자를 그리스도의 몸으로 영입하는 과정에 대해 얼마나 진지하게 생각하는지를 재고할 필요가 있다. 초기 그리스도인의 경우 여러 해에 걸친 교리문답을 마친 뒤에야 세례 후보자가 될 수 있었다는 사실은 그리스도인이 되는 일이 얼마나 심각한 사안인지를 새삼 일깨워 준다. 어둠의 나라에서 빛의 나라로 옮기는 충성의 문제를 가볍게 여기거나 서둘러 진행하는 법이 없었다. 이런 준비과정이 세례 전이든지 이후든지, 우리는 새로운 교인들에게 인내심이야말로 성령 안에서 성장하는 일의 선결조건이자 결과라는 점을 분명히 전달할 필요가 있다.

■ 끝으로 성령 안에서 성장하고 열매를 맺는 과정에서 타인에 대해서나 당신 자신에 대해 참고 인내하라. 이 책은 당신을

"순식간에" 성숙한 인물로 만들어 주려고 쓴 것이 아니다. 이 책은 당신에게 신앙의 여정이 얼마나 어렵고 느리게 진행되는지를, 그리고 우리가 타인에게 베풀려고 애쓰는 그 인내심을 우리 자신에게도 베풀 필요가 있음을 일깨우기 위해 쓰였다. 우리 문화 속에는 우리에게 "스스로에 대해 인내하고" 또 "자신에게 한 번 더 기회를 주라"고 격려하는 많은 목소리가 있다. 당신 자신에 대해 인내하라고 하는 것은 당신이나 타인의 잘못과 단점에 눈을 감으라는 식의 무책임한 관용을 베풀라는 뜻이 아니다. 내가 뜻하는 것은 소박한 인내심과 오래 참음이다. 씨를 심고 며칠 내로 추수를 하고 열매를 딸 것을 기대하는 농부는 어디에도 없다. 농부는 인내심을 갖고 수확을 기다리면서도 성장을 위협하고 방해하는 잡초를 부지런히 뽑는 일을 그만두지 않는다. 그러므로 인내와 무책임한 관용을 구별할 수 있는 지혜를 달라고 기도하라.

Patience

> 주께 합당하게 행하여 범사에 기쁘시게 하고 모든 선한 일에 열매를 맺게 하시며 하나님을 아는 것에 자라게 하시고 그의 영광의 힘을 따라 모든 능력으로 능하게 하시며 기쁨으로 모든 견딤과 오래 참음에 이르게 하시고 우리로 하여금 빛 가운데서 성도의 기업의 부분을 얻기에 합당하게 하신 아버지께 감사하게 하시기를 원하노라골 1:10-12.

내가 에브라임에게 걸음을 가르치고 내 팔로 안았음에도 내가 그들을 고치는 줄을 그들은 알지 못하였도다 내가 사람의 줄 곧 사랑의 줄로 그들을 이끌었고 그들에게 대하여 그 목에서 멍에를 벗기는 자 같이 되었으며 그들 앞에 먹을 것을 두었노라 호 11:3-4

너희가 만일 선대하는 자만을 선대하면 칭찬받을 것이 무엇이냐 죄인들도 이렇게 하느니라 너희가 받기를 바라고 사람들에게 꾸어 주면 칭찬받을 것이 무엇이냐 죄인들도 그만큼 받고자 하여 죄인에게 꾸어 주느니라 오직 너희는 원수를 사랑하고 선대하며 아무것도 바라지 말고 꾸어 주라 그리하면 너희 상이 클 것이요 또 지극히 높으신 이의 아들이 되리니 그는 은혜를 모르는 자와 악한 자에게도 인자하시니라 너희 아버지의 자비로우심 같이 너희도 자비로운 자가 되라 눅 6:33-36

6장 자비

홀로서기를 강조하는 세상에서 맺는 열매

Kindness

슬로건 광고판이 등장한 게 1990년대 초반이었던 것 같다. 그 이후로 광고에 사용된 슬로건 관련 책도 나왔고 그것을 다룬 토크쇼, 홍보용 스티커도 등장했다. 언제 어디에서 그런 광고판을 맨 처음 보았는지 기억나지 않지만, 그 광고문구가 무엇을 말하는지 도무지 감을 잡을 수 없었던 것은 기억난다. 평범한 그 흑백 광고판에는 "무작위로 친절을 행하라"라는 문구가 적혀 있었다.

얼마 뒤에 이 운동에 관한 신문 기사가 났다. 『무작위적 친절』이라는 제목의 핸드북을 쓴 가빈 휘트셋에 따르면, 그 운동은 매일 뉴스를 가득 채우는 "무작위로 가해지는 폭력"에 대한 일종의 반발이었다. 그를 비롯해 여러 사람들은 뒤차의 통행세 내주기, 학교 가는 아이들에게 인사하기, 요양원에 꽃을 보내거나 놀이터 모래상자에 동전을 숨겨 놓기 같은 "친절"들을 베풀었다.

이 운동의 목표는 소박했다. "사람들에게 우리 모두가 갖고 있는 친절한 성향을 일깨워 주고, 그 성향에 따라 행하면 행복해진다는 것을 상기시켜 주는 것이 우리의 목표입니다." 이를 염두에 둔 휘트셋의 책은 "사람들을 놀라게 해 주는 동시에 당신의 기분도 좋아지게 만드는 재미있고 멋진 몇 가지 방법을 제공하는 것" 그게 전부였다.[1]

우리 사회에 대한 얼마나 명확한 논평인가! 우리의 삶은 온통 자기이익만을 챙기고, 파편화되고, 서로를 필요로 한다는 의식을 상실한 나머지 이제는 "무작위적 친절"이라도 해서 잠시나마 인연과 친절을 만들어 내야 할 판이다. 개인적으로는 이 운동에 대해 약간 회의적인데, 자신의 기분이 좋아지기 위해 의도적으로 다른 이에게 선행을 행한다는 점 때문이다. 누군가가 커피숍에 들어와 한 번도 본 적이 없는 사람들의 커피 값을 대신 내주는 것이 나쁘다고 할 사람은 없겠지만, 그런 행동이 정말 "친절한" 것인지는 모르겠다. 베푸는 자나 베풂을 받는 자 모두 서로에게 가장 필요한 것이 무엇인지를 모르는 가운데 일어나는 이런 식의 친절을 베푸는 것은 우리 문화에 깊이 내재되어 있는 무엇인가를 반영하는 것이다. 바울이 성령의 다섯 번째 열매로 자비·친절을 거론할 때 이런 것을 염두에 두었던 것인가? 아니면 "무작위성 친절"은 우리와 같은 문화에서 나온 특이한 경우인가?

이런 말을 하면 시시콜콜 시비를 건다고 못마땅해하는 독자들이 있을 것이다. "사람들이 무작위로 폭력을 행하거나 무관심한 것보다는 임의로라도 호의를 베푸는 것이 얼마나 좋은 일인가!" 이런 반응을 충분히 이해한다. 내가 이 예를 든 것은 사람들에게 무작위성 친절이라는 행위를 중단하라고 종용하기 위함이 아니라, 그리스도인들로 하여금 그런 노력이 자비·친절이라는 열매와 어떤 관계가 있는지를 이해하도록 하기 위함이다. 이 문제를 좀더 명료하게 다루려면 성경으로 눈을 돌려 자비·친절의 개념이 어떻게 작동하는지를 살펴봐야 한다.

자비·친절의 성경적 의미

미덕이나 성품은 보통 이야기를 통해 드러난다. 구약성경은 다윗과 사울 왕의 아들인 요나단 사이의 깊은 우정에 관한 이야기를 들려준다. 사울 왕이 다윗에게 질투심을 느껴 그를 제거하려고 할 때, 요나단은 다윗이 피할 수 있도록 돕는다. 도망가기 전에 다윗은 요나단과 둘 중 하나가 죽으면 서로의 자손을 돌보기로 약속한다. 나중에 사울 왕과 요나단은 전쟁터에서 죽고 왕이 된 다윗은 요나단과의 언약을 기억하고 요나단의 살아 있는 후손에 관해 묻는다. "사울의 집에 아직도 남은 사람이 없느냐? 내가 그 사람에게 하나님의 은총을 베풀고자 하노라"삼하 9:3. 요나단의 절뚝발이 아들인 므비보셋이 살아 있다는 소식을 들은 다윗은 그를 데려와 그의 아들들과 같이 다윗의 식탁에서 먹게

Kindness

하였다. 이 언약적인 사랑의 행위를 다윗은 "하나님의 은총"이라고 말한다.

여기서 다윗이 사용하는 히브리어 단어가 바로 헤세드다. 그리고 현대어 성경들은 이 단어를 "사랑"이나 "한결같은 사랑"으로 번역하지만, 때때로 "친절", "인자", "자비", "선함", "인애" 등으로 번역하기도 한다. 이를테면, 욥은 자기 친구들로부터 헤세드개역성경에는 '동정'를 받지 못했다고 말하고욥 6:14, 잠언 저자는 생명과 영광을 얻기 위해 공의와 헤세드개역성경에는 '인자'를 구해야 한다고 말한다잠 21:21. 미가는 그것을 주님이 청중들에게 요구하는 세 가지 중 하나라고 말한다. "여호와께서 네게 구하시는 것은 오직 정의를 행하며 인자헤세드를 사랑하며 겸손하게 네 하나님과 함께 행하는 것이 아니냐"미 6:8. 그리고 여호와의 말씀이 스가랴에게 임했을 때 그분은 이렇게 말씀하신다. "너희는 진실한 재판을 행하며 서로 인애헤세드와 긍휼을 베풀며 과부와 고아와 나그네와 궁핍한 자를 압제하지 말며 서로 해하려고 마음에 도모하지 말라"슥 7:9–10.

그리스어 단어 가운데 "친절"로 가장 많이 번역되는 단어는 크레스토테스*chrēstotēs*로 신약성경에 열 번밖에 나오지 않는다. 킹제임스성경은 이 단어를 주로 "선함"이나 "자비 · 친절"로 번역하고 있지만 유독 갈라디아서 5장에서는 "온유"로 옮기고 있다. 최근의 영어 성경은 성령의 여덟 번째 열매를 "온유"로 번역하고 있다.

그런데 문제를 더 복잡하게 만드는 것은 구약성경의 그리스어판인 70인역이 가끔 히브리어 단어 토브ṭôb, 이는 "선한" 혹은 "선함"으로 자주 번역된다를 크레스토스로 번역하고 있다는 사실이다. 그래서 이 번역판은 시편 23편의 끝 부분을 "내 평생에 선하심토브·크레스토스과 인자하심헤세드·엘레오스이 반드시 나를 따르리니"라고 번역했다. 사실상 하나님의 자비선함와 하나님의 한결같은 사랑은 너무도 가깝기 때문에 동의어로 취급되곤 하는 것이다. 예를 들어, 이스라엘의 예배에서 자주 등장하는 후렴이 그렇다. "여호와께 감사하라 그는 선하시며 그의 인자하심이 영원함이로다"대상 16:34, 대하 5:13, 7:3, 20:21, 스 3:11, 시 100:5, 107:1, 118:1, 29, 136:1–26, 렘 33:11.

이처럼 간단하게나마 어휘를 살펴본 까닭은 성령의 열매가 그 특성상 서로 겹치는 부분이 있음을 지적하기 위해서다. 마치 무지개에서 빨간색이 끝나고 주황색이 시작되는 지점이 따로 없는 것처럼, 성령의 한 열매와 다른 열매를 명쾌하게 구분하기 어렵다. 이른바 하나님의 한결같은 사랑을 하나님의 선하심과 정확하게 구별할 수 없고, 둘 중 어느 것도 하나님의 자비와 친절로부터 쉽게 구별할 수도 없다. 바울은 사랑이 오래 참는 것과 같이 사랑은 또한 자비롭다개역성경에는 '온유'고 말한다고전 13:4.

Kindness

자비 · 친절은 사랑의 타인지향적인 특성의 각별한 발현이다. 자비는 도움이 필요한 이들을 돕는 방식으로 그 모습을 드러낸다. 이처럼 도움이 되는 모습은 무엇보다도 그리스도인이 늘 유념하고 있는 하나님의 도우심에 기인한 것이다. 즉 그리스도인은 하나님의 도우심의 손길에서 그리스도의 정체성을 찾는 만큼 성령의 감동을 받아 남을 도우려고 손을 뻗치는 것이다. 요한일서 4장 19절을 다른 말로 바꿔 말하자면 "우리가 도움을 주는 것은 하나님이 먼저 우리를 도우셨기 때문이라"라고 할 수 있다.

그러므로 이 열매는 그 특성상 외적으로 가장 눈에 띄는 열매 중 하나다. 자비 · 친절은 마음의 상태나 눈에 보이지 않는 태도, 감정이 아니다. 어떤 사람이 불친절한 행동을 삼간다고 해서 그를 친절한 사람으로 생각하지는 않는다. 어떤 사람을 친절한 사람으로 여기는 것은 스스로 나팔을 불지 않고 조용히 친절한 행동을 하기 때문이다. 실질적이고 구체적이며 일상적인 행동으로 말이다. 우리는 초기 교부들로부터 1세기 당대의 사람들이 예수의 추종자들에게 붙여진 이름으로 인해 혼란스러워했다는 사실을 알게 되는데, 그리스도를 뜻하는 그리스어 단어*christos*, 크리스토스가 "친절한"크레스토스을 가리키는 단어와 비슷해서 많은 사람이 예수의 초기 추종자들을 "그리스도인"이 아니라 "친절한 사람"이라고 잘못어쩌면 적절하게 불렀다고 한다.

오늘날의 그리스도인은 어떤가? 우리는 주변 사람에게 "자비로운 · 친절한 자"로 인정받고 있는가? 우리 사회의 많은 부분이 친절을 기르는 것을 방해하고 있기 때문에 친절의 열매를 맺고 싶은 사람은 성령의 역사를 거스르는 이야기와 관행과 신념에 대한 깊은 성찰이 필요하다.

자비 · 친절을 방해하는 걸림돌

자비 · 친절을 도움을 주고받는 것으로 보면 친절을 키우는 데 방해되는 몇 가지 걸림돌을 생각해 볼 수 있다. 우리 사회에 도움을 주고받는 것을 방해하는 요소로 과연 어떤 것이 있을 것 같은가?

홀로서기를 증진하는 문화 우리 사회를 대충이라도 관찰해 본 사람이라면 이 말에 수긍할 것이다. 우리는 아주 어릴 적부터 자립성과 독립성, 그리고 자율성을 칭송하는 소리를 들으며 자란다. 또 도움을 청하는 것은 남에게 폐를 끼치는 것일 뿐 아니라 자신의 부족함을 나타내는 것이라고도 배운다. 도움을 구하는 일은 연약함과 부족함을 시인하는 것이다. 도움을 받아들이는 것은 당신이 홀로 설 수 없음을 시인하는 것이다. 부모들이 자식에게 기대하는 것 중 하나가 가능한 한 빨리 "독립하는" 일이다. 젊은이들은 "혼자의 힘"으로 경제적으로 자급자족의 상태에 도달하게 될 날을 준비하고, 우리 사회는 "혼자의 힘"으로 그것을 "성취해 낸" 이들을 칭송하기까지 한다. 과거에는 그들을 자수성가한 사람이라고 부르면서 찬사를 보내기도 했다.

따라서 오늘날 친절하기 어려운 이유 중 하나는 어린 시절부터 우리 사회가 우리에게 도움을 주고받는 것을 싫어하도록 편견을 심어 주고 있기 때문이다. 이런 사회에서 도움을 주는 일이 자칫 상대방을 약하고 부족한 자로 여긴다는 것으로 이해될 수 있다. 동일하게 우리 역시 약하게 보이기 싫어서 "혼자 힘"으로 일을 처리하려 하고 다른 사람에게 도움받는 것을 싫어한다. 테크놀로지와 문명의 이기들에 의존하고 있음을 기꺼이 시인하면서도"나는 컴퓨터나 핸드폰이 없이는 못 살아" 한편으로는 우리가 서로를 필요로 하는 존재라는 점을 인정하기 싫어한다는 사실은 참으로 아이러니하다.

우리 사회가 일방적으로 또 건전하지 않은 방식으로 자급자족을 강조하고 있다는 비판이 곧바로 서로 철저하게 의존해야 함을 주장하는 것은 아니다. 복지제도와 관련되어 일고 있는 논의들은 의존관계가 지닌 비인간적인 속성을 잘 보여 준다. 사람들이 생존을 위해 남에게 의존하게 될 때 궁극적으로 나쁜 결과를 초래할 수 있다는 데에는 이견이 없다. 그러나 이런 논의는 문제의 원인을 단지 "의존성"에서만 찾음으로써 그 사안을 너무 단순화시키는 경향이 있다. 즉 모든 형태의 의존성을 부당하고 해로운 것으로 보려고 하는 것은 잘못이다. 우리를 비인간화시키는 것은 의존성 자체가 아니라, 주고받을 기회를 완전히 배제시키는 의존성이다. 사람들에게 무언가 돌려줄 수 있는 기회를 주지 않을 경우에는 의존성은 도움을 받는 사람에게 감당할 수 없는 채무감을 안겨 주게 된다.

선물을 주는 행위로 돌아가 이 점을 자세히 설명해 보자. 대다수의 사회는 의무감과 주고받음을 통해 인간관계를 심화하고 확장하고 강화하는 정교한 방법을 갖고 있다. 가령, 친구관계는 선물을 주고받는 행습을 통해 확립되거나 유지된다. 다른 사람에게 선물을 주는 행위는 일종의 채무감과 의무감을 유발한다. 그 선물이 어떤 물건이든 접대든 친절한 행위든 모두 마찬가지다. 그 선물을 수용한다는 것은 그와 더불어 오는 일종의 신세의 "짐"을 받아들이는 셈이고 그 관계가 지속되는 한 언젠가 보답할 기회를 찾아서 되갚을 것을 생각하면서 받는 것이다. 그러므로 건강한 친구관계는 서로 돌아가면서 빚진 위치에 놓이고 기꺼이 주고받는 관계를 그 요건으로 삼는다. 요컨대 서로 친절한 행위를 주고받는 일은 우리를 서로 묶어 준다고 할 수 있다.

우리가 이런 절제와 기대감에 대해 성찰하는 경우는 드물지만, 그것은 이미 오래전에 우리 내면에 자리 잡고 있다. 선물을 받은 상대방이 보답하지 않기로 한다면, 그것은 무례한 행위까지는 아닐지라도 현재 수준 이상으로 의식적으로든 아니든 관계를 발전시킬 의향이 없다는 신호라고 생각한다. 이와 비슷하게, 주고받음과 적절한 시기에 대해서도 나름대로 내면화시킨 내용이 있다. 가령, 어느날 친구에게 선물을 주었는데 그 친구가 다음날에 선물을 돌려주러 찾아온다면 둘의 관계가 과연 건강한지 의심하는 게 당연하다. 그런 행동은 당신에게 빚진 상태로 있기를 싫어한다는 표시이기 때문이다. 모든 관계는 어느 정도의 신세를 지고 있기 때문에, 그런 행동은 당신과 지속적인 관계를 맺고 싶지 않은 마음을 시사한다. 그 친구는 재빨리 빚을 청산하겠다는 의사를 보임으로써 당신에게 신세진 상태로 있고 싶지 않

Kindness

고, 어떤 식으로든 당신에게 묶여 있고 싶지 않다는 신호를 보낸 셈이다. 이처럼 주고받는 행위의 타이밍에 대한 기대는 다른 사람을 칭찬하는 것 같은 사소한 일에도 적용된다. 다른 사람을 칭찬한 것이었는데 결국 거꾸로 우리 자신이 칭찬을 받은 경험을 한 번쯤은 했을 것이다. 상대방에게 친절하게 행동을 했는데 상대방이 당장에 보답하려고 애쓰는 사람이라면 조금 짜증이 나기도 한다. 그와 같은 반응은 우리의 선물을 선물로 받지 않고 그것을 불편한 거래 같은 것으로 변질시켜 버리는 것이다.

사랑을 다룬 장에서도 언급했듯이, 우리 사회의 두드러진 특징은 우리 삶이 거래 중심적으로 엮여 있다는 점이다. 만일 이런 거래관계가 삶의 모든 영역을 지배하도록 내버려 두면, 그것은 거의 모든 행동을 서로 유익을 주고받는 것으로 만들고 결국에는 이해관계를 따지는 거래관계로 변질시킴으로써 사랑과 친절을 주고받을 여지를 없애 버릴 것이다. 시장류의 상호교환의 장점이 대단히 효율적이라는 데 있다는 것은 널리 인정되고 있다. 이에 비해 간과되고 있는 단점은 그것이 대단히 비인격적이라는 점이다. 이런 거래는 우리에게 자급자족하고 있다는 착각을 불러일으킨다. 즉 열심히 일한 대가로 봉급을 가져오고 힘들게 번 돈으로 생활비를 지급하기 때문에, 나 자신이 나와 내 가족의 안녕을 확보했다고 믿기에 이른다.

그러나 조금만 생각해 봐도 그런 생각이 얼마나 잘못된 것인지를 알 수 있다. 시장류의 거래관계가 자급자족의 착각을 불러일으키는 것은 남에게 신세지고 있다는 느낌, 남과 연결되어 있다는 느낌을 거의 주지 않기 때문이다. 식료품 가게의 계산대를 통과할 때는 그런 상품을 구입할 수 있기까지 얼마나 많은 사람이 수고했는지를 생각할 사람은 거의 없다. 가령, 진열대에 시리얼 한 상자를 올려놓기까지 얼마나 많은 사람의 손을 거쳤는지를 생각해 보라. 금방 떠오르는 사람들인 농부, 곡식을 가공처리하는 사람, 생산공장에서 일하는 사람, 물류 담당자, 디스플레이어 외에도 그들이 그런 일을 할 수 있도록 그 배후에서 일하는 연료를 공급하는 사람, 설비 회사의 직원, 기계 제조업자, 행정 요원 등도 떠올릴 수 있을 것이다. 하지만 이 연결고리는 거기서 끝나지 않는다. 그들이 그런 일을 할 수 있는 여건을 만들어 주는 수많은 사람들의 배후에는 이들을 지원해 주는 또 다른 수많은 사람들이 있다. 이처럼 상호지지와 상호의존의 연결고리는 끝없이 이어져 있다.

우리가 일단 우리 모두가 한 번도 만난 적이 없고 앞으로도 그럴 가능성이 없는 수백만의 사람에게 크게 빚지고 있다는 이 자명한 사실을 인정하면, 그보다 더 자명한 문제에 부딪히게 된다. 시리얼 한 상자나 우유 한 병을 생산하려고 열심히 일하는 모든 사람들 모두가 나에게 보이지 않는 무명의 인물이기 때문에, 그들에게 빚진 심정을 갖는다는 것이 불가능해진다. 수백, 수천에 달하는 얼굴도 모르는 사람들에게 신세를 졌다는 것이 무슨 뜻인가? 어떻게 그들에게 감사를 표시할 수 있겠는가?

Kindness

중요한 점은 우리가 누구에게든 감사를 표시하거나 보답할 필요를 느끼지 않는다는 것이다. 왜 그런가? 우리는 의식적이든 아니든, 이 관계를 시장의 거래관계로 파악하고 있기 때문이다. 요컨대, 나는 이미 대가를 지불했기 때문에 누구에게 빚진 심정을 가질 필요가 없다고 생각한다. 나는 내가 원하는 것을 얻었고 그들은 그들이 원하는 것을 얻었으므로 내 편에서 채무감을 느낄 필요가 없는 것이다. 빚진 관계가 지속될 필요도 없고, 주고받을 필요도 없다.

이것이 우리의 공동생활과 관련하여 어떤 의미를 주는가? 사실 우리가 살고 있는 사회는 갈수록 더 복잡해지는 상호의존의 네트워크를 창조하고 있다. 그 가운데 많은 네트워크는 이해관계가 걸린 상호교환을 중심으로 짜여 있고 돈과 전자기술 같은 비인격적인 수단을 매개로 하기 때문에 우리는 마치 자급자족하고 있는 것처럼 착각한다. 이런 착각은 그리스도인들이 성령에 힘입어 자비·친절의 열매를 기르는 일을 방해한다. 우리 주변의 사람들이 점점 더 독립적이 되는 것을 목표로 삼고 있는데, 어떻게 그들에게 친절을 베풀고 기꺼이 도움을 제공하는 법을 배울 수 있겠는가? 이에 못지않게 어려운 문제는 타인의 친절한 행위를 있는 그대로 받으면서도 우리의 연약함을 고발하는 것으로 보지 않는 법을 배우는 일이다. 우리 사회가 도움을 구하는 것을 약함과 무능함의 표시라고 가르치고 있는 상황에서, 어떻게 하면 우리는 도움이 필요함을 시인하고 그런 도움을 감사히

받는 법을 배울 수 있을까?

자비·친절의 열매를 기르고 싶은 그리스도인은 우리 사회의 중심에 근본적인 모순이 있다는 것을 인식할 필요가 있다. 현대의 일상적인 삶은 과거 어느 때보다 타인의 서비스에 의존하고 있으면서도, 점점 더 많은 사람이 독립성과 자립성을 목표로 삼고 있는 실정이다. 이런 목표는 우리와 같은 시대에 무엇을 의미하겠는가? 이런 목표를 바람직하게 보는 이유는 무엇인가?

자율성을 독려하는 사회 이 마지막 질문에 이어 이제는 우리 사회가 홀로서기·자립과 함께 높이 평가하는 또 다른 "식물"을 살펴볼 차례가 되었다. 이 식물은 자급자족과 아주 비슷한 모양을 갖고 있지만, 다른 열매를 맺으면서 친절의 열매를 키우는 것을 위협하고 있다. 이 식물을 우리는 "자율성"이라고 부른다.

자율적이 된다는 것은 스스로 방향을 정하고 스스로 결정하는 것을 뜻한다. 역사적으로 서양이 자율성에 높은 가치를 부여한 것은 17세기와 18세기 유럽 계몽주의 이후에 일어난 현상이다. 자율성을 특권적 지위로 끌어올린 것은 다른 형태의 권위를 배척하는 일과 나란히 발생했다. 권위의 중심이 더 이상 왕이나 교회, 과거의 전통과 가르침에 있지 않고, 개별 인간에게 있다고 믿게 되었다. 이제는 인생의 방향이 이런저런 외적인 권위에 좌우되지 않고, 자율적인 개인이 되는 것, 곧 본인의 이성과 도덕적 나침반이 지시하는 대로 움직이는 것을 새로운 목표로 삼았다. 이런 자율성의 개념에 비추어 볼 때, 상호의존을 포함한 모든 형태의 의존성은 심각한 위협거리로 간주되었다. 스스로 방향을 정할 수 없다는 것은 곧 노예상태와 속박 가운데 있는 것을 의미한다.

이런 일방적인 강조가 낳은 문제로 눈을 돌리기 전에 많은 사람이 계몽주의의 자율성을 정당한 것으로 믿고 있다는 점을 인식할 필요가 있다. 임마누엘 칸트를 비롯한 계몽주의자들이 반대한 것은 사람들이 전통적인 권위를 가진 자들의 말을 무비판적으로 받아들이는 모습이었다. 다섯 살 된 아이가 "엄마가 그렇게 말했기" 때문에 어떤 행동을 하는 것은 받아들일 수 있지만, 칸트를 비롯한 많은 이들은 그런 이유만으로는 불충분하고 "실질적인" 근거가 있어야 한다고 주장했다. 사실 그 시대 이후에 서양에서 일어난 도덕적 논증과 추론의 역사는 어느 면에서 어떤 원인이 좀더 실질적인 것인지를 놓고 논쟁한 역사라고 해도 과언이 아니다.

어떤 입장은 전통에 뿌리를 둔 이유들은 모조리 불충분할 가능성이 높다고 주장했다. 칸트 같은 이들의 슬로건은 "감히 당신 스스로 생각해 보라"라는 것이었다. 하지만 지금은 그런 충고만으로는 우리가 어떻게 행동해야 할지 사회적 차원의 합의를 끌어내기 어려운 시기가 되었다. 우리 사회는 의존성을 부추기는 일은 곧 무책임함을 부추기는 것이라고 철저히 믿고 있지만, 이제 우리는 독립성과 자율성을 키우는 일도 똑같이 그럴 수 있다는 것을 깨닫게 되었다. 사회적 차원에서 우리는 오랫동안 심고 양성해 온 자율성의 씨앗으로부터 열매를 거두고 있는 중이다. 이를테면 "가족에 대한 의무를 회피하는" 아버지를 우리는 무책임한 자로 혹은 거렁뱅이 아버지로 간주한다. 그런데 무슨 근거로 우리 사회는 그런 판단을 내리는가? 그런 의무는 어디서 오는 것이며, 누가 무슨 권한으로 우리에게 그것을 지켜야 한다고 말하는가? 그런 아버지 중 다수는 개인의 자율성을 실현하고 있는 것은 아닌가? 그들은 이렇게 말할지도 모른다. "어째서 내가 가족에게 묶여 있어야 하는가? 그렇게 되면 내 자율성이 침해를 받고, 스스로 방향을 정하고 스스로 결정하는 권리가 침해를 당하는 게 아닌가? 나는 가족의 필요와 욕구에 내 삶이 좌우되는 것을 원치 않는다. 나는 내 일을 하고 싶다." 어떻게 자율성의 가치를 무조건 칭송하는 사회가 그것을 실행하는 자들을 정죄할 수 있겠는가?

Kindness

자기본위로 생각하게 하는 문화 위에서 논의한 내용을 통해 자립성과 자율성이 추상적인 관념에 불과하지 않다는 점이 분명해졌다. 이런 개념은 인생의 목표에 대한 일종의 신념으로서 우리의 삶에 방향을 제공해 준다. 몇 가지 예만 보아도 이런 신념이 우리의 일상생활에 얼마나 깊이 얽혀 있는지를 알 수 있다.

노동은 우리의 생활에서 큰 비중을 차지한다. 고등학교 시절부터 용돈을 벌기 위해 아르바이트를 하고, 대학 시절에는 학비나 용돈을 벌고 값진 경험을 쌓기 위해 아르바이트를 계속한 뒤에 졸업 후에는 보람 있고 보수가 괜찮은 직업을 구한다. 이런 과정을 밟으면서 우리의 재능과 능력은 우리의 것이라는 생각과 더불어 우리 자신의 이익을 위해 활용해야 할 자원이라는 믿음이 제2의 천성이 된다. 이런 틀로 보면 일은 서로를 섬기는 행위가 아니고 우리 손으로 우리가 원하는 것을 획득하는 수단이다. 게다가 동료 일꾼들을 상사로부터의 칭찬과 봉급 인상과 승진 같은 희소한 자원을 얻기 위해 다투는 경쟁자로 보게 된다.

교육 시스템도 이런 관점에 물들어 있다. 우리는 과목이나 환경공립, 사립 등과 상관없이 가장 중요한 것은 내가 배우는 것, 내가 아는 것, 내 성적이라고 배웠고 친구를 경쟁자로 보는 데 익숙하다. 아주 어린 시절부터 우리에게 어떤 지적인 능력이 있든지 우리 자신의 유익을 위해 그것을 이용해야 한다고 배운다. 내 은사와 재능을 왜 다른 사람을 돕는 데 사용해야 하는가!

이런 생각이 삶의 많은 영역에 만연해 있다. 예를 들어 운동 코치들은 선수들을 개인의 영예가 아니라 다 함께 협력하는 데 주목하도록 만드는 것이 거의 불가능함을 알고 있다. "다 함께 협력하면 내가 아닌 누군가가 최우수선수로 뽑힐 텐데 왜 그렇게 해야 하지?" 우리는 다른 사람을 경쟁자로 보는 데 너무 익숙해 있어서 배우자조차 동반자로 보는 것이 어려울 정도다. 한 배우자가 영예를 얻든가 승진을 하면, 다른 배우자는 그것이 가능하도록 도왔다는 것에 만족감을 느끼는가? 배우자의 영예나 승진이 자신의 "희생"으로 얻은 것이라는 생각에 피해의식 같은 감정을 느끼지는 않는가?

우리는 이런 자기본위의 생각을 이기심의 또 다른 예로 생각할 수도 있다. 이런 견해도 나름 일리가 있지만 그 이상의 것이 있다고 나는 믿는다. 문제는 우리가 이기적인 존재라는 점에만 있는 게 아니라, 우리 사회가 사물을 자기본위의 시각으로 보도록 우리를 부추기고 있다는 점에 있다. 우리 문화는 우리 자신을 자급자족하는 자율적인 존재로 보도록 부추김으로써 현재의 행복을 순전히 자신이 이룩한 업적으로 생각한다. 적어도 만사가 잘 돌아갈 때는 그렇다. 달리 말하면 우리가 삶의 상태와 방향에 만족할 때는, 우리가 현재의 성공을 확보한 방법을 얘기하면서 우리 자신에게 공로를 돌린다. 그러나 일이 제대로 돌아가지 않을 때 우리는 그 원인을 남의 탓으로 돌리려고 그 대상을 찾는다. 그래서 어떤 이들은 오늘날의 문화를 "피해의식의 문화"라고 부르기도 한다.

Kindness

이 "피해의식의 문화"를 비판하는 이들은 일이 잘 돌아갈 때는 아무도 불평하지 않는다는 사실을 잘 보지 못한다. 우리의 삶에 무언가 좋은 일이 일어날 때는 아무도 "나는 피해자야!" 하고 소리치지 않는다. 따라서 문제는 사람들이 자신의 삶에 대해 더 이상 책임을 지지 않으려 한다는 점에 있지 않다. 오히려 문제는 우리의 지극히 선택적인 태도에 있다. 일이 잘 돌아갈 때는 우리 자신에게 공로를 돌리고, 일이 안 돌아갈 때는 책임을 지려고 하지 않는다. 지금처럼 자율성과 자급자족을 중시하는 문화가 당면한 큰 도전은 우리의 삶이 서로 복잡하게 얽혀 있음을 인식하는 일이다. 우리의 행동은 다른 사람들에게 영향을 미치고, 그들의 행동은 우리에게 영향을 준다. 우리는 자급자족하는 존재도 자율적인 존재도 아니고 그렇게 되는 것이 바람직하지도 않다. 따라서 우리의 행복이 언제나 다른 사람들과 묶여 있음을 빨리 인정하면 할수록 더 나은 인생을 살 수 있게 된다.

상호의존적인 자세야말로 기독교 이야기와 잘 어울림에도 불구하고, 많은 그리스도인과 교회는 우리 문화가 주입하는 홀로 서려는 마음과 자율성의 덕목에 도전하지 못하고 있다. 사실 우리는 스스로를 믿음의 형제자매들에게 의존되어 있는 존재로 또는 그들을 책임지는 존재로 보지 않는다. 오히려 우리 자신을 자율적인 개인으로 여기고 그저 영적인 의미에서 서로의 지체라고 생각한다. 지체가 영예를 얻게 되면 축하해 주지만, 내가 영예를 얻었다고 생각하지는 않는다. 내 은행 계좌, 내 보험증서들, 내가 축적한 것들은 모두 누구에게든 의존하려고 하지 않으려고 내가 들어 놓은 보장들이다. "당신 도움을 필요로 할 거라고 생각하지 마세요. 내 일은 내가 잘 알아서 할 테니까요!"

이에 비추어 볼 때, 땅에 보물을 쌓아 두지 말라고 한 예수님의 경고마 6:21–23를 보물을 축적해 하나님과 남으로부터 독립하려는 태도에 대한 경고로도 볼 수 있다. 즉 기독교 공동체를 약화시키고 친절한 행위를 막는 그런 태도를 멀리하라는 경고로 말이다. 우리가 자주 경험하는 하나님의 부재不在와 하나님과 다른 사람을 불필요한 존재로 만드는 우리의 생활 구조 사이에는 밀접한 관련이 있다.

자비 · 친절이라는 열매 기르기

이제까지의 논의가 시사하듯이 현재의 지배문화가 자비 · 친절의 미덕을 정면으로 공격하고 있는 것은 아니다. 우리 사회가 친절을 철저하게 외면하고 무자비하고 인색한 식물로 교체하겠다고 나서는 것은 아니라는 말이다. 그러나 앞에서 언급했듯이 무자비하고 인색한 마음이 없다고 해서 자동적으로 친절한 사람이 되는 것은 아니다. 우리 사회는 홀로 서려는 마음과 자율성을 양성함으로써 친절의 성장을 방해하고 있다. 다행스러운 것은 하나님이 친절의 열매를 재배하는 데 필요한 많은 자원을 우리에게 주셨다는 사실이다.

우리들의 이야기 기억하기 다시 한 번 예배를 관찰하면서 시작해 보자. 우리는 모일 때마다 하나님은 우리를 창조하신 분이요 우리를 유지시키시는 분이라고 고백하는데, 이는 우리가 우리의 힘으로 여기까지 온 것이 아니라는 점을 상기시켜 준다. 우리 문화에서는 우리가 가진 모든 것을 우리 손으로 획득한 것이라고 생각하기 쉽지만, 이런 생각이 하나님의 백성 가운데서는 뿌리내리기 어렵다. 하나님의 한없는 은혜에 감사와 찬양을 드리기 위해 정기적으로 다른 신자와 함께 모이는 그리스도인이라면 스스로를 자율적인 존재로 생각할 수 없는 것이다.

예배 모임 자체도 우리가 의존된 존재임을 보여 주지만, 모일 때마다 되풀이되는 기독교 이야기도 우리가 하나님께 완전

Kindness

히 의존된 존재임을 중심으로 삼고 있다. 우리를 피조물로 묘사하는 창세기의 첫 부분부터 하나님이 가져올 미래의 그림을 보여 주는 요한계시록의 마지막 부분에 이르기까지 성경은 거듭 우리가 "혼자 선 사람들"이 아니라는 점을 상기시켜 준다. 게다가 하나님의 백성은 이 단순하면서도 심오한 진리를 계속 상기할 필요가 있다는 사실 그 자체도 우리 이야기의 일부다. 예를 들어 이스라엘 자손이 오랜 방황 끝에 가나안에 들어가려 할 때, 하나님은 장차 그들이 번성하게 되면 과거를 잊어버리고 스스로의 능력과 힘으로 번성하게 되었다고 믿고 싶은 유혹에 빠질 것이라고 경고하신다신 8장.

신약성경에서는 바울이 우리 자신의 능력과 힘을 신뢰하는 것을 경고하면서 복음의 핵심에는 "하나님이 인간의 약함을 통해 일하는 것을 자랑으로 여기신다"는 진리가 있다고 말한다. 우리의 힘으로 행할 때에 우리는 일을 성사시킨 우리의 능력과 솜씨를 자랑하고 싶어한다. 반면에 하나님이 우리의 약함을 통하여 일하시면 우리의 능력이 아닌 하나님의 은혜가 충분하다는 사실을 깨닫게 된다. 그래서 바울이 하나님께 "육체에 있는 가시"를 제거해 달라고 세 번 간구했을 때, 하나님은 "내 은혜가 네게 족하도다. 이는 내 능력이 약한 데서 온전하여짐이라"고후 12:9 라고 응답하신 것이다.

요약하자면 우리가 그리스도인으로서 우리의 이야기를 기억한다는 것은 비할 데 없고 한량없는 은혜의 이야기를 기억한다는 뜻이다. 바울이 주장하듯이 하나님은 "그리스도 예수 안에서 우리에게 자비하심으로써 그 은혜의 지극히 풍성함을 나타내"셨다엡 2:7. 우리의 이야기는 우리의 재능과 능력과 수고로 성취한 훌륭한 업적에 관한 이야기가 아니다. 그것은 우리가 과분하게 받은 것, 우리 손으로 얻지 않은 것, 우리 홀로 획득할 수 없던 것을 받은 것에 관한 이야기다. 우리는 현재도 그렇거니와 미래에도 항상 하나님의 선물을 받는 입장에 서게 될 것이다. 우리가 다른 이들로부터 구별되는 점은 우리는 그 선물을 받았으나 그들은 받지 않은 데에 있는 것이 아니라, 우리는 누구에게 감사할지를 알되 그들은 모른다는 데에 있다. 그 결과 우리는 정체성에 위협을 느끼지 않고도 자유롭게 자비·친절을 주고받을 수 있는 것이다.

Kindness

밀도 깊은 관계 양성하기 하나님이 우리에게 주신 가장 귀중한 선물 가운데 하나는 바로 우리다. 우리가 이 점을 자주 감사하지 못하는 것은 홀로 서려는 마음과 자율성을 강조하는 사회 풍조에 너무나 동화되어 있기 때문이다. 지금은 서로를 하나님이 주신 선물로 보는 게 아니라 잠재적인 위협거리나 경쟁자로 보려고 한다. 이는 오늘처럼 개인주의에 푹 젖어 있고 자율성과 독립성을 길러 주는 사회가 낳은 당연한 결과다.

우리가 개인을 강조하는 문화적 풍조를 완화시키려 하면 대다수는 "공동체"를 강조하는 입장을 의심의 눈초리로 쳐다보고, 우리가 개인에 대한 지나친 강조를 건전치 못한 것으로 인정하려 하면 개인주의를 두둔하는 사회적 이야기들은 오히려 공동체가 야기하는 전체주의, 집단 순응적 사고, 획일화 등의 여러 위험에 대해 경고한다. 요컨대, 우리가 개인주의에 대해 어떤 우려를 표명하든지 간에 우리 대다수는 집단적 정체성의 강조에 내재된 위험성을 더 많이 우려하려고 한다.

이런 우려는 부분적으로 개인과 집단의 관계에 대한 우리의 생각에서 말미암는다. 우리는 개인과 집단을 별개의 실체로 생각하며 어느 것을 더 우위에 두느냐를 놓고 논쟁한다. 이 견해에 따르면 일부는 집단이 개인의 필요를 채우기 위해 존재한다고 믿는 반면에 다른 부류는 개인이 집단의 필요를 위해 존재한다고 믿는다. 전자의 경우에는 개인이, 후자에게는 집단이 강조된다. 이 두 견해의 문제점은 양자를 별개의 실체로 보고 서로 대립되는 관계로 간주하면서 어느 것이 더 중요한지 우리가 정해야 한다고 주장한다는 점이다.

이런 입장의 단점을 보려면, 신약성경이 교회를 묘사하기 위해 사용하는 가장 심오한 이미지인 그리스도의 몸을 성찰해 보는 것만으로 충분하다롬 12:3-8, 고전 12장, 엡 4:1-16. 앞에서 언급했듯이 이 아름답고 강력한 이미지는 우리의 일반적인 생각에 근본적인 도전을 가한다. 이를테면 우리가 제대로 기능하는 건강한 몸에 대해 생각할 때, 몸의 부위들이 몸을 위해 존재하는지, 아니면 몸이 몸의 부위들을 위해 존재하는지를 따지는 것은 무의미하다. 몸과 몸의 부위들을 서로 별개의 실체로 생각하면서 어느 것이 다른 것보다 우위를 차지하는지를 묻는 것은 아무런 의미가 없다. 어느 하나가 다른 것들의 기반 없이 이루어질 수 있다는 생각 자체가 잘못이다. 그건 불가능한 일이다. 몸의 부위들이 없는 몸을 가질 수 없고, 또 몸의 부위들이 한 몸에 속해 있지 않으면 제대로 기능하는 몸을 가질 수 없는 법이다. 따라서 몸과 그 부위들을 서로 대립시키지 말고, 그것들을 구성적인 개념들로 생각할 필요가 있다. 말하자면 그것들은 서로를 구성하는 통합적인 개념들이다.

일단 이 점을 분명히 하면 더 이상 "개별적인 그리스도인과 교회 가운데 어느 것이 더 중요한가?"와 같은 무의미한 질문을 던지지 않게 된다. 성경에 따르면 그리스도인들은 그리스도의 몸을 떠나서 어떤 정체성도 가질 수 없다. 그리스도인이 되는 것과 그리스도의 몸이 되는 것은 동일한 것이다. 그렇기 때문에 바울이 우리는 서로에게 속해 있다고 우리는 "서로 지체의 관계"에 있다고 주장하는 것이다롬 12:5, 엡 4:25. 서로 속해 있다는 것은 소유의 문제가 아니라 관계의 문제다. 하나님이 우리를 그리스도를 통해 그리고 그 안에서 서로 연결시키셨기 때문에 서로에게 속하게 되었다. 이와 같은 생명의 관계로 서로 연결되지 않으면 몸도 있을 수 없다. 몸의 각 부분이 아무리 서로 근접해 있더라도 유기적인 관계가 없다면 몸이라고 할 수 없다.

이런 관계를 떠나서 그리스도의 몸을 이룰 수 없다는 것을 알게 되었다면 그 관계의 특성에 대해 생각해 보는 것이 필요하다.

Kindness

성경은 그에 대해 어떻게 말하는가? 그것들은 어떻게 창조되고 유지되는가? 바울은 여러 곳에서 이 관계들이 하나님에 의해, 즉 하나님이 그리스도의 몸을 이루는 상호보완적인 은사를 부여하시는 것을 통해 그렇게 된다고 말한다. 달리 말하면 하나님은 몸의 각 지체에 독특하고 중요한 은사, 곧 몸의 나머지 부분이 건강을 유지하는 데 필요한 은사를 주신다. 요컨대 하나님은 각 지체가 다른 지체들을 필요로 하도록 몸을 창조하신 것이다. 이는 하나님이 정하신 몸의 특성이 상호 간의 섬김에 뿌리박고 있음을 뜻한다. 나에게 다른 지체들이 몸의 건강과 안녕에 기여하는 것이 필요하듯이 그들도 내가 제공하는 것을 필요로 한다. 하나님은 우리 가운데 아무도 스스로의 안녕을 확보할 수 없도록 몸의 생명을 조직하셨다. 그래서 발 또는 다른 부위는 홀로 스스로를 세우거나 지탱할 수 없는 것이다. 우리는 서로를 필요로 하는 관계다.

앞에서 정치를 사람들의 공동생활을 정돈하는 행위라고 정의했는데, 바울이 이해하는 그리스도의 몸은 전혀 다른 정치를 내포하고 있다고 할 수 있다. 이 백성의 삶은 자신의 은사를 자기 것으로 여기는 신념을 중심으로 조직되어 있지 않다. 바울은 정반대로 말한다. 은사들이 교회에 주어진 것은 "성도를 온전하게 하여 봉사의 일을 하게 하며 그리스도의 몸을 세우려 하심이라 우리가 다 하나님의 아들을 믿는 것과 아는 일에 하나가 되어 온전한 사람을 이루어 그리스도의 장성한 분량이 충만한 데까지 이르게 하려 함"이다엡 4:12-13.

신약에 나오는 그리스도의 몸 이미지는 자급자족과 자율성 같은 현대적인 관념에 근본적으로 도전한다. 그리스도인은 그리스도의 몸에 접붙임을 받음으로써 자신의 안녕을 스스로 확보해야 한다는 부담에서 해방되었고, 자율성을 지나치게 강조할 때 수반되는 소외감에서도 자유롭게 되었다. 그리스도인들은 친절한 행위를 주고받는 등 서로를 섬기는 삶을 살 수 있는 능력을 부여받게 된 것이다.

서로에게 귀를 기울이기 그리스도인들이 진정 그리스도의 몸으로 기능하려면, 서로 간에 더 강하고 더 친밀한 관계를 만드는 게 필요하다. 그러기 위해서는 귀를 기울이는 법부터 배워야 한다. 서로에게 경청하는 일은 서로를 우리의 행복을 위협하는 존재로 보지 않을 때에 크게 촉진된다. 사실 자급자족과 자율성을 강조하는 이런 문화에서는 서로에게 귀를 기울여야 할 이유가 없다. "왜 내가 너에게 귀를 기울여야 하지? 나는 네 인생에 일어난 좋은 일에 대해 듣고 싶지 않아. 그러면 내 처지가 한심해서 우울해질 뿐이니까. 네 문제에 대해서도 마찬가지야. 내 문제도 산더미 같은 말이야. 네 조언이나 훈계 따위도 듣고 싶지 않아. 내 문제는 내가 알아서 할 거야."

그러나 일단 서로를 위협적인 인물이 아닌 선물로 보는 안목을 갖게 되면 서로를 경청하는 일은 우리의 공동생활에 꼭 필요한 것이 된다. 나는 당신의 업적을, 당신은 나의 업적을 자랑스럽게 여기는 법을 배울 필요가 있다. 어느 편이나 혼자의 힘으로 그 일을 이룬 것이 아니기 때문이다. 마찬가지로 나는 내 문제도 기꺼이 나눌 필요가 있는데, 친절한 행위를 받는 법을 배우는 것도 그리스도의 몸으로서의 우리의 정체성에 중요한 요소이기 때문이다. 끝으로 지체의 조언이나 훈계를 독립성과 자율성에 대한 위협거리가 아니라, 안녕과 온몸의 평안을 위한 하나님의 선물로 받는 법을 배울 필요가 있다. 형제나 자매의 목소리를 제대로 경청하지도 못하면서 어떻게 하나님의 음성을 듣는 법을 배울 수 있겠는가. 다른 사람의 목소리를 통해 하나님의 말씀을 듣게 되는 경우가 얼마나 많은가!

남의 말에 귀를 기울이는 일 자체가 친절한 행위이며, 이는 상대방을 배려하는 행동으로 이어진다. 시간을 내어 서로에게 귀 기울이지 않고서 서로 간에 필요한 것이 무엇인지를 어떻게 알 수 있겠는가. 여러 면에서 진정한 경청은 죽음과 비슷한 점이 있는데, 다른 사람에게 완전히 몰두하려면 한동안 우리의 의제를 내려놓아야 하기 때문이다. 이렇게 함으로써 우리는 스스로를 하나님의 임재와 은혜의 도구로 내놓게 된다. 성령의 다른 열매와 같이 친절도 이처럼 타인지향적인 성격을 갖고 있기 때문에 우리가 세상에 보여 줄 하나님의 사랑의 일면이라 할 수 있다.

끝으로 초두에 언급한 "무작위적 친절"은 진정한 타인지향성이 없다는 점이 한계다. 그런 행동은 다른 사람의 진정한 필요와 상관없이 누군가를 위해 "친절한" 행동을 했다는 자체로 기분이 좋아지는 것을 지향하고 있기 때문이다. 그런 행동은 사실 나에게 아무것도 요구하지 않는다. 경청하는 일도, 필요한 것을 분별하는 일도, 많은 시간을 할애하는 어떤 일도 요구하지 않는다. 또한 그런 행동은 장기적인 관계를 만들어 주지도 또 지탱해 주지도 않는다. 행위의 익명성이 그것의 무작위성을 담보하기 때문이다. 그 대신에 내가 뜻밖에 좋은 일을 했다는 데서 오는 "쾌감"을 느끼게 할 뿐이다. 그러나 그런 행동이 나의 자아를 치켜세우고 남의 주목과 "칭찬"을 받는 데 초점을 둔 것이라면, 그런 열매는 예수 그리스도의 삶과 사역에 생명력을 준 그 성령이 아니라 다른 영에서 나오는 것이라고 말할 수 있다.

묵상과 적용

Kindness

■ 자신의 인생 이야기를 보통 어떻게 서술하는지 생각해 보라. 그 이야기에서 다른 사람들은 얼마나 중요한 존재인가? 당신의 인생 이야기를 들려줄 때 다른 사람은 전혀 언급하지 않고 당신 자신에 대해서만 서술한다면 어떻게 될지 한번 상상해 보라. 그런 식으로 얼마만큼이나 이야기할 수 있겠는가? 이런 질문이 우리의 독립성과 자율성에 관해 무엇을 말해 주는가?

■ 흔히 "서로"라고 번역되는 그리스어 단어 '알렐론'*allelon*을 연구해 보라. 신약의 저자들이 신자들에게 "서로" 무언가를 하도록훈계하라, 위로하라, 선을 행하라, 친절하라 등 얼마나 자주 권

면하는지를 주목하라. 얼마나 많은 신약성경의 권면들이 그런 언어, 곧 사람들이 상호의존 관계에 있다고 생각하지 않으면 아무 의미가 없는 그런 언어로 표현되어 있는지를 알면 깜짝 놀랄 것이다.

■ 신약성경에 나오는 그리스도의 몸이란 은유에 대해 잠시 생각해 보라. 이 이미지에 비추어 당신의 신앙생활을 어떻게 묘사할 수 있겠는가? 당신은 어떤 면에서 그 몸의 다른 지체들과 긴밀히 연결되어 있는가? 당신이 다른 사람들보다 그 몸에 더 연결되어 있다고 느낀 적은 언제인가? 이런 관계 의식을 어떻게 설명할 수 있는가?

■ 당신이 받았다고 생각하는 은사와 재능에 대해 깊이 생각해 보라. 그 은사들을 당신 홀로 발견했는가, 아니면 다른 사람들과 교류하는 가운데 알게 된 것인가? 그 은사들이 당신의 것이므로 당신의 유익과 이득을 위해 그것을 이용해야 한다고 생각한 적은 없는가? 만일 그런 은사들이 그리스도의 몸을 세우고 하나님의 나라를 위해 존재한다고 생각한다면, 그것들을 구체적으로 어떻게 활용할 생각인가?

■ 당신이 가장 소중하고 귀하게 여기는 관계들을 생각해 보라. 그 관계들은 어떤 면에서 상호의존성의 특징을 갖고 있는가? 그리스도인들이 오늘날과 같은 사회 풍토에서 그런 관계를 증진하려면, 먼저 우리의 삶이 어떻게 서로 깊이 얽혀 있는지를 주목하는 것이 좋다. 이 장에서 다룬 것처럼, 우리도 잘 인식하

지 못하는 사이에 우리의 삶은 이미 많은 사람의 삶과 복잡하게 얽혀 있다. 물론 그 가운데 대부분은 우리의 신분과 상관없이 피상적인 수준으로 유지되고 있기 때문에 중요하지 않을 수 있다. 가령, 다시 한 번 아침에 먹는 시리얼을 생각해 보자. 그것을 생산하는 과정에 관여한 사람들이 나와 복잡하게 연결되어 있지만, 그 대다수는 내가 그것을 사든지 내 이웃이 사든지 별로 관심이 없다. 그럼에도 불구하고 이런 관계를 인식하는 일이 필요한 것은 그것이 우리의 삶이 어떤 면으로든 자급자족하거나 자율적인 것이 아님을 일깨워 주기 때문이다.

뿐만 아니라 우리의 삶에서 다른 사람들과 협력함으로 서로 가까운 관계를 맺을 수 있는 영역들이 우리에게 필요하다. 이를테면 우리의 일터를 생각할 때 단지 우리의 생계를 유지하기 위한 수단으로만 생각하지 않고 어떤 형태로든 다른 사람들을 섬기는 현장이라고 여긴다면 어떻게 되겠는가? 또 다른 사람들의 일도 우리를 섬기는 활동이라고 생각한다면 어떻게 되겠는가? 우리는 날마다 우리를 섬기는 일을 하는 사람들에게 둘러싸여 있다. 물론 그들을 생활을 위해 당연히 해야 할 일을 하는 사람들로 치부할 수도 있지만, 그 대신 우리의 삶이 그들 덕분에 더 풍요롭게 된다고 생각하며 작은 감사의 표시를 해 보라.

■ 끝으로 경청하는 문제를 생각해 보자. 우리가 남에게 귀를 기울이지 못하게 방해하는 가장 큰 걸림돌은 너무도 바쁜 생활이 아닐까 싶다. 우리는 여기저기에서 이런저런 일을 하는 등

자신의 생활에 너무 몰입해 있어서 다른 사람의 말을 경청하기는커녕 들을 시간조차 없는 형편이다. 이 문제를 다루기 위해 아주 오래전에 베네딕트 수도회에서 개발된 훈련인 스타티오*statio*를 실천해 보는 것도 좋을 것이다. 스타티오란 현재 본인이 관여하고 있는 사람에게 좀더 집중할 목적으로 다른 일을 시작하기 전에 기존의 일을 멈추는 것을 뜻한다. 예를 들면, 퇴근하여 집으로 돌아올 때에 배우자와 아이들의 필요를 생각해 보기 위해, 도착하기 5분 내지는 10분 전에 자동차의 라디오를 끔으로써, 현관을 들어서는 순간에 내가 아닌 그들에게 좀더 주목할 수 있게 되는 것이다. 또 내가 교수실에서 강의실로 이동할 때 방금 읽은 글이나 책을 곰곰이 생각하는 대신에 생각을 학생들에게 집중함으로써, 강의실에 들어서는 순간에 그들에게 온전히 주목할 준비를 갖추는 것이다. 요약하자면, 만일 우리가 경청하는 법을 배우지 못하면 남에게 친절해지기가 어려울 터이고, 우리가 오로지 자신에게만 마음과 생각을 몰두하고 있으면 좋은 경청자가 되지 못할 것이다. 스타티오의 훈련은 우리의 삶 속에 다른 사람을 영접할 수 있는 공간을 만드는 훈련이다.

이 장의 초두에 인용한 인용문이 시사하듯이, 하나님은 우리의 가치를 저울에 달아보고 거기에 비례하여 자비·친절을 베푸는 그런 분이 아니다. 하나님은 "은혜를 모르는 자와 악한 자에게도 인자한" 분이고, 예수님은 우리에게 그와 똑같이 자비로운 인자함을 베풀라고 촉구하신다. 예수님의 말씀처럼 우리에게 친절한 이들에게 친절해지는 것은 비교적 쉽지만, 그런 "자비 · 친절"은 하나님 나라에서 오는 빛을 비추지 못한다. 우리는 하나님의 영에 힘입어 하나님의 은혜와 임재를 전하는 통로로 이웃에게 사랑하기 쉬운 사람과 어려운 사람 모두에게 친절을 베풀도록 부름을 받았다. 이 부름에 부응하기 위해 다음과 같은 마르틴 루터의 말을 묵상하는 것도 도움이 될 것이다. 이는 루터가 16세기의 동료 그리스도인들에게 그리스도 안에서 얻은 자유를 친절하게 이웃을 섬기는 기회로 삼으라고 권하는 내용이다.

> 우리가 하는 모든 일을 다른 사람들의 안녕을 위해 바쳐야 하는 것은, 우리 각자가 자신의 믿음 안에 그토록 풍성한 복을 갖고 있어서, 다른 모든 일과 온 생애를 자발적인 자비로움으로 이웃에게 섬김과 선행을 베풀 수 있는 덤으로 여기게 되었기 때문이다.…그는 이렇게 생각해야 마땅하다. "나는 비록 무가치하고 정죄받은 사람이지만, 내 하나님이 내 편에서의 아무런 공로가 없어도 순수하고 값없는 자비로움으로 말미암아 의와 구원의 모든 풍성함을 그리스도 안에서 내게 주셨기 때문에, 이제부터는 이것이 진실임을 믿는 믿음 말고는 아무것도 필요 없다. 그런즉 나는 그 측량할 수 없는 풍성함으로 나를 압도하신 그 아버지를 기쁘게 하는 모든 일을 자발적으로, 기쁘게, 온 마음을 다해, 열정적인 의지로 행해야 하지 않겠는가! 그러므로 그리스도께서 자신을 내게 바친 것같이, 나도 나 자신을 그리스도로서 내 이웃에게 줄 것이다. 나는 믿음으로

Kindness

말미암아 그리스도 안에 있는 모든 좋은 것을 풍성하게 받았으므로, 이생을 사는 동안 오로지 내 이웃에게 필요하고 유익하고 이로운 것만 할 것이다."…그러면 누가 그리스도인의 삶의 풍성함과 영광을 모두 이해할 수 있을까? 그것은 모든 것을 할 수 있고 모든 것을 갖고 있으며 부족한 것이 전혀 없다. 그것은 죄와 죽음과 지옥 위에 군림하고 동시에 모든 사람을 섬기고 봉사하고 유익하게 한다. 그러나 아 슬프도다, 우리 시대에는 이런 삶이 알려져 있지 않다. 그것은 전파되지도 추구되지도 않고, 우리는 우리 자신의 이름에 무지하며, 왜 우리가 그리스도인인지도 모르고 왜 그리스도인의 이름을 갖고 있는지도 모른다. 우리가 분명 그리스도를 좇아 그 이름을 받았는데, 그분이 우리에게 없기 때문이 아니라 우리 안에 살아 계시기 때문이다. 즉 우리가 그분을 믿고, 나는 너에게 또 너는 나에게 그리스도이며, 그리스도께서 우리에게 행하는 것 같이 우리도 이웃에게 행하기 때문이다.[1]

하나님의 성령을 근심하게 하지 말라 그 안에서 너희가 구원의 날까지 인치심을 받았느니라 너희는 모든 악독과 노함과 분냄과 떠드는 것과 비방하는 것을 모든 악의와 함께 버리고 서로 친절하게 하며 불쌍히 여기며 서로 용서하기를 하나님이 그리스도 안에서 너희를 용서하심과 같이 하라엡 4:30-32.

너희가 전에는 어둠이더니 이제는 주 안에서 빛이라 빛의 자녀들처럼 행하라 빛의 열매는 모든 착함과 의로움과 진실함에 있느니라 주를 기쁘시게 할 것이 무엇인가 시험하여 보라 너희는 열매 없는 어둠의 일에 참여하지 말고 도리어 책망하라 엡 5:8-11

나무도 좋고 열매도 좋다 하든지 나무도 좋지 않고 열매도 좋지 않다 하든지 하라 그 열매로 나무를 아느니라…선한 사람은 그 쌓은 선에서 선한 것을 내고 악한 사람은 그 쌓은 악에서 악한 것을 내느니라

마 12:33, 35

7장 양선

자기계발에 목숨 건 세상에서 맺는 열매

최근 가까운 서점에 가 본 사람은 가장 인기 있는 코너가 "자기계발" 코너임을 알고 있을 것이다. 거기에는 좀더 만족스러운 인생을 사는 법에 관한 조언을 제공하는 다양한 책들이 전시되어 있다. 대다수는 숨겨진 자원을 발굴하거나 우리의 발목을 잡는 두려움을 폭로하는 내용을 담고 있고, 또 다른 책들은 삶에서 더 많은 것을 끌어내는 테크닉에 초점을 맞추고 있다. 서점을 돌아보면서 "자기계발" 코너에 있는 대표적인 책의 제목들을 뽑아 보았다.

『칭찬은 고래도 춤추게 한다』

『마음을 열어주는 101가지 이야기』

『시크릿: 수 세기 동안 단 1%만이 알았던 부와 성공의 비밀』

『긍정의 힘: 믿는 대로 된다』

『이기는 습관』

『미래를 여는 힘』

『불가능은 없다』

『자기 사랑의 비결』

『용기 있는 인생을 향한 도약』

『마음의 평화에 이르는 길』

누가 이런 책을 읽는지 궁금한가? 굉장히 많은 사람이 읽고 있다. 이 책들 대부분이 몇 백만 부씩 팔린 베스트셀러다. 이런 책들이 그처럼 인기가 좋다는 사실은 사람들이 무엇을 찾고 있으며, 어디서 그것을 찾고 있는지에 관해 몇 가지를 말해 준다. 첫째, 여러 책이 사랑과 기쁨, 평화와 같은 주제들을 명시적으로 다루고 있다는 점이 두드러진다. 둘째, 북미 특유의 덕목들자유, 낙천주의, 행복, 개인주의, 즉각성 등이 제목을 장식하고 있다. 마지막으로, "선한 삶"에 대한 저자의 주장은 분분하지만, 선한 삶에 도달하는 데 필요한 자원이 자신 내면에 존재하고 있다는 점에서는 놀랍게도 의견일치를 이루고 있다.

이 모든 것이 여러 면에서 앞 장에서 다룬 많은 주제와 연관되는데, 특히 자립과 자율에 최고의 가치를 둔다는 면에서 그렇다. 그러나 미묘한 차이점도 존재한다. 우리 사회가 홀로서기, 자수성가에 높은 가치를 두기 때문에 도움받는 일을 약함이나

무능력의 표시로 생각하는 데 비해, 자립성의 숭배는 우리가 문제를 스스로 해결할 만큼 유능할 뿐 아니라 도덕적으로도 그럴 준비가 되어 있다고 생각하게 만든다. 지금은 이 미묘한 차이점이 그리 눈에 띄지 않을지는 모르지만, 우리가 "선함"의 개념을 조금 더 살펴보면 오늘날의 상황에서 이 열매를 맺는 것이 또 다른 도전거리임을 분명하게 보게 될 것이다.

양선·선함의 성경적 의미

성령의 여섯 번째 열매의 특성을 파악하는 일은 여러 가지 어려움을 안고 있다. 첫째, 바울이 갈라디아서에서 사용하는 단어 아가토쉬네*agathosyne*는 다른 그리스 문헌에서는 전혀 등장하지 않고, 신약성경에 3번, 70인역 성경에 12번 등장한다. 그러니까 이 단어가 보통 어떻게 사용되는지를 알아볼 만한 사례가 많지 않은 셈이다. 둘째, 이와 연관된 단어들을 검토하는 일도 별로 도움이 되지 않는다. "선함"으로 번역된 그리스어 단어는 물론 "선한"이란 뜻을 가진 아가토스*agathos*라는 개념과 밀접한 관련이 있다. 그러나 이 용어는 너무 넓은 의미를 갖고 있고 70인역 성경500번 이상과 신약성경100번 이상에 너무 자주 나오기 때문에 그 의미를 정확히 파악하기 어렵다.

"선한"이란 단어는 보통 어떤 대상에 어울리는 뛰어남그리스인들이 "아레테"*arete*라고 부르는 것을 가리키는 말이다. 그래서 "선한"이란 개념은 그 대상물의 어떤 목적과 분리될 수 없다. 가령, 내가 좋은 시계를 갖고 있다고 말하면 대부분은 내가 시간이 정확한 시계를 말하고 있다고 이해할 것이다. 여기에 오해의 소지가 별로 없다는 사실은 시계 자체에 대해서보다 시계의 목적에 대한 우리 문화의 합의가 있음을 얘기해 준다. 하지만 다른 것들에 대해서는 그러한 합의를 이루지 못한 상태다. 만일 어떤 젊은이가 좋은 자동차를 갖고 있다고 말하면, 그게 무슨 말인지에 대한 우리의 생각은 자동차의 목적에 관한 그 젊은이의 믿음에 대해 우리가 생각하는 바와 상관이 있다. 만일 그가 일차적으로 수송에 관심이 있다면 그의 말은 그에 맞는 의미를 지니게 되고 그가 사회적 신분을 염두에 두고 있다면 그의 말은 앞의 경우와는 다른 의미를 지니게 되는 것이다. 또 그가 골동품을 수집하는 사람이라면 그의 말은 앞선 두 경우와 또 다른 의미를 갖게 될 것이다.

우리가 누군가를 선한 사람이라고 말할 때 무슨 뜻으로 그런 말을 하는가? 친절의 경우와 마찬가지로 보통은 순전히 소극적인 판단이 사람은 악하고 나쁜 행위를 삼간다는 것 이상의 것, 즉 이 사람은 "옳은" 것 또는 "선한" 것을 행하는 사람이라는 적극적인 뜻을 담고 있다. 그런데 좋은 시계의 경우와 마찬가지로 좋은 사람인지 여부를 판단한다는 것은 우리가 존재의 목적에 관해 무언가를 믿고 있음을 의미한다. 그러면 우리는 어디에서 우리의 존재 목적과 선함의 기준에 대한 개념을 얻는가? 여기서 세 가지 중요한 항목을 다루어야 한다.

첫째, 성경과 교회는 오직 하나님만이 선한 분이라고 일관되게 증언한다. 앞 장에서 언급한 대로 이스라엘은 예배 때에 늘 "여호와께 감사하라 그는 선하시며토브 그의 인자하심헤세드이 영원함이로다"라고 후렴처럼 반복했다. 70인역 성경은 히브리어 단어 토브를 앞에서 언급했듯이 때로는 크레스토스, 곧 "친절한"으로 번역하기도 하지만 통상적으로 그리스어 단어 아가토스로 번역하고 있다. 이런 증언을 가장 강력하게 반영하는 신약성경의 대목은 예수님이 자기를 "선한 선생님"이라고 부르는 부자 청년에게 하신 말씀이다. "네가 어찌하여 나를 선하다 일컫느냐? 하나님 한 분 외에는 선한 이가 없느니라"마 10:18. 바울 역시 우리 인간의 죄악된 상태는 결코 "선"하지 않다고 강력하게 주장한다.

Goodness

> 내 속 곧 내 육신에 선한 것이 거하지 아니하는 줄을 아노니 원함은 내게 있으나 선을 행하는 것은 없노라. 내가 원하는 바 선은 행하지 아니하고 도리어 원하지 아니하는 바 악을 행하는도다. 만일 내가 원하지 아니하는 그것을 하면 이를 행하는 자는 내가 아니요 내 속에 거하는 죄니라.…오호라 나는 곤고한 사람이로다. 이 사망의 몸에서 누가 나를 건져내랴. 우리 주 예수 그리스도로 말미암아 하나님께 감사하리로다롬 7:18-20, 24-25.

둘째, 인간은 이처럼 죄에 속박되어 하나님을 떠나서는 선하게 될 수는 없지만 선하게 될 역량과 잠재력을 갖고 창조된 존재들이다. 이런 역량은 선함 그 자체인 하나님의 형상으로 우리가 창조되었다는 사실에서 나온다. 비록 죄에 속박된 우리의 상태가 선하게 될 수 있는 역량을 약화시키기는 하지만, 이 역량은 우리 안에 계신 성령의 사역으로 새롭게 될 수 있다. 새로운 생활방식을 영위하는 일이 그리스도와 성령의 사역에 의해 가능하게 될 수 있다는 말이다. 바울은 이 같은 성령의 사역에 대한 확신이 있었기 때문에, 로마서의 뒷부분에서 로마의 교인들이 "선함아가토쉬네이 가득하고 모든 지식이 차서 능히 서로 권하는 자"롬 15:14라고 주장할 수 있었다. 또 바울은 에베소 교인들에게 우리는 "선한 일을 위하여 지으심을 받았다"엡 2:10라고도 말한다. 끝으로 성경에서 가장 인상적인 대목의 하나인 베드로후서의 한 단락은 놀랍게도 하나님의 신적 능력이 우리에게 필요한 것을 공급하여 우리로 신의 성품, 곧 하나님의 생명에 참여하도록 했다고 주장하고 있다.

그의 신기한 능력으로 생명과 경건에 속한 모든 것을 우리에게 주셨으니 이는 자기의 영광과 덕아레테으로써 우리를 부르신 이를 앎으로 말미암음이라. 이로써 그 보배롭고 지극히 큰 약속을 우리에게 주사 이 약속으로 말미암아 너희가 정욕 때문에 세상에서 썩어질 것을 피하여 신성한 성품에 참여하는 자가 되게 하려 하셨느니

라. 그러므로 너희가 더욱 힘써 너희 믿음에 덕아레테을 덕에 지식을 지식에 절제를 절제에 인내를 인내에 경건을 경건에 형제 우애를 형제 우애에 사랑을 더하라. 이런 것이 너희에게 있어 흡족한즉 너희로 우리 주 예수 그리스도를 알기에 게으르지 않고 열매 없는 자가 되지 않게 하리라벧후 1:3-8.

셋째, 만일 하나님만이 선하고 또 인간은 하나님의 영의 사역으로만 선하게 될 수 있다면, 선이 무엇인지를 아는 일도 하나님의 영의 인도를 받아야만 가능할 것이다. 달리 말하면 우리 인간이 지닌 선의 개념 자체도 오염되었기 때문에 선의 개념을 신뢰할 수 없다는 뜻이다. 바울이 로마 교인들에게 선한 것을 분별할 수 있도록 마음을 새롭게 하라고 권할 때 이것을 염두에 둔 것이다. "너희는 이 세대를 본받지 말고 오직 마음을 새롭게 함으로 변화를 받아 하나님의 선하시고 기뻐하시고 온전하신 뜻이 무엇인지 분별하도록 하라"롬 12:2. 이와 비슷하게 골로새 교인들을 위해서도 다음과 같은 기도를 드렸다. "너희로 하여금 모든 신령한 지혜와 총명에 하나님의 뜻을 아는 것으로 채우게 하시고 주께 합당하게 행하여 범사에 기쁘시게 하고 모든 선한 일에 열매를 맺게 하시며 하나님을 아는 것에 자라게 하시기를 원하노라"골 1:9-10.

성령의 사역과 선함은 이처럼 밀접한 관계에 있기 때문에 바나바는 "착한선한 사람이요 성령과 믿음이 충만한 사람"행 11:24

Goodness

으로 묘사되었다. 나아가 교회의 지도자가 되는 자격에 "선행을 좋아하는 것"이 포함되어 있고딛 1:8, 또 말세가 되면 사람들이 "선한 것을 좋아하지 아니하게" 될 것이라는 경고딤후 3:3가 신자들에게 주어져 있기도 하다.

바울이 데살로니가 교인에게 보낸 첫 편지의 끝 부분을 보면 서로 상관없는 듯이 보이는 권면들을 그냥 묶어 놓은 것 같다. 그러나 우리가 살펴본 대로 성령의 열매가 상호연관성을 갖고 있다는 점을 고려하면 여기서 언뜻 잘 보이지 않는 어떤 연계성을 찾을 수 있다.

> 형제들아, 우리가 너희에게 구하노니 너희 가운데서 수고하고 주 안에서 너희를 다스리며 권하는 자들을 너희가 알고 그들의 역사로 말미암아 사랑 안에서 가장 귀히 여기며 너희끼리 화목하라. 또 형제들아 너희를 권면하노니 게으른 자들을 권계하며 마음이 약한 자들을 격려하고 힘이 없는 자들을 붙들어 주며 모든 사람에게 오래 참으라. 삼가 누가 누구에게든지 악으로 악을 갚지 말게 하고 서로 대하든지 모든 사람을 대하든지 항상 선을 따르라. 항상 기뻐하라 쉬지 말고 기도하라 범사에 감사하라 이것이 그리스도 예수 안에서 너희를 향한 하나님의 뜻이니라. 성령을 소멸하지 말며 예언을 멸시하지 말고 범사에 헤아려 좋은 것을 취하고 악은 어떤 모양이라도 버리라살전 5:12-22.

이 여러 가지 권면은 성령의 열매와 같이 공통점이 있다. 바로 타인지향적인 특징이다. 따라서 "서로에게 선한 일을 하는" 행위를 권고하고, 격려하고, 붙들어 주고, 기뻐하고, 기도하고, 감사하는 행위로부터 떼어낼 수 없다. 그리스도의 형상을 본받는다는 것은 하나님과 교통하고 서로서로 깊은 교제를 나눌 수 있는 사람으로 변해 가는 것임을 기억할 때 선한 삶을 특징짓는 타인지향적인 특성은 다름 아니라 우리를 향한 하나님의 창조 목적에 걸맞게 살아가는 것을 뜻함을 알 수 있다.

양선·선함을 방해하는 걸림돌

위에서 언급한 대로 "양선"과 "선함"이란 개념을 인간의 존재 목적과 분리할 수 없다면, 많은 사람이 이 양자에 대해 무척 혼란스러워할 것이다. 많은 이들이 인간의 존재 목적에 대한 견해는 사적인 영역에 속해 있다고 믿기 때문에, 양선과 선함에 대한 견해도 사적이고 개인적인 사안이라고 생각한다. 그 결과 현대인은 인간의 존재 목적에 관해 의견을 달리할 뿐 아니라 그런 이견을 해결하지도 못한다. 아니, 이것은 사적인 영역에 속하기 때문에 굳이 그것을 해결해야 할 이유도 없다고 생각한다.

선을 평준화하는 풍조 한편 어떤 사람은 인간의 존재 목적을 묻는 것조차 잘못이라고 생각한다. 셰익스피어의 「맥베스」에 나오는 것처럼 인생은 "아무런 의미 없이 소리와 분노로 가득 찬 바보가 들려주는 이야기"에 불과하다고 보기 때문이다. 다른 한편 절대 다수는 인간의 존재 목적을 부정하거나 환상으로 보지 않고 순전히 개인적인 차원에서 유지해야 한다고 생각한다. 그 결과 갈수록 우리는 소위 말하는 "공동선"을 논의하기가 더 어려워지는 것을 경험하고 있다. 우리는 공동선이 있던 자리를, 개개인이 주어진 상황에서 스스로 "선한" 것과 "옳은" 것을 정해야 한다는 관념으로 대체해 놓았다. 물론 나쁜 의도로 합의한 것을 행하지 못하도록 막는 법적인 장치가 있지만, 무엇이 옳고 무엇이 선한지를 알려 주는 데는 전혀 도움이 되지 않는다. 그 결과, "선한" 것과 "옳은" 것은 갈수록 법적인 것으로 축소되고 있다. 한마디로 누구든지 법을 범하지 않으면 "선한" 사람 내지는 "도덕적인" 사람이 된다. 좀더 정확히 말하면 나쁘지 않은 사람이기만 하면 선한 사람으로 간주되는 세상이 된 것이다. 예를 들어 사람들이 좋아하는 성경 이야기 중 하나인 사마리아인 비유는 흔히 "선한 사마리아인의 비유"라고 부르지만 사실 성경 어디에도 그 사람을 선하다고 부른 적이 없다. 예수님은 그저 "어떤 사마리아인"이라고만 하셨는데 아마도 그 사마리아인이 웬만한 사마리아인이라면 누구나 했을 법한 행동을 했기 때문에 그러셨던 것 같다. 이와 대조적으로 우리는 마치 그 사마리아인이 아주 특별하고 영웅적인 일이라도 한 것처럼, 그를 정말로 매우 선한 인물로 생각하려고 한다.

이와 같이 "선함을 평준화하는" 풍조는 법을 범하지 않는 사람은 모두 도덕적으로 동등하다고 믿는 요즘의 도덕적 신념에서도 볼 수 있다. 어떤 사람이 단순히 개인적인 성향이 아니라 그보다 어떤 신념에 근거해 그런 행동을 한다고 하면, 그는 "잘난 체하는 인물"로 조롱을 받기 십상이다. 사실 요즘 아이들은 너무 착하게 되는 것을 꺼리는데 그런 행동이 친구들로부터 비웃음을 사기 때문이다.

그런데 이런 경향이 교회에서도 나타난다는 점이 문제다. 대다수의 그리스도인은 불신자와는 다르게 살라는 소명을 받았다고 믿고 있으며, 또 실제로 많은 사람이 그것이 바른 것이라고 생각하고 산다. 우리는 자신이 살인을 저지르지도 폭행을 하지도 않았으며, 도둑질을 하지도 않았다는 이유로 우리가 대체로 선한 사람이라고 착각한다. 또 하나님의 백성으로 다 함께 모일 때 마치 모든 일이 잘 돌아가는 듯이 삶을 규모 있게 잘 관리하고 있는 듯이, 비록 사소한 죄로 고민할지는 몰라도 그저 자신과 하나님 사이의 문제일 뿐이라는 듯이 행동하는 경우가 많다. 그러나 우리가 세상 앞에서 구현해야 할 이야기는 우리를 그저 "좋은 사람"이 되도록 만드는 이야기가 아니다. 예수님이 과거와 현재와 미래의 나와 당신의 죄 때문에 십자가에 죽으셨기 때문에 우리는 함께 모일 때 가면을 쓸 이유가 전혀 없다. 우리는 모두 용서받은 자들이다. 그런데도 우리는 함께 모일 때면 모두 "온전한 생활을 하는" 사람들이라는 인상을 주려고 열심히 노력하곤 한다.

그뿐만이 아니다. 최소한 주일에는 "온전한" 삶을 살고 있다는, 그러니까 주일만큼은 선한 사람이라는 인상을 주려고 노력하지만, 평일에는 너무 선하게 되는 것을 꺼리고 또 유별나게 보이고 싶어하지 않는다. 우리는 자신의 선하지 못한 모습을 정당화하기 위해 "나도 사람인데"라는 소리에 기대곤 한다. 하지만 이런 식으로 선함을 평준화하는 행습은 그리스도인에게 허용되지 않는다. 우리를 향한 하나님의 뜻은 예수님의 삶을 반영하는 것이다. 예수님이 전적으로 인간이셨던 만큼 "인간적"이란 말을 "잘못이나 죄에 빠지기 쉬운" 성향과 동일시해서는 안 된다. 예수님의 삶에 비추어 보면 우리의 문제는 "인간이기 때문에"에 있는 게 아니라 충분히 인간적이지 않다는 데에 있다. 우리의 실패를 인간성 탓으로 돌리는 것은 인간으로 사셨던 예수님의 삶뿐 아니라 역사적으로 참된 인간이 되려고 애썼던 성도들의 삶까지도 조롱거리로 만드는 것이다.

어둠에 거하게 하는 문화 이처럼 선함이 평균화됨에 따라 우리는 도덕적 성품의 형성에 그리 관심을 두지 않으려고 한다. 사람들이 이미 충분히 선한데, 도덕적 성품을 형성하기 위해 신경 쓸 필요가 어디 있겠는가? 반대로 과거의 대다수 문화는 도덕적인 성품을 형성하는 데에 상당한 시간과 에너지를 쏟아부었다. 이런 노력은 대체로 훌륭한 본보기를 닮고 교훈적인 이야기를 들려주는 것을 통해 촉진되었다. 이 둘은 서로를 보강하는 역할을 했다. 덕을 갖춘 사람들의 이야기는 우리 가운데 있는 그런 사람을 알아차리게 해 주고, 인간적인 인물들은 우리에게 가장 강력한 이야기는 바로 그런 실제 인물임을 상기시켜 주기 때문이다. 그런 인물을 본받는 문제는 나중에 좀더 다룰 예정이므로 여기서는 선함을 양성하는 데 이야기가 하는 역할에 초점을 둘까 한다.

현대 문화에서는 이야기를 들려주는 중요한 역할을 대체로 텔레비전과 영화와 같은 대중 매체에 넘겨주었다. 따라서 이 대중 매체들이 과연 도덕적 성품 형성에 긍정적으로 기여하는 이야기를 들려주는지 여부를 묻지 않을 수 없다. 달리 말하면, 텔레비전과 영화가 선함의 역할 모델을 할 만한 인물을 우리에게 잘 묘사해 줄 수 있는가 하는 질문이다. 이 질문에 대한 대답은 이론적으로는 "그렇다"는 것이다. 그러나 동시에 적어도 단기적으로는 그런 일이 이론만큼 일어날 것이라고 기대해서는 안 되는 몇 가지 중요한 이유가 있다.

첫째, 텔레비전과 영화는 상업적인 산업이기에 우리를 즐겁게 하기 위해서든 광고를 보는 시청자에게 정보를 제공하기 위해서든 우리의 이목을 붙들려고 애쓴다. 이는 이 산업에 관여하는 이들은 일차적으로 도덕적 성품의 형성에 관심이 없다는 것을 뜻한다. 이 매체들이 들려주는 이야기들이 우리의 성품 형성에 영향을 미치지 않는다는 말이 아니다. 이것이 그 이야기를 만드는 사람들의 일차적 관심사는 아니라는 말이다. 그것들의 목적은 우리의 주목을 끄는 일이다. 그런데 우리의 이목을 붙드는 가장 쉬운 방법 하나는 어둠과 악의 모습을 그리는 것이다. 실생활에서는 선이 매력적이고 악이 나쁠 때가 많지만, 가상세계에서 이 상황은 역전된다. 텔레비전과 영화에서 그리고 상당히 많은 문학 작품에서 악이 그처럼 매력적인 이유는 우리가 해를 당할 두려움 없이 그것과 마주칠 수 있기 때문이다. 가령, 우리가 혼자 살인마와 한방에 있다면 무섭기 짝이 없겠지만 많은 사람들은 화면을 통해 그가 거실에 들어올 때 그에게 묘한 매력을 느낀다. 상업적인 매체들이 사악한 등장인물로 가득 차 있다면 그 이유는 그런 인물들이 우리의 이목을 사로잡기 때문이다.

이처럼 텔레비전과 영화가 도덕적 모범이 되기에 부적합한 등장인물들로 채색되어 있는 데는 또 다른 이유가 있다. 직접적으로 말하면, 시각적인 매체의 경우, 선善을 매력적으로 묘사하기가 어렵다는 데 그 이유가 있다. 시청자는 선을 실제로 살아내는 것이 지극히 어렵다는 것을 경험상 알고 있기 때문에 텔레비전이나 영화를 통해 가상세계에서 연출되는 것보다 실제로 몸소 구현되는 것을 볼 때 흥미를 갖기 마련이다. 즉 선을 구현하는 일은 언제나 깊은 내면의 몸부림을 동반하는데 텔레비전과 영화는 그런 몸부림을 탐구하기에 적합하지 않은 매체다. 왜냐하면 이런 매체는 인간의 의식을 깊이 있게 탐구할 방법을 제공하지 못하기 때문이다반대로 문학작품은 이런 면에서 상당한 효과를 거두고 있다. 요컨대 우리는 무의식적으로나마 텔레비전이나 영화에 "선한" 모습이 나오면 그것을 시시하고 재미없다고 느낀다. 그렇기 때문에 그토록 많은 "선한" 등장인물들이 밋밋하고 일차원적인 모습으로 비치는 것이다. 우리가 시간을 들여 텔레비전의 시리즈나 한 편의 영화 전체에서 그들에게 친숙해져 그들의 몸부림을 엿볼 수 있게 될 때에야 그들의 선한 모습이 현실적인 것으로 다가온다. 사실 텔레비전과 영화는 인간의 악의 진정한 깊이를 탐구하는 데도 적합한 매체가 아니다. 그러나 선을 묘사하는 것보다는 조금 낫다. 그런 악의 배후에 있는 동기나 의도를 이해하지 못하는 것이 악한 등장인물을 더 사악하고 위협적인 모습으로 만들고 따라서 우리의 이목을 더욱더 붙들어 놓는다.

텔레비전과 영화가 모범적이지 않는 인물로 넘치는 또 다른 이유는 우리의 관심을 계속 붙들고 똑같은 효과를 기대하려면 갈수록 악의 강도를 높여야 하기 때문이다. 그래서 텔레비전과 영화는 점점 더 어두운 인물들을 창조하는 것이다. 데니스 호퍼미국의 영화감독이자 대표적인 악역 배우 같은 배우들은 비틀리고 일그러진 캐릭터로 성공한 경우다. 악과 폭력을 부각시키는 또 다른 방법은 이야기에서 조금이라도 선하거나 덕을 갖춘 인물을 철저히 배제시키는 것이다. 「배트맨」 같은 영화는 영웅과 악한을 나누는 선이 더 이상 성품이나 행동과는 아무 상관이 없다는 것을 보여 준다. 누구 할 것 없이 모두 폭력과 속임수를 일삼기 때문이다. 정확히 말하자면 "나쁜 놈"은 무차별적으로 폭력과 속임수를 사용하는 데 비해 "좋은 놈"은 오직 "나쁜 놈"에 대

향해 폭력을 사용한다는 차이가 있을 뿐이다.

어떤 그리스도인은 "인간 속에 뿌리 깊은 죄성을 묘사하는 것은 당신이 이 장에서 개관한 인간 본성과 일치하는 것이 아니냐"고 반문할 것이다. 어떤 의미에서는 옳은 말이다. 사실 영웅과 악한을 뚜렷이 나눠 놓았던 지난날의 도덕적인 각본은 도덕적으로 모호한 현실을 제대로 반영하지 못한 것이다. 하지만 그런 각본의 목적은 우리의 현실을 그대로 반영하기보다는 선과 악에 대해 특정한 방식으로 생각하고 느끼도록 훈련시키는 데 있다. 예를 들어 얼마 전까지만 해도 영웅은 악한처럼 보이지 않았기 때문에 쉽게 구분할 수 있었다. 그러나 오늘날은 무차별적인 악을 이기는 유일한 방법은 영리하고 교묘하며 차별적인 악을 행하는 것이라는 메시지를 전달하는 것 같다. 이런 사고방식이라면 "선"이란 것은 반反영웅보다 조금 덜 악한 것으로 전락하고 만다. 요컨대 "선"은 "악"의 부재보다 조금 나은 것에 불과할 뿐일 것이다.

여기서 분명히 하고 싶은 것은 오늘날 선과 악에 대한 우리의 불감증을 텔레비전이나 영화의 탓으로 돌리려는 것이 내 의도는 아니라는 점이다. 오히려 그리스도인들에게 주지시키고 싶은 점이 있어 이런 말을 하는 것이다. 그것은 매체의 한계와 악에 더 흥미를 느끼는 우리의 본성으로 인해 텔레비전과 영화가 악을 묘사해야 우리의 이목을 잘 붙들 수 있다면, 텔레비전과 영화를 주요 매체로 삼는 우리 문화는 선한 본보기보다 더 많은 악한 본보기에 둘러싸일 가능성이 많다는 것이다. 텔레비전과 영화가 우리의 기분을 전환시키는 데 도움은 주겠지만, 선과 악의 본보기를 이런 가상세계에서 끌어오는 문화는 결코 "선한 사람"을 형성하는 데 기여하지 못한다. 이 매체들이 우리에게 제공하는 이야기들은 그런 역할을 하기에 부적합하다. 우리 문화에서 가장 널리 보급되는 이런 이야기로는 선하게 되는 법을 배울 수 없다. 그렇다면 다른 대안이 있는가? 많은 이들은 아주 손쉬운 대안이 있다고 한다. 우리를 둘러싼 세상에서 선을 찾을 수 없다면 우리 속을 들여다보라고 말한다.

자기계발에 목숨을 건 문화 역설적이게도 이 전략은 우리의 문화적 유산, 곧 우리 문화의 이야기들에 깊이 뿌리를 내리고 있다. 개인을 강조하는 사회적 특징은 인간에 대한 낙관주의와 결합하여 교회 안팎에서 널리 영향을 미치는 일종의 대중운동을 창출했다. 흔히 "자기계발"이라고 불리는 이 움직임은 우리의 문제는 새로운 테크닉이나 자기계발 서적 같은 것으로 해결될 수 있다고 믿게끔 부추긴다. 이 자기계발의 전통은 물론 새로운 것이 아니다. 일찍이 19세기 중반부터 랄프 왈도 에머슨은 전통의 한계에서 벗어나 자신의 내적 자원에 의지하라고 사람들에게 촉구하는 등 "자립"의 덕을 높이 받든 인물이었다. 에머슨에 따르면, 인간의 정신은 무한한 가능성을 갖고 있다.

이처럼 자아를 신뢰하는 자신감은 에머슨에서부터 노먼 빈센트 필의 "적극적인 사고방식" 운동에 이르기까지 미국 역사를 가로지르고 있다. 자신을 신뢰하는 운동은 특히 자기 자신 바깥에 있는 권위는 무엇이든 속박과 병리현상을 가져올 가능성이 많다는 심리치료학의 주장과 맞물리면서 여러 세대에 걸쳐 자아관을 내향성과 자아실현의 개념과 떼어 놓고 생각할 수 없도록 만들었다. 이 세대들은 내면으로 눈을 돌릴 때에만 선을 찾을 수 있고, 자신의 잠재력을 계발할 때에만 선한 삶 또는 "더 나은" 삶을 발견할 수 있다고 믿게 되었다. 자기 바깥에서 어떤 삶의 방향과 의미를 찾으려는 노력은 파산은 아닐지라도 좌절에 이르는 지름길이다. 오직 내면을 들여다보아야만 인간 존재의 비밀을 열 수 있다고 믿는다.

자기계발 사고방식이 상당히 널리 퍼져 있다면, 그것이 기독교 신앙에 영향을 미쳤는지 또 그랬다면 어느 정도로 미쳤는지 질문해 봄 직하다. 기독교 신앙을 일종의 자기계발 곧 자기수양을 위한 테크닉으로 생각하는 사람이 늘어나고 있다. 이런 현상을 보여 주는 지표가 있는데, 그리스도인들도 "세속적인" 자기계발서를 많이 읽을 뿐 아니라 다른 신자들을 위해 그런 책을 많이 쓰고 있다는 사실이 그것이다. 사실상 그리스도인들이 다른 신자를 위해 집필한 자기계발서와 일반 대중을 겨냥한 일반 서적 사이에는 차이가 거의 없다. 내가 이 장의 초두에 열거한 자기계발서의 제목들은 두 서점에서 뽑은 것인데, 사실 이 책 중 절반이 기독교 서점의 자기계발 코너에서 나온 것이다. 대부분의 사람들은 제목만 보고서는 어떤 책이 어느 코너에 꽂혀 있었는지를 구별해 내지 못할 것이다. 그리스도인이 쓴 자기계발서라면 "세속적인" 자기계발서와 차이가 있을 거라고 생각하는 사람도 있겠지만, 양쪽 모두를 검토해 본 바로는 별다른 차이를 발견할 수 없었다.

게다가 이런 책들을 읽으면 읽을수록 소위 "기독교적 자기계발"이란 개념이 근본적으로 잘못된 것임을 인식하게 되는데, 사실 "그리스도인의 자아실현"이라는 말 자체가 자기모순을 안고 있는 어불성설이다. "좋은 소식"을 전하면서 동시에 "자기계발"과 같은 개념을 어떻게 그대로 보유할 수 있단 말인가? 이 좋은 소식의 핵심 내용이 우리가 더 이상 자기를 계발하려고 애쓸 필요가 없으며우리가 스스로 노력해 봤자 하나님이 보시기에는 아무 변화도 도모할 수 없으므로 하나님이 값없이 주시는 그 진정한 도움을 받아야 한다는 소식 아닌가? "하나님은 스스로 돕는 자를 돕는다"라는 격언을 신조로 삼고 있는 그리스도인이 있다면, 이제는 하나님의 풍성한 은혜에 비추어 그것을 새고칠 필요가 있을 것이다.

Goodness

자기계발 운동은 기독교 신앙에 대한 사고방식에 영향을 줄 뿐 아니라, 우리 자신에 대한 사고방식에도 영향을 미치고 있다. 가령, 이 운동이 널리 파급되면서 교회는 죄에 대해 이야기하기 어려워졌다. 자기계발 운동과 더불어 대중 심리학은 죄에 관한 이야기는 부정적인 죄책감과 파괴적인 병리현상을 낳을 뿐이라면서 사람들에게 필요한 것은 죄인이라는 소리가 아니라, 인정을 받고 용납해 주며 자신의 잠재력을 믿도록 격려받는 일이라고 주장한다. 그래서 우리의 죄를 직시하게 하는 설교 대신에 긍정적인 사고방식을 격려하는 설교를 하고, 그리스도를 절실하게 찾게 만드는 설교 대신에 우리의 잠재력을 개발하고 거기에 의지하도록 권하는 "귀를 즐겁게 하는" 설교를 하는 것이다. 이처럼 하나님이 우리에게 주고 싶어하는 말씀 대신에 사람들이 듣고 싶어하는 얘기를 들려주는 것은 결코 새로운 현상이 아니다. 디모데는 자기 청중들이 듣고 싶어하든지 말든지 하나님의 메시지를 선포하라는 훈계를 받았다.

> 하나님 앞과 살아 있는 자와 죽은 자를 심판하실 그리스도 예수 앞에서 그가 나타나실 것과 그의 나라를 두고 엄히 명하노니 너는 말씀을 전파하라. 때를 얻든지 못 얻든지 항상 힘쓰라. 범사에 오래 참음과 가르침으로 경책하며 경계하며 권하라. 때가 이르리니 사람이 바른 교훈을 받지 아니하며 귀가 가려워서 자기의 사욕을 따를 스승을 많이 두고 또 그 귀를 진리에서 돌이켜 허탄한 이야기를 따르리라딤후 4:1-4.

양선·선함이라는 열매 기르기

신약성경은 하나님의 백성을 어두운 세상의 한복판에서 빛이 되기 위해 믿지 않는 이웃들에게 “산 위에 있는 동네”가 되도록 부름 받은 사람들이라고 한다. 그와 같은 상대적인 선으로 인해 우리가 하나님을 대할 때 유리한 입장에 서는 것은 분명 아니지만, 그런 선이 우리 이웃에게 우리 너머 있는 그 무엇을 가리키는 표적 역할을 할 수 있게 된다. 그런즉 양선·선함을 두 가지 면에서 타인지향적이라고 할 수 있다. 첫째, 우리 자신이 선함의 표준이 될 수 없기 때문에 홀로 선하신 하나님으로부터 선함에 관한 단서를 얻는다. 둘째, 하나님의 선하심을 반영하는 우리의 능력은 하나님에게서 오는 것이요 타인을 하나님께 인도하는 통로가 된다. 이처럼 다른 사람들을 하나님께 인도하는 역할을 하는 하나님의 선을 반영하는 능력은 성경에 반복적으로 증언되어 있다. 이를테면 산상설교에서 예수님은 제자들에게 “너희 빛이 사람 앞에 비치게 하여 그들로 너희 착한 행실을 보고 하늘에 계신 너희 아버지께 영광을 돌리게 하라”마 5:16라고 권면하신다. 또 바울은 빌립보 교인들에게 “모든 일을 원망과 시비가 없이 하라”라고 훈계한 뒤에, “이는 너희가 흠이 없고 순전하여 어그러지고 거스르는 세대 가운데서 하나님의 흠 없는 자녀로 세상에서 그들 가운데 빛들로 나타내게” 하려 함이라고빌 2:14–15 부르심의 목적을 밝힌다. 베드로도 오해를 받을 소지가 있더라도 동료 그리스도인들에게 명예로운 삶을 살라고 권면하고 있다. “사랑하는 자들아 거류민과 나그네 같은 너희를 권하노니 영혼을 거슬러 싸우는 육체의 정욕을 제어하라. 너희가 이방인 중에서 행실을 선하게 가져 너희를 악행한다고 비방하는 자들로 하여금 너희 선한 일을 보고 오시는 날에 하나님께 영광을 돌리게 하려 함이라"벧전 2:11-12.

우리의 죄를 낱낱이 고하기 하나님은 우리에게 선한 삶을 살라고 하시지만, 그렇게 살지 못하는 것이 우리의 현실이다. 그렇기 때문에 매주 드리는 예배에 죄를 자백하는 시간이 반드시 포함되어야 한다. 교회는 오랫동안 이 중요한 관습을 지켜왔는데, 자기계발과 귀를 즐겁게 하는 설교를 선호하는 시대에 들어서면서 그 전통이 약화되었다. 하나님의 표준에 미치지 못하는 우리의 삶은 예배시간에 반영되어야 마땅하다. 거룩하고 완전한 하나님의 존전에 나오면 우리의 반항적인 모습과 무자비한 태도가 더욱 가슴을 찌르게 된다. 우리 각자는 우리의 일반적인 죄뿐만 아니라 구체적인 죄들도 고백하도록 격려받을 필요가 있다. 치유되려면 정확한 진단이 필요하다. 막연한 진단은 아무런 도움이 되지 않는다. 그렇지만 우리는 우리를 그토록 쉽게 또 자주 얽어매는 죄들을 낱낱이 고하는 것을 부끄러워한다.

개인적인 고백 못지않게 교회가 집단적으로 고백하는 일도 시급하게 회복해야 할 관습이다. 하나님의 백성은 자기가 처한 특정한 시공간 속에서 하나님의 부르심에 합당한 공동체가 되지 못했다는 것을 다 함께 고백할 수 있어야 한다. 물론 교회의 차원에서 죄를 고백하는 일은 개인적 차원보다 더 어려운 법이다. 그런 고백을 하려면 먼저 공동체로서의 정체성이 확보되어 있어야 하는데, 현재 우리의 교회는 그런 정체성이 결여되어 있기 때문이다. 달리 말하면 우리가 교회로 모이는 진정한 의미를 이해하기까지는 교회다운 교회가 되지 못한 죄를 고백할 수 없다는 것이다. 여기서 정체성을 이해하고자 한다면 목적을 알아야 한다는 중요한 진리와 다시 마주하게 된다. 우리가 교회를 향한 하나님의 목적을 온전히 이해하기 전에는 교회로서 그 목적을 제대로 구현하지 못했던 것을 구체적으로 고백할 수 없게 된다.

하나님의 음성에 귀 기울이기 감사하게도 교회의 목적을 일깨워 주는 자원들을 우리는 가지고 있다. 그 가운데 교회의 역사를 통틀어 가장 중요한 자원으로 꼽혔던 것은 하나님의 말씀을 전하는 설교다. 물론 설교가 하나님의 말씀이 하나님의 백성에게 이르는 유일한 통로는 아니지만, 하나님의 백성이 그분에게서 오는 말씀을 듣고 분별하려고 다 함께 모이는 일은 교회의 가장 중요한 관습 중 하나다. 거기서 우리는 하나님이 우리에게 개인적으로뿐 아니라 공동체에게 하신 말씀을 듣게 된다.

성경을 개인적으로 묵상하는 일은 물론 합당한 행위이긴 하지만, 오늘처럼 개인주의를 부추기는 문화에서는 개인적인 성경 묵상이 잘못된 방향으로 나아갈 여지가 많다. 개인주의에 사로잡힌 문화에서는 성경을 읽는 가장 좋은 방법이 혼자 읽는 것이라고 생각하기 쉽지만 우리는 진정한 의미에서 홀로 읽을 수 없는 사람들임을 깨달아야 한다. 읽는 행위는 우리에게 중요한 영향을 미치는 다른 목소리들과 함께하는 공동의 활동이다. 그러므로 그리스도인들은 다음과 같은 질문을 스스로에게 던져 보아야 한다. 우리는 누구와 함께 성경을 읽고 있는가? 우리 주변의 수많은 목소리 가운데 나의 성경 읽기에 영향을 주고 있는 것은 어떤 것인가? 우리가 성경을 "홀로" 읽고 있다고 착각에 빠져 있을 때 이런 문제 의식은 결코 떠오르지 않는다.

우리 문화는 개인적인 해석이 다른 누구의 해석 못지않게 중요하다고 가르치고 있기 때문에 교회는 하나님이 말씀하시는 것을 함께 분별할 수 있는 장소와 시간을 필요로 한다. 과연 어떤 목소리가 우리의 이목을 사로잡았는지를 함께 탐구할 수 있는 장소와 시간이 필요한 것이다. 모든 모임에서 하나님의 말씀이 분명히 전파된다거나, 그 말씀을 들을 수 있을 것이라고 보증할 수는 없다. 그렇지만 어떤 모임에서 그 말씀이 전파된다거나 우리가 그것을 들을 수 있는지의 여부는 하나님이 우리에게 주실 메시지의 유무보다는 하나님의 임재가 나타나고 그분의 음성을 들을 수 있을 것이라는 기대감의 유무와 관계가 깊다는 것을 기억해 둘 필요가 있다.

역사적으로 그리스도인들은 설교와 가르침이 개인적인 충고나 지혜를 전달하는 것 이상이어야 한다고 굳게 믿어 왔다. 선포된 하나님의 말씀은 기록된 하나님의 말씀과 어떤 연관성을 갖고 있어야 한다. 우리는 말씀을 선포하는 이들에게 단순히 성경을 읽는 것 이상을 기대한다. 이 점은 우리를 향한 하나님의 메시지가 성경의 문자 이상의 것을 포함하고 있음을 시사하는 것이다. 하나님의 말씀은 위로의 말씀을 자주 수반하지만 심판과 훈계의 말도 수반한다. 그 이유는 그분이 위로의 하나님이 아니라서가 아니라, 우리가 죄인이라서 수시로 바로잡는 일이 필요하다는 것을 하나님이 아시기 때문이다. 여기서 보수적 복음주의 그리스도인들이 자주 인용하는 성경 단락 한 군데를 보도록 하자.

> 모든 성경은 하나님의 감동으로 된 것으로 교훈과 책망과 바르게 함과 의로 교육하기에 유익하니 이는 하나님의 사람으로 온전하게 하며 모든 선한 일을 행할 능력을 갖추게 하려 함이라딤후 3:16-17.

이 구절들을 둘러싼 논쟁이 때로는 감동·영감의 성격에 초점을 맞추는 바람에 정작 그 본문의 핵심인 성경의 기능이 간과되곤 한다. 그 기능이란 교훈과 책망과 바르게 함과 의로 교육하는 일을 뜻한다. 여기서 책망과 바로잡음의 대상에는 우리가 흔히 잘못에 빠져 있다고 생각하는 우리의 이웃뿐 아니라 우리 자신까지 포함된다. 만일 우리가 하나님이 원하시는 바를 우리도 원한다고 쉽게 그리고 자연스럽게 느낀다면, 구현된 모습이든 기록된 형태든 선포된 형태든 어떤 형태로든 하나님의 말씀이 별로 필요하지 않다고 생각할 것이다. 그러나 우리는 지속해서 하나님의 방식을 상기하도록 일깨워질 필요가 있다. 그렇기 때문에 하나님이 우리 공동체에 중요한 말씀을 주실 것이라는 기대감을

Goodness

품고 매주 함께 모이는 일은 하나님의 선하심을 닮아 가는 데 꼭 필요하다.

성도 본받기 하나님이 우리에게 원하시는 것을 반복해서 듣는 것만으로는 충분치 않다. 하나님의 말씀을 듣는 일 못지않게 올바르게 반응하는 것도 중요하다. 사실 우리 중 다수는 하나님이 우리에게 기대하는 것을 머리로는 잘 알고 있다. 부족한 것은 이 지식을 일상적인 행동으로 옮기는 능력이다. 그렇기 때문에 하나님은 우리를 인도할 성경을 주셨을 뿐 아니라 본받을 만한 다른 그리스도인들도 보내 주셨다. 이 두 가지 자원 사이에는 우리가 보통 생각하는 것보다 더 긴밀한 연관성이 있다. 위에서 인용한 유명한 디모데후서의 단락 앞에 나오는 구절들은 자주 인용되지는 않지만 그에 못지않게 중요한 본문이다.

> 나의 교훈과 행실과 의향과 믿음과 오래 참음과 사랑과 인내와 박해를 받음과 고난과, 또한 안디옥과 이고니온과 루스드라에서 당한 일과 어떠한 박해를 받은 것을 네가 과연 보고 알았거니와 주께서 이 모든 것 가운데서 나를 건지셨느니라. 무릇 그리스도 예수 안에서 경건하게 살고자 하는 자는 박해를 받으리라. 악한 사람들과 속이는 자들은 더욱 악하여져서 속이기도 하고 속기도 하나니 그러나 너는 배우고 확신한 일에 거하라. 너는 네가 누구에게서 배운 것을 알며 또 어려서부터 성경을 알았나니 성경은 능히 너로 하여금 그리스도 예수 안에 있는 믿음으로 말미암아 구원에 이르는

지혜가 있게 하느니라딤후 3:10-15.

디모데는 배운 것을 곰곰이 생각할 뿐만 아니라 그것을 누구에게서 배웠는지도 기억하라고 권면받고 있다. 얼핏 보기에 일종의 파워 게임처럼 보이기도 한다. "네가 배운 것을 곰곰이 생각하고 그것을 마음에 담아라. 내가 너를 가르쳤고 내가 네 스승이기 때문이다"라는 식으로 말이다. 그러나 디모데는 권위를 가진 자들에게 순종하라는 권면을 받을 뿐 아니라, 몸소 구현된 증언의 권위를 기억하라는 말도 듣는다. 디모데는 바울로부터 권위를 주는 것이 무엇인지를 기억하라는 요청을 받고 있는데, 디모데는 바울의 가르침·행실·삶의 목적·믿음·인내·오래 참음·박해·고난 등을 모두 목격했다. 달리 말하면 디모데는 믿어야 할 내용을 배우는 데 그치지 않고, 그것이 삶의 방식에 어떤 영향을 미치는지를 분명히 보았던 것이다. 이런 이유로 그가 배운 내용과 누구에게서 그것을 배웠는지는 결코 분리될 수 있는 것이 아니었다.

그러므로 그리스도인다운 삶을 배우려면 올바른 말씀을 배울 뿐 아니라 그것을 삶의 방식으로 구현하는 법도 배워야 한다. 그래서 히브리서 저자는 다음과 같이 권면한다. "하나님의 말씀을 너희에게 일러 주고 너희를 인도하던 자들을 생각하며 그들의 행실의 결말을 주의하여 보고 그들의 믿음을 본받으라"히 13:7. 요한도 "사랑하는 자여, 악한 것을 본받지 말고 선한 것을 본받

Goodness

으라. 선을 행하는 자는 하나님께 속하고 악을 행하는 자는 하나님을 뵈옵지 못하였느니라"요삼 11절라고 쓰고 있다. 바울 역시 데살로니가 교인들에게 복음 메시지의 설득력과 바울 일행이 그들 앞에서 보여 준 삶의 방식이 서로 분리될 수 없음을 상기시키고 있다. 그 생활방식은 데살로니가 교인들이 마음에 새기고 본받아야 할 그들의 본보기였다.

> 하나님의 사랑하심을 받은 형제들아 너희를 택하심을 아노라. 이는 우리 복음이 너희에게 말로만 이른 것이 아니라 또한 능력과 성령과 큰 확신으로 된 것임이라. 우리가 너희 가운데서 너희를 위하여 어떤 사람이 된 것은 너희가 아는 바와 같으니라. 또 너희는 많은 환난 가운데서 성령의 기쁨으로 말씀을 받아 우리와 주를 본받은 자가 되었으니 그러므로 너희가 마게도냐와 아가야에 있는 모든 믿는 자의 본이 되었느니라살전 1:4-7.

많은 사람들이 다른 사람을 본받을 때 따르는 위험을 의식하고 있기 때문에 기독교 신앙과 본받는 일을 서로 떼어 놓고 싶어한다. 말하자면 그리스도를 본받는 것은 마땅하지만 사람을 본받는 것은 위험하다고 생각하고 사람들이 자신을 본받는 것은 더더욱 그렇다고 생각한다. 그렇지만 그것을 우회할 수 있는 길은 없다. 우리는 다른 사람이 저 길이 아닌 이 길로 그리스도를 좇는 모습을 보면서 그리스도를 본받는다는 것의 의미를 알 수밖에 없기 때문이다. 중요한 것은 사람들이 우리를 본받는지 여부가 아니라그들은 우리가 좋든 싫든 이미 그렇게 하고 있다 그들이 우리를 본받음으로써 그리스도를 본받게 되는지 여부다. 달리 말하면 이것은 누구를 좇느냐 안 좇느냐 하는 양자택일의 문제가 아니라 그 사람을 통해 그리스도를 좇게 되느냐 그렇지 않느냐 하는 문제인 것이다.

그래서 바울은 고린도 교인에게 이렇게 쓰고 있다. "그러므로 내가 너희에게 권하노니 너희는 나를 본받는 자가 되라. 이로 말미암아 내가 주 안에서 내 사랑하고 신실한 아들 디모데를 너희에게 보내었으니 그가 너희로 하여금 그리스도 예수 안에서 나의 행사 곧 내가 각처 각 교회에서 가르치는 것을 생각나게 하리라"고전 4:16-17. 조금 뒤로 가면 "내가 그리스도를 본받는 자가 된 것 같이 너희는 나를 본받는 자가 되라"고전 11:1라고 권한다. 이 장의 초두에 인용한 에베소서 단락의 앞부분에는 바울이 청중에게 "하나님을 본받는 자가 되라"엡 5:1라고 권면하는 내용이 나온다. 이 권면의 전후에 나오는 아주 구체적인 권고들을 감안하면, 바울은 "하나님을 본받는 자"가 되는 것을 추상적으로 생각하지 않았음이 확실하다. 하나님이나 그리스도나 바울을 닮는 일은 어려울지는 몰라도 결코 막연한 것은 아니다. 우리에게 필요한 것은 본받는 일이 어떤 것인지를 몸소 보여 주는 구체적인 본보기들이 있느냐 하는 것이다.

오늘날의 문제는 그리스도인이 그리스도를 좇는 것을 배우는 일을 새로운 컴퓨터 프로그램 배우는 것과 비슷하게 생각한다는 점이다. 이 일은 매뉴얼의 이해에다, 필요한 약간의 인내심과 거기에 나온 지시대로 따르는 능력만 있으면 되는 게 아니다. 그리스도를 좇는 법을 배우는 일은 새 컴퓨터 프로그램의 사용법을 배우는 것보다는 야구 배트를 스윙하는 법을 배우는 일과 더 비슷하다. 후자는 모방을 통해 배우는 일종의 기술이다. 물론 관련된 책을 읽고 다른 사람이 스윙하는 모습을 봄으로써도 그에 대해 어느 정도는 배울 수 있다. 그러나 제대로 배우려고 한다면 그런 식으로 배우지 않는다. 누군가 뒤에 서서 야구 배트를 함께 잡고 필요한 동작을 하나씩 가르쳐 주는 것을 통해 그것을 배운다. 자기가 제대로 하고 있는지 어떤지 몰라도 그들이 그렇게 하는 이유는 그들보다 스윙 방법을 더 잘 아는 이가 그들과 함께 연습을 하고 동작을 지도하고 있음을 알고 있기 때문이다.

우리도 어떤 성도들은 우리보다 어떤 것을 더 잘한다는 사실을 기꺼이 인정하기만 하면 그리스도인다운 삶을 사는 법에 관해 그들로부터 많은 것을 배울 수 있다. 물론 그들도 우리처럼 흠이 있고 계속 넘어질 것이다. 그러나 우리는 그들이 이룬 승리뿐만이 아니라 실패에 대한 반응으로부터도 중요한 교훈을 배운다. 바울은 자기가 결코 완벽하지 않다는 것을 어느 누구보다도 더 잘 알고 있었다. 그럼에도 죄인 중의 괴수였던 바울은 동료 그리스도인들에게 자기를 본받으라고 반복해서 가르쳤다. 이 얼마나 위험천만한 충고인가! 그러나 우리 각자에게 스스로 알아서 그리스도를 좇으라고 하는 것보다 더 위험한 것은 없다. 여기서 우리는 자주 인용되는 다음 말씀에 귀를 세워 다시 들을 필요가 있다.

> 형제들아 무엇에든지 참되며 무엇에든지 경건하며 무엇에든지 옳으며 무엇에든지 정결하며 무엇에든지 사랑받을 만하며 무엇에든지 칭찬받을 만하며 무슨 덕아레테이 있든지 무슨 기림이 있든지 이것들을 생각하라. 너희는 내게 배우고 받고 듣고 본 바를 행하라. 그리하면 평강의 하나님이 너희와 함께 계시리라빌 4:8-9.

묵상과 적용

Goodness

고백과 설교와 본받음은 하나님이 교회의 삶에 양선·선함을 양성하시도록 하기 위해 우리 편에서 회복해야 할 중요한 세 가지 행습이다. 이 셋은 하나같이 자기계발로는 갖출 수 없는 정직한 자세를 요구한다. 첫째, 우리는 하나님 앞에서 우리의 죄를 낱낱이 고해야 한다. 둘째, 우리는 스스로를 돕는 데 필요한 자원이 없으므로 우리 너머에 있는 선을 바라보는 비전이 필요하다. 끝으로, 우리에게는 선에 대한 비전뿐만 아니라 구체적인 모델들도 필요하다. 이 세 가지를 회복하는 일을 하룻밤에 이룰 수는 없다. 그러면 어디서부터 시작하면 좋을까?

■ 당신이 품고 있는 두려움에 비추어 이 세 가지 행습에 대해 묵상해 보라. 왜 우리는 서로서로 죄를 고백하는 일을 두려워하는가? 사람들이 우리의 진정한 모습을 알면 우리를 사랑하지 않을 것 같아서인가? 사람들로 하여금 우리가 온전한 생활을 하는 것으로 믿게 하기 위해 외모를 꾸미는 데 그토록 엄청난 에너지를 사용하는 이유는 무엇인가? 우리의 삶이 엉망진창이 되었기 때문에 하나님이 우리에게 손을 내미셨다는 소식이 복음이라면, 우리가 가면을 쓴 채 다 함께 모일 필요가 무엇인가?

우리가 공동체로 모일 때 대개는 하나님의 분명한 말씀을 들었는지 여부를 분별하는 데 아주 적은 시간만 할애한다. 왜 그렇다고 생각하는가? 분별의 작업이 어렵고 복잡할 뿐 아니라 많은 시간이 들기 때문인가? 아니면 그것을 시도했다가 실제로 그런 말씀을 듣는다면 그에 따를 책임이 두려워서인가? 우리가 하나님의 음성을 들었는지 여부를 분별하기를 거부하는 이유는 그에 따른 순종의 책임을 미루기 위한 것은 아닌가?

왜 우리는 다른 그리스도인들을 본받거나 그들로 우리를 본받게 하는 것과 같은 공동의 노력을 기울이기를 두려워하는가? 그들이나 우리나 잘못 인도할 소지가 있다고 생각하기에 아예 그런 위험을 피하기 위함인가? 또는 누군가 이미 우리를 본받고 있는 것에 대해 책임을 지고 싶지 않아서인가? 이미 누군가 우리를 본받고 있다는 사실을 인정하기를 거부하는 것은 아직도 그리스도인의 삶을 순전히 사적인 문제로 생각하고 있다는 증거다. 게다가 본받는 일 자체를 회피한다는 것은, 다른 훌륭한 그리스도인을 그저 흠모하는 데 그치고 어떻게 하면 좀더 그들과 비슷하게 살고 그리스도를 더 닮아 가야 할지에 대해 깊이 고민하지 않는 것을 의미한다. 그렇기 때문에 테레사 수녀와 같은 본보기를 흠모하는 사람은 많아도 본받으려는 사람이 적은 것이다.

이런 것들은 우리의 발목을 잡고 있는 두려움의 몇 가지 예일 뿐이다. 이 밖에도 당신에게 어떤 두려움이 있는지를 정직하게 성찰해 보라. 그리고 두려움 그 자체에 너무 몰두하지 말고, 고백과 설교와 본받음이 하나님의 은혜의 통로가 될 수 있다는 점을 더 많이 묵상해 보라. 그렇게 하는 가운데 다음에 제시하는 작은 첫걸음 중 하나를 실천해 보라. 당신이 처한 상황에 좀더 적절한 다른 것을 택해도 좋다.

■ 교회 지도자들에게 예배시간에 개인적으로 공동체적으로 죄를 고백하는 시간을 포함시키자고 제안해 보라. 공동체적으로 고백하는 일은 결코 쉬운 일이 아니다. 하지만 우리가 회중이나 교구로서 실패한 것을 힘써 고백하면, 우리에게 필요한 공동체적 정체성에 대한 의식을 갖는 데 도움이 될 것이다.

Goodness

개신교인들은 죄 고백이 과거에 오용되었다는 이유로 너무 오랫동안 그 중요성을 무시해 버렸다. 그러나 우리가 흔히 죄를 사적인 것으로 생각하는 것과는 달리 야고보는 청중에게 "너희 죄를 서로 고백하며 병이 낫기를 위하여 서로 기도하라"고 격려하고 있다약 5:16. 우리가 우리의 죄를 나와 하나님 사이의 사적인 문제로만 생각하는 한 하나님이 우리를 고치시기 위해 교회에 주신 한 가지 자원을 잃어버리게 될 것이다. 이를 염두에 두면서 신뢰할 만한 교회 지도자와 당신의 가까운 친구에게 찾아가서 혹시 그 앞에서 죄를 고백해도 좋은지 물어보라.

■ 하나님의 음성을 듣는 일에 더 부지런해지기로 결심하라. 하나님의 백성이 설교를 좀더 진지하게 여기기 시작하면 어떻게 되겠는가? 우리는 하나님의 말씀을 받기 위해 매주 우리의 마음과 생각을 잘 준비하는 일부터 해야 할 것이다. 그러면 하나님의 음성을 듣기 위해 준비해야 할 것은 어떤 것이 있을까? 우리에게 기대감과 준비성이 부족한 것은 수용성의 부족과 연관되어 있다. 즉 하나님의 음성을 듣지 못하는 것은 그런 기대감이 없기 때문이다. 이와 더불어 하나님의 말씀을 선포하는 자들에게 우리가 바로 그런 기대감을 품고 있다는 것을 알려 주는 것도 좋다. 말씀 선포의 책임을 맡은 이들은 교인들이 듣고 싶어하지 않는다고 생각해서 하나님의 온전한 뜻을 전하기를 주저하기도 한다. 그래서 우리는 그들에게 우리가 듣고 싶은 걸 듣기 위해서가 아니라 하나님이 들려주고 싶어하시는 것을 듣기 위해 왔다고 일러 줄 필요가 있다.

■ 하나님의 말씀에 좀더 공개적으로 응답하는 방법을 모색해 보라. 우리가 하나님의 말씀을 듣기를 기대하고 또 실제로 듣는다면, 하나님 역시 우리가 어떤 식으로든 응답하기를 기대하시지 않겠는가! 그리고 남이 어떻게 반응하든 상관없이 내 나름

대로만 반응하면 된다는 식의 응답이 바람직하다고 생각하는가? 즉 우리를 향한 하나님의 말씀이 진정 우연히 같은 장소에 있게 된 우리 개개인에게 주신 말씀이 아니라 우리에게 주신 것이라면 부분적으로나마 공동체적으로 응답해야 하지 않겠는가! 요즈음의 설교를 가만히 들어 보면 그 메시지를 개인적으로 적용할 항목은 많이 제시하면서도 공동체적으로 적용할 사항은 별로 내놓지 않는다. 왜 그렇다고 생각하는가? 우리가 들은 메시지가 하나님으로부터 온 것인지 아닌지를 분별하는 일은 우리 공동체에 주어진 책임이 아닌가? 오늘날 많은 교회들이 하나님의 말씀을 듣고 공동으로 응답할 수 있는 기회가 없기 때문에 아예 응답하지 않는 방향으로 길들여진 것 같다. 대다수는 그냥 하나님의 말씀을 듣고 또는 못 듣고 집으로 갔다가 다음 주일에 말씀을 들으려고 교회로 돌아온다. 이게 무슨 의미가 있는가? 어쩌면 매주 서로 질문을 주고받는 일부터 시작해야 할지 모르겠다. 우리는 과연 하나님의 말씀을 들었는가, 못 들었는가? 저 말씀이 구체적으로 무슨 뜻인가? 저 말씀에 우리가 공동체로서 어떻게 응답해야 하는가? 이런 연습을 통해 하나님의 말씀을 듣는 우리의 태도뿐 아니라 그 말씀을 공동생활에 적용하는 방식도 근본적으로 바뀌게 될 것이다.

■ 본받는 일과 관련해서는 교회에서 존경하는 한 교인에게 가서 가끔 당신에게 "시간을 내줄" 수 있는지 부탁해 보라. 우리는 그런 사람들이 날마다 어떻게 사는지를 볼 수 있는 기회가

필요하다. 그들은 어떤 도전에 직면해 있고 거기에 어떻게 대처하는가? 이와 더불어 당신보다 신앙이 어린 교인을 만나서 어깨너머로 당신을 배우도록 권유해 보라. 당신이 완숙한 신앙의 경지에 도달했기 때문이 아니라 이 방법이야말로 선한 생활을 구체적으로 배울 수 있는 최선의 길이기 때문이다.

■ 우리와 같은 동료 순례자를 본받는 훈련에 덧붙여서 과거에 살았던 성도들의 이야기에 푹 빠지는 것도 좋은 일이다. 이는 특히 앞의 제안을 시도할 준비가 덜 된 사람들에게 좋은 대안이 될 수 있다. 현재의 지배문화가 유포하는 협소한 이야기들로 인해 우리 그리스도인들의 상상력이 제약을 받고 있는 만큼 훨씬 폭넓은 이야기들을 되찾아 그것들을 확산할 필요가 있다. 오랜 시공간에 걸친 하나님의 백성의 이야기들은 하나님의 선함과 신실함을 상기시킴으로 우리에게 감동을 줄 뿐 아니라 그분의 선함과 바람에 대한 우리의 편협한 생각을 풍요롭게 넓혀 줄 것이다. 그러므로 자신의 삶에서 선함의 열매를 양성하고 싶은 사람은 과거에 이미 이 열매를 맺은 성도들의 이야기에 푹 빠져 보자. 이처럼 우리의 마음과 상상력에 "좋은 씨앗"을 심으면 장차 우리의 삶에 양선·선함의 열매가 맺힐 것을 기대할 수 있으므로 우선 이 중요하고 필요한 첫걸음부터 내딛어 보자.

> 스스로 속이지 말라 하나님은 업신여김을 받지 아니하나니 사람이 무엇으로 심든지 그대로 거두리라. 자기의 육체를 위하여 심는

자는 육체로부터 썩어질 것을 거두고 성령을 위하여 심는 자는 성령으로부터 영생을 거두리라. 우리가 선을 행하되 낙심하지 말지니 포기하지 아니하면 때가 이르매 거두리라. 그러므로 우리는 기회 있는 대로 모든 이에게 착한 일을 하되 더욱 믿음의 가정들에게 할지니라갈 6:7-10.

Goodness

좋은 땅에 씨가 있다는 것은 착하고 좋은 마음으로 말씀을 듣고 지키어 인내로 결실하는 자니라 눅 8:15

또 약속하신 이는 미쁘시니 우리가 믿는 도리의 소망을 움직이지 말며 굳게 잡고 히 10:23

8장 충성

급변하는 세상에서 맺는 열매

프라미스키퍼Promise keepers 이야기는 너무 유명해서 모르는 사람이 없을 정도다. 이 모임은 1990년, 70명의 남자와 한 명의 축구 코치와 함께 시작되었다. 이듬해에 열린 첫 공식 대회에는 4,200명의 남자들이 참석했다. 1992년에는 이보다 다섯 배가 많은 사람이, 그 다음 해에는 5만 명이 콜로라도 주 덴버의 한 운동장에 빽빽하게 모였다. 1994년에는 전국의 7개 운동장에서 대회가 열렸으며, 참석자는 27만 명을 웃돌았다. 이 놀라운 성장은 그 후 3년간 계속되어 1997년에 이르면 24개 운동장에서 모두 125만 명이 집회에 참석하는 장관을 이루었다.

이 프라미스키퍼 운동에 대해 어떻게 생각하든지 이 운동의 성장률은 한마디로 경이적이다. 이 운동은 그 동안 교회가 무시해 왔던 인종 간의 화해를 교회의 논제에 올려놓았다. 나아가,

Faithful-ness

이 운동의 이름은 어느 시대나 필요했지만 이제껏 제대로 논의된 적이 없던 한 가지, 바로 약속이란 행습을 주목하게 만들었다. 그러나 프라미스키퍼 운동이 많은 사람의 마음을 움직이긴 했지만 현재의 지배문화에서 이 운동이 계속해서 성공할 수 있을지, 다시 말해 약속하고 약속을 지키는 행위는 자기 자신을 다른 사람이나 어떤 집단에 기꺼이 묶어 놓는 것을 전제로 하는데 무엇엔가 묶여 있게 되는 것을 달가워하지 않는 오늘날의 지배문화 속에서 이 운동이 성공할 수 있을지 의구심이 든다. 이 질문에 대면하기 전에 우리는 충성·신실함이라는 성령의 열매가 무엇을 뜻하는지부터 살펴볼 필요가 있다.

충성·신실함의 성경적 의미

성령의 열매가 하나같이 그렇듯, 충성·신실함이란 열매도 하나님의 성품에 뿌리를 두고 있다. 성령이 우리의 삶 가운데 일하시도록 허용하면, 우리는 좀더 인간다운 존재가 될 뿐 아니라 좀더 하나님을 닮아 가게 된다. 본래 우리는 하나님의 형상으로 창조된 존재이기 때문이다. 이 형상은 성령을 통해 그리스도의 사역으로 천천히 그러나 확실하게 회복된다.

바울이 성령의 열매를 열거할 때 사용한 그리스어 단어는 피스티스*pistis*이며 이 단어는 문맥에 따라 "믿음"으로 번역되기도 한다. 어떤 영어성경은 이 열매를 "믿음"faith으로 번역하기도 했지만, 앞에 열거된 열매의 윤리적 특성을 감안해 "신실함"faithfulness으로 번역하는 것이 더 나은 것 같다. 그렇다고 두 가지 의미를 완전히 구분할 필요는 없다. 신뢰로서의 믿음과 믿음직함으로서의 신실함 사이에 분명한 연관성이 있기 때문이다. 달리 말하면, 우리가 믿음을 순전히 지적인 어떤 행위라고 생각하지 말고 믿음이 지닌 신뢰의 성격 면에서 보면, 믿음이 윤리적인 어떤 것을 함의하고 있다는 것을 알게 될 것이다. 우리의 삶은 우리가 누구를, 무엇을, 언제, 어떻게 신뢰하는가 또는 충성하는가에 따라 좌우된다. 일단 우리가 믿음의 이 같은 풍성한 의미를 회복하면, 우리의 삶에 대한 하나님의 이중적인 요구사항을 좀더 이해할 수 있게 된다. 이중적인 요구사항이란 믿음직한 하나님을 신뢰하는 것과 하나님의 믿음직함을 본받는 것을 일컫는다. 신뢰는 확고부동함을 요구한다. 신뢰는 변덕스러울 수 없고 늘 변함없이 확고해야 한다. 그래서 바울은 골로새 교인들의 믿음이 "굳건한" 것을 보고 기뻐했으며, 그들에게 예수 그리스도 안에 "뿌리를 박으며 세움을 받아 교훈을 받은 대로 믿음에 굳게 서서 감사함을 넘치게 하라"라고 격려했던 것이다골 2:5–7.

현대의 영어성경들이 보통 "신실함"faithfulness으로 번역하는 히브리어 단어는 에메트*'emet*와 에무나*'emuna*다. 옛 영어성경에서는 이 단어들이 종종 "진실"개역성경에서는 '성실'로 번역되었다. 아브라함의 종이 이삭의 아내를 찾으러 떠났다가 리브가를 만났을 때, "나의 주인 아브라함의 하나님 여호와를 찬송하나이다. 나의 주인에게 주의 사랑헤세드, 새번역에는 '인자'과 성실에메트을 그치지 아니하셨사오며…"라고 한 것이 좋은 예다창 24:27. 또 시편 100편에서는 "여호와는 선하시니 그의 인자하심헤세드이 영원하고 그의 성실하심에무나이 대대에 이르리로다"시 100:5로 번역하고 있다. 오늘날 우리가 사랑·인자와 성실을 좁은 의미로 사용하는 것을 감안하면 히브리어 단어가 갖고 있는 풍성한 개념과 양자의 밀접한 연관성을 충분히 고려해 볼 필요가 있다. 이런 면에서 최근의 영어성경이 두 본문에서 사랑을 '한결같은 사랑'으로, 성실을 '신실함'으로 번역한 것은 눈여겨볼 만하다.

믿을 만함, 확고부동함, 한결같음, 성실함, 신뢰할 만함, 믿음직함. 하나님은 실로 "진실하고신실하고 거짓이 없으신" 분이기에, 이런 단어들이야말로 하나님의 성품을 분명하게 보여 주는 특징들이다. 하나님은 모세 앞에 나타나 그 앞을 지나가시면서 "여호와라, 여호와라, 자비롭고 은혜롭고 노하기를 더디하고, 인자헤세드와 진실신실함이 많은 하나님이라"라고 선포하셨다출 34:6. 여기서 다시금 하나님의 한결같은 언약적인 사랑헤세드과 하나님의 신실하심 사이에 밀접한 관계가 있음을 보게 된다. 사실 이런 밀접한 관계는 구약성경을 가로지르고 있다창 32:9, 삼하 2:6, 15:20, 왕상 3:6, 시 25:10, 36:5, 40:10–11, 57:10, 61:7, 89편, 98:3, 108:4, 117:2, 138:2, 애 3:22–23, 호 2:19–20. 이것이 그리 놀랍지 않은 이유는 헤세드 번역어 자체"한결같은 사랑", "언약적인 사랑"가 그 속에 영원한 신실함의 개념을 포함하고 있기 때문이다.

성경을 읽어 본 사람이면 누구나 성경의 하나님은 약속을 지키는 하나님임을 알고 있을 것이다. 성경 전체에 걸쳐 하나님이 사람들을 다루시는 모습을 보면 거듭거듭 언약을 맺고 언약을 지키시는 하나님으로 묘사되어 있다. 언약의 대상에는 노아와 그 가족, 아브라함과 사라, 광야에서의 모세와 이스라엘 자손 등이 포함되어 있다. 이 이야기 속의 하나님은 "태초에 세상이 돌아가도록 하신 후에는 스스로 돌아가도록 내버려 두시는" 그런 하나님이 아니다. 오히려 특정 시기, 특정 장소에서 특정한 백성과 언약을 맺으시고 동시에 영원히 그 언약에 스스로 묶이기로 작정하신 하나님이다. 얼마나 놀라운 사실인가! 이 하나님은 저 멀리 계시는 추상적인 하나님이 아니다. 이 하나님은 이와 같은 구체적인 관계들을 통해 알려지기를 원하시는 분이다. 그래서 하나님은 이 사람들을 한 백성으로 창조해서 줄곧 한 백성으로 존속시키신 것이다. 하나님을 떠난 이 백성의 정체성이란 생각할 수도 없는 일이다. 그러나 더 놀라운 사실은, 이 백성을 떠나서는 하나님도 자신이 원하셨던 정체성을 가지지 않으실 것이라는 점이다. 하나님은 스스로 이 백성에게 묶이기로 작정하고, 그럼으로써 당신이 얼마나 신비롭고 깊은 사랑을 품고 있는지를 나타내기로 하셨다.

여기서 우리는 하나님의 또 다른 타자지향적인 일면을 엿본다. 하나님은 특정한 백성을 선택하는 데 있어서도 타자지향성을 그대로 드러내신다. 이스라엘 백성은 무언가 특별했기 때문에 선택받은 것이 아니라신 7:7-9, 어떤 목적과 어떤 사명, 곧 열방의 빛이 되기 위해 선택받았다사 42:6; 참고. 60:3. 하나님이 이 백성과 묶이기로 한 것은, 곧 하나님이 이스라엘과 언약관계로 들어간 것은 그럴 필요가 있었기 때문이 아니라 창조세계를 화목하게 하기 위해 선택한 전략이었다. 바로 이 언약 백성을 통해 열방은 모든 창조물과 친밀한 관계를 맺고 싶어하는 이 하나님의 성품과 본성을 알게 될 것이었다.

일단 이처럼 다른 이에게 스스로를 묶는 행위가 하나님의 정체성의 핵심임을 알게 되면 하나님의 사랑과 하나님의 신실함을 확연하게 구별할 필요가 없어진다. 하나님의 신실함은 그분의 사랑에 덧붙여진 그 무엇이 아니라 사랑 그 자체가 가진 중요한 특징 중 하나다. 하나님은 신실하고 한결같은 사랑으로 사랑하는 분인 것이다. 앞서 언급했듯이 이것은 하나님의 신실함이 우리와 관련된 어떤 것이 아닌 하나님 자신의 성품에 뿌리박고 있음을 시사하는데, 하나님이 이런 식으로 사랑하는 것은 그분이 바로 그런 존재이시기 때문이다. 하나님이 스스로의 성품을 부인할 수 없는 분이라는 사실이야말로 다음과 같은 초기 기독교 찬송에서 유래한 말씀의 바탕을 이루고 있다.

이 말씀은 믿을 만합니다피스토스.

우리가 주님과 함께 죽었으면 또한 그와 함께 살 것이요

우리가 참고 견디면, 또한 그와 함께 다스릴 것이요

우리가 그를 부인하면 그도 또한 우리를 부인하실 것입니다.
우리가 신실하지 못하더라도 그는 언제나 신실하십니다.
그는 자기를 부인할 수 없으시기 때문입니다딤후 2:11–13, 새번역.

신약성경에서는 하나님이 신실한 분이라는 고백이 공식처럼 등장한다. 이를테면 바울은 우리가 그리스도 안에서 부름 받은 것을 하나님의 신실하심에 의한 결과라고 주장한다. "여러분을 부르셔서 그의 아들 우리 주 예수 그리스도와의 친교를 가지게 해 주신 하나님은 신실하십니다"고전 1:9, 새번역. 요한 역시 우리가 하나님의 용서를 확신할 수 있는 것은 그분의 신실함에 뿌리를 두고 있다고 말한다. "우리가 우리 죄를 자백하면 하나님은 신실하시고 의로우신 분이셔서 우리 죄를 용서하시고 모든 불의에서 우리를 깨끗하게 해 주실 것입니다"요일 1:9, 새번역.

역경을 당할 때 우리는 쉽게 하나님의 섭리와 그분의 보살피심을 의심하게 되는데, 신약성경은 고난과 시련 중에도 하나님의 신실하심을 신뢰하라고 권면한다. 앞에서 인용했던 야고보서의 한 단락은 신자들에게 시련과 성숙함 사이에 깊은 연관성이 있음을 깨닫게 한다.

Faithful-ness

나의 형제자매 여러분, 여러분이 여러 가지 시험에 빠질 때에, 그것을 더할 나위 없는 기쁨으로 생각하십시오. 여러분은 믿음신뢰, 신실함의 시련이 인내를 낳는다는 것을 알고 있습니다. 여러분은 인내력을 충분히 발휘하여, 조금도 부족함이 없이 완전하고 성숙한 사람이 되십시오약 1:2-4, 새번역.

우리 하나님은 신실하신 하나님이다. 따라서 이 하나님의 심부름꾼들도 신실한 존재가 되도록 부름을 받는다. 그렇지만 성경은 우리를 한결같이 신실하지 않은 존재라고 증언한다. 우리 믿음의 조상들은 "완고하고 패역하여, 그들의 마음이 정직하지 못하며, 그 심령이 하나님께 충성하지 아니하는 세대"시 78:8였다고 한다. 이스라엘과 같이 우리의 신실하지 못함도 하나님에 대한 믿음 내지는 신뢰의 부족에서 나온다. 이스라엘의 광야 생활은 하나님의 신실하심을 보여 주는 강력한 증거가 있음에도 불구하고, 우리가 얼마나 쉽게 그분의 보살피심을 의심하는지를 보여 주는 표지다. 히브리서 3장 전체는 광야에서 하나님께 불순종했던 자들의 불신실함과 그리스도의 신실하심을 대조시킨다. 성경은 하나님의 길을 신뢰하지 않고 자기 고집대로 하다가 비극적인 종말을 맞이한 사람들의 이야기로 가득 차 있다. 우리 중에도 그들의 발자취를 그대로 좇다가 비슷한 결말을 맞이하는 경우가 허다하지 않은가!

하나님의 예언자들은 이스라엘의 불신실함을 거듭해서 책망하곤 한다. 이 책망은 하나님이 스스로 묶이기로 한 그 백성을 포기하지 않겠다고 하는 의지의 표시다. 이 점이 가장 잘 부각된 곳은 성경 전체에서 가장 감동적인 드라마로 꼽히는 예언자 호세아의 삶이다. 하나님은 호세아에게 창녀 고멜과 결혼하도록 명하셨는데, 그 결혼은 하나님이 이스라엘의 불신실함에도 불구하고 스스로를 그들에게 묶어 놓기로 하신 것을 상기시키는 가시적이고 구체적인 표시였다. 고멜의 과거와 미래의 불신실함에도 불구하고, 하나님이 이스라엘에 대해 참고 계시는 것과 같이 호세아에게도 그녀를 참고 견디라고 말씀하신다. 바울이 로마 교인에게 상기시키듯이, 우리의 불신실함이 하나님을 불신실한 분으로 만들어서야 되겠는가!

> 그런데 그들 가운데서 얼마가 신실하지 못했으면 어떻습니까. 그들이 신실하지 못했다고 해서 하나님의 신실하심이 없어지겠습니까. 그럴 수 없습니다. 사람은 다 거짓말쟁이이지만 하나님은 참되십니다롬 3:3-4, 새번역.

Faithful-ness

바울은 이스라엘의 미래에 관해 논할 때에 하나님의 심판조차도 그분의 타인지향적인 사랑의 본보기라고 말한다롬 9-11장. 그는 두 가지 측면에서 하나님의 심판을 복수 행위가 아닌 타인지향적인 행위라고 주장한다. 첫째, 예수를 배척한 이스라엘의 행위는 그들을 넘어지게 만들었으나, 그것을 계기로 이방인을 향한 하나님의 타인지향적인 사랑이 발동하여 이들도 이스라엘에 접붙임을 받게 되었다. 둘째, 이처럼 이스라엘을 실격 처리한 것은 그들로 질투심을 느끼게 해서 하나님께 돌아오게 하려는,

궁극적인 선을 위한 것이었다. 따라서 이스라엘을 "배척하는" 행위조차도 하나님의 타인지향적인 사랑에 근거해 그들의 궁극적인 선을 도모하기 위한 것이다.

이처럼 신실하신 분의 제자요 종인 우리 역시 마땅히 신실한 존재가 되어야 한다. 신약성경은 여러 차례에 걸쳐 청지기는 맡은 것에 대해 신실하도록 부름 받은 자임을 상기시킨다. 예수님의 달란트 비유를 보면, 처음에 등장하는 두 종들은 착하고아가테 신실한피스토스 종으로 칭찬을 받는다마 25:21-23, 19:17. 바울이 고린도 교인들에게 "이와 같이 누구든지 우리를 그리스도의 일꾼이요, 하나님의 비밀을 맡은 관리인으로 보아야 합니다. 이런 경우에 관리인에게 요구하는 것은 신실성피스토스입니다"고전 4:1-2라고 권면할 때 바로 이 비유를 염두에 뒀던 것이다. 이처럼 신실함은 그리스도인 성품의 중심 요소이기 때문에 바울이 동료 그리스도인을 추천할 때 으레 그들을 "신실한" 자로 묘사하고 있다고전 4:17, 엡 6:21, 골 1:7, 4:9.

충성·신실함을 방해하는 걸림돌

하나님의 신실하심과 믿음직하심과는 반대로 우리가 몸담고 있는 오늘날의 지배문화는 끊임없는 변화와 불안정함을 특징으로 하고 있다. 각 시대는 그때마다 변화에 따른 도전을 붙들고 씨름해야 하지만, 지난 백 년에 걸친 문화 변동의 속도와 범위는 유례가 없었다. 그 급속도로 변하는 문화 속, 바로 그곳이 우리가 하나님의 요구하시는 충성·신실함이라는 열매를 맺어야 하는 곳이다.

헛된 것과 일회성을 부추기는 문화 앞에서 최근의 광고가 언제나 새로운 것만을 추구한 나머지 우리 속에 순간적이고 덧없는 것에 대한 역설적인 "충성심"을 키우고 있다고 주장했다. 한마디로 우리는 헌신하지 않는 것에 헌신하도록 부추김을 받고 있는 셈이다. 배우자, 직장, 친구, 교회, 취미 등 어떤 것을 막론하고 오랜 기간 동안에 한 가지 것에 정진하기보다는 하지 않았던 "그 어떤" 것을 찾아 헤매는 경향이 있다. 그 결과 어떤 신념과 신실한 행동, 헌신이 더 커지기는커녕 싹을 틔울 기회조차 얻지 못한다.

헌신과 신실함에 대한 우리의 신념을 저해하는 지배문화의 특징 중 하나는 바로 일회용품을 선호하는 풍조다. 우리는 접시, 냅킨, 수저, 포장지, 면도기, 콘택트렌즈, 카메라 등 온갖 종류의 일회용품을 사용한다. 거의 매일같이 일회성을 "가치"로 내세우는 신제품이 시장에 등장한다. 지금처럼 쓰고 버리는 문화에서는 보존할 필요가 없는 일회용품이 환영을 받기 마련이다. 손질해서 쓰기보다는 쓰고 버릴 수 있는 물건을 만들고, 편의성 때문에 일회용품을 쓴다는 식으로 스스로를 납득시킨다. 이 말을 달리 표현하면 그런 제품은 우리에게 요구하는 것이 아무것도 없

Faithful-ness

다는 뜻이다.

이런 생각은 일회용품에 국한되지 않는다. 일회용이 아닌 물건이라도 낡거나 고장나면 수선하기보다는 웬만하면 새것을 산다. 이 글을 쓰고 있는 현재 우리 가족은 몇 년 전에 100달러를 주고 산 고장 난 컴퓨터를 어떻게 처리해야 할지 고민 중이다. 중고시장에 팔아 봐야 20달러도 못 받고, 수리를 하자니 40달러 이상 든다고 한다. 어떻게 해야 좋을까? 이런 식의 선택을 해야 할 경우가 얼마나 많은지 모른다. 어떤 물건의 표면상의 가치보다 더 많은 비용을 쏟아부을 바보는 어디에도 없을 것이다.

인간관계조차 그 목적이 다했다고 생각될 때 "처분하는" 일이 발생한다. 최근 나는 시간제 근로자들을 "처분 가능한 인력"이라고 부르는 고용주들이 있다는 이야기를 들었다. 이런 처분 가능한 인력들에게 고용주는 충성심을 기대하지 않는다. 더 이상 필요가 없으면 그냥 처분하면 되기 때문이다. 최근 동거하는 젊은이들이 늘고 있는데 이들은 이른바 서로에게 "비현실적인" 약속을 하지 않은 채 그냥 "개방적으로" 살면서 서로 유리한 선택을 했다고 생각한다. 그러니까 장기적인 남녀관계에 따른 부담과 책임은 지지 않으면서도 친밀한 관계를 마음껏 누리고 싶다는 것이다.

이처럼 "처분 가능한" 문화가 교회에 영향을 미치고 있다. 교회가 어려움을 당하면 다른 배로 갈아타려고 하는 그리스도인들이 많은데, 이런 모습은 특정 상품에 대한 소비자의 헌신과 별반 차이가 없다. 사람들은 어떤 상품이 불만족스러우면 "더 나은" 것을 찾아 나서기 마련이고, 자기 필요를 잘 채워 주는 것 같은 느낌을 "더 나은" 것으로 간주한다. 이처럼 교회를 쉽게 "옮기는" 태도의 밑바탕에는 교인끼리의 관계 또한 교체 가능한 것이라는 생각이 자리하고 있다. 우리가 범세계적인 신앙 공동체에 속해 있음을 인식하는 것은 분명 긍정적이지만, 특정 그룹에 헌신하는 것을 피하기 위해 교회의 보편성에 기댈 경우에는 그리스도의 몸을 해치게 된다는 것을 유념해야 한다.

헌신을 외면하는 문화 마지막 예는 "처분 가능한" 문화가 우리로 하여금 애초에 헌신을 외면하도록 만들 수 있음을 시사한다. 말하자면 모든 것이 급변하는 문화, 곧 덧없음을 특징으로 하는 문화에서는 어느 한 사람, 한 그룹, 일련의 행동에 헌신할 필요가 없다고 생각한다. 끊임없이 변하고 움직이는 환경에서 약속과 언약을 맺는 것처럼 무언가를 다짐하는 행위는 골칫거리와 실망을 자초하는 지름길임을 누구나 알고 있다. 그런데 굳이 그런 일에 신경을 쓸 필요가 무엇이란 말인가!

이런 정서는 충분히 공감하지만, 그만큼 우리 문화가 얼마나 자기 숭배에 열중하고 있는지를 잘 보여 주는 실례이기도 하다. 자신을 숭배하는 문화에서는 "왜 내가 약속을 지켜야 하는지" 또는 "왜 내가 약속이란 관계에 얽혀야 하는지"에 대한 질문에 만족스러운 대답을 줄 수 없는 법이다. 만일 자신의 욕망을 억제하지 않는 것이 자신에게 가장 중요한 사안이라면, 약속을 지키는 것은 물론이고 약속하는 것조차 권장할 일이 못 된다. 그리고 우리와 같이 유동적인 문화에서는 아무런 의미를 지니지 못한다. 당신이든 다른 사람이든 지금부터 여섯 달 뒤에 같은 곳에 있을지 어떨지 모르는데 굳이 그들에게 묶일 필요가 있는가!

이처럼 약속을 꺼리는 풍조는 약속이 중요하다는 의식의 반증이기도 하다. 이 점을 생각해 보지 않은 사람들도 약속이 우리를 다른 이들에게 묶어 놓는다는 것을 잘 알고 있기 때문에 그처럼 묶이는 것을 피하려고 아예 약속을 하지 않는 것이다. 아내에게 오후 7시에 귀가하겠다는 약속이, 아내에게 쓸데없이 기대감을 불러일으키고 자신에게는 이런저런 계획을 할 수 있는 선택권을 박탈한다는 것을 뻔히 알면서 왜 그런 약속을 하겠는가! 아이들에게 저녁 먹은 뒤에 야구를 하자고 약속하면, 아이들에게 기대감을 갖게 만들고 자신에게는 생각을 바꿔 하고 싶은 일을 하기 어렵게 할 텐데 무엇하러 그런 약속을 하겠는가! 그래서 귀가시간을 묻는 아내에게는 대충 몇 시 정도에 귀가하겠다고 하고, 놀아 달라고 조르는 아이들에게는 "저녁 먹고 생각해 보자"고 에둘러대곤 한다.

"나한테 기대하지 마세요!" 이는 우리 사회의 많은 사람이 입에 달고 다니는 비공식적인 선언이다. 겉으로는 다른 사람들을 실망시키지 않기 위한 안전장치처럼 보이지만, 실은 자신의 자립성과 자율성을 지키려는 보호막인 경우가 더 많다. 이런 습관은 신실함을 키우는 데 굉장히 나쁜 영향을 미친다. 누구도 우리에게 기대하지 않도록 해 놓았기 때문에 충실함을 지키는 데 필요한 것을 굳이 배우려고 하지 않는다. 그래서 약속과 헌신의 네트워크를 통해 타인에게 묶일 때에 생기는 그런 친밀감에 단절됨에 따라, 우리는 심한 고독감을 맛보게 된다. 헌신하는 유일한 대상이 나 자신일 경우에는 그런 친밀감을 도무지 경험할 수 없는 법이다.

충성 · 신실함의 대상을 헷갈리게 하는 문화 이제까지는 신실함을 방해하는 지배문화의 몇 가지 특징에 관해 논했다. 하지만 이는 문제의 일부분에 불과하기 때문에 이 정도에서 멈춰서는 안 된다. 좀더 균형 잡힌 논의를 위해서 지배문화가 우리의 무엇을 어떤 식으로 신실하게 만들고 또 충성하게 만드는지를, 곧 충성의 대상에 관해 질문해 보도록 하자.

앞에서 말했듯이 우리 문화는 우리 자신에게 충실하도록 격려하는 분위기다. 그런데 이런 충실함의 정도는 우리의 변덕스러운 정서와 기분에 맞추는 수준밖에 되지 않는다. 이런 현상은 우리가 의무감으로 무언가를 하는 것을 싫어하는 모습에서 가장 잘 드러난다. 어떤 일을 "그저" 의무감에서 하기보다는 차라리 아무 일도 하지 않는 편이 더 "진정한" 또 "정직한" 태도라고 생각한다. 예를 들어 예배를 드리고 싶지 않다면 의무감으로 교회를 가는 것보다 그냥 집에 있는 편이 더 낫다는 것이다.

지배문화는 우리 자신에게 충실하도록 가르치지만 동시에 소수의 다른 사람에게도 충성하도록 자극한다. 단 그런 충실함이 특정한 방식으로 이해되고 표현되는 한 그렇게 하라고 권유한다. 근로자들은 하고 싶지 않은 일이라도 회사를 위해 함으로써 회사에 대한 충성심을 증명하도록 요구된다. 가령, 직원들은 상사를 위해 거짓말을 하도록, 회사의 이익을 위해 자료를 조작하도록, 상관이 좋아하는 것만 말하도록 요구되고 있다는 것을 우리는 알고 있다. 이런 행위를 할 때에야 비로소 충성스러운 직원이 된다고 우리는 교육받아 왔다. 이와 비슷하게 친구들과 배우자들은 진실을 모두 다 말하려 하지 않는다. 그렇게 하는 것이 서로에 대한 배려이자 충성심을 지키는 길이라고 생각하기도 한다.

이 밖에도 "우리 자신에게 충실해지는" 방법은 바로 국가에 충성하는 것이라고 생각한다. 국민 대다수는 국가에 충성할 책임이 있다고 생각하는데 과연 하나님께 총체적이고 무조건적으로 신실한 것처럼 국가에 대해서도 그렇게 충성하는 게 옳은 것인지 질문할 필요가 있다. "조국과 민족의 무궁한 영광을 위해 목숨을 바쳐 충성"하라고 국가가 요구한다면 어떻게 할 것인가? 이런 질문에 대한 손쉬운 해답은 없다. 따라서 그리스도인은 이런 어려운 문제를 놓고 기꺼이 토론할 자세를 갖추는 것이 바람직할 것이다.

충성·신실함이라는 열매 기르기

하나님의 은혜를 따라 우리의 삶에 신실함을 양성하려면 그분이 우리에게 주신 자원들에 초점을 맞출 필요가 있다. 하나님의 백성이 오늘과 같은 문화에서 하나님의 변함없는 신실하심을 좀더 온전히 반영하고자 할 때, 어떤 자원을 활용할 수 있을까?

하나님의 임재를 경축하기 다시 예배에 주목하자. 교회의 가장 깊은 확신 중 하나는 우리가 모일 때에 하나님이 함께하신다는 사실이다. 우리가 예배할 때 하나님이 거기에 계시겠다고 약속하셨기에, 우리는 그분의 임재 여부에 대해 고민할 필요가 없다. 하지만 우리는 이 하나님의 신실하신 임재를 너무나 당연시하고 있어 오히려 이 점을 놓치고 있다. 함께 모인다는 것 자체는 하나님 편에서는 함께 모인 공동체에서 우리를 만나겠다고 하신 그분의 약속을 지키실 기회이자 우리 편에서는 하나님의 신실한 임재를 경축할 수 있는 기회다.

Faithful-ness

물론 그냥 아무렇게나 모여서는 안 된다. 우리가 모이는 이유는 하나님과 그분의 백성에 관한 이야기들 속에 잠기기 위함인데, 그 이야기들의 주제 가운데 하나가 바로 하나님의 놀라운 신실하심에 관한 것이다. 이 장의 앞부분에서 언급했듯이 하나님의 신실하심을 성경이 풍성하게 증언하고 있기 때문에 우리가 이 이야기를 듣기 위해 모일 때 우리는 신실하신 하나님을 섬기고 있으며 우리 또한 신실하도록 부르심을 받았다는 점을 상기하게 된다. 우리는 요한계시록이 "신실한 증인"계 1:5이라고 일컫는 그분의 제자가 되도록 부르심을 받은 사람들이다. 여기 "증인"으로 번역된 그리스어 단어 마르튀스*martys*로부터 순교자라는 영어 단어Martyr가 유래한 것은 잘 알려진 이야기다. 사실 교회의 역사는 하나님의 은혜로 죽음 앞에서도 신실한 증인으로 살았던 사람들의 이야기다계 2:10. 우리 대부분은 육체적인 순교를 하도록 부름 받지 않겠지만, 그런 부르심을 입은 자들의 증언은 신실한 제자의 길에는 언제나 값비싼 희생이 따른다는 점을 강력히 상기시켜 준다.

교회는 신실한 삶을 산 사람들뿐 아니라 그렇지 못한 자들의 이야기도 들려주어야 한다. 과거와 현재를 숨겨서 교회가 얻을 수 있는 것은 없다. 하나님의 은혜는 우리가 실패할 때도 승리로 이끄신다. 물론 하나님의 은혜를 더 풍성하게 하기 위해 실패를 바라거나 자초해서는 안 되겠지만롬 6:1, 하나님은 우리가 온전히 신실한 자로 완성될 때까지 그분의 사역을 멈추지 않으신다. 하나님의 완전한 역사가 우리 모두를 완성에 이르게 하기까지 우리를 결코 그냥 내버려 두지 않겠다는 이 약속 앞에서 한없이 불성실하기 이를 데 없는 우리는 그저 놀랄 따름이다.

약속하고 약속을 지키고 그리스도인들은 약속을 하고 약속을 지켜야 할 이유를 가진 사람들이다. 우리가 약속을 하고 그것을 지켜야 할 이유는 우리의 예배의 대상이신 하나님이 약속을 하고 또 그것을 지키시는 분이기 때문이며, 또 당신의 신실하심을 증언할 증인으로 불완전한 우리를 부르셨기 때문이다. 그래서 하나님처럼 우리도 언약과 약속으로 맺은 관계를 통해서만 다른 이에게 자신을 드러내는 존재가 된다.

결혼은 우리 문화에서 우리가 공적으로 약속을 하는 행습이다. 최근 결혼하는 사람이 줄어들고 있는 현상은 결혼을 잘못 이해하고 있는 것만큼 약속하기 싫어하는 우리의 태도와도 관련이 있다. 이처럼 결혼이 오해되고 있는 가운데 그리스도인의 결혼은 교회의 중요한 행습의 하나이자, 신실함의 구현과 관련된 가장 중요한 자원이다. 그리스도인의 결혼에 여러 의미가 있지만, 그 가운데 하나는 하나님의 신실하심을 구현하고 상기시켜 주는 가시적이고 중요한 표지라는 점이다. 부부는 일생의 서원을 맺어 결혼관계로 들어섬으로써 그것을 지킬 자원이 부족하다는 것을 공적으로 약속하고 천명하는 것이다. 이것이 오늘날 그리스도인이 결혼에 대해 감수해야 하는 위험 중 하나다. 두 사람의 연합은 그분의 신실하심을 반영하는 역할을 할 수 있다. 우리가 "죽음이 우리를 갈라놓을 때까지"라는 결혼 서약을 지키기 위해서는 하나님의 지속적이고 신실하신 은혜가 필요하다는 것을 고백하게 될 것이다.

Faithful-ness

결혼생활을 하면 할수록 서로가 서로에게 성실하지 못했다는 것을 분명하게 보게 된다. 불성실함에 대한 우리의 이해는 "성실하지 못함"을 "불륜관계" 같은 문제로 최소화시키려는 문화에 물들어 있다. 지난 장에서 그랬던 것처럼 신실함이라는 것도 소극적으로 정의할 때가 많다. 말하자면 내가 아내가 아닌 다른 여자와 성적인 관계를 맺지 않으면 신실한 남편이라고 생각하는 것이다. 그러나 하나님의 타인지향성과 신실하심을 다른 이들에게 반영하도록 부르심을 받은 그리스도인에게 불성실함이란 성적인 문제로 축소될 수 없는 법이다. 하나님과 교회 앞에서 서약한 것은 바람을 피우지 않겠다는 그 이상의 것을 약속한 것이다. 그것은 먼저 아내를 사랑하고 소중히 여기겠다는 서약이다. 일생에 걸친 헌신이 언제나 그렇듯이 우리는 성장하면서 그 헌신을 이루어 가며 결혼한 지 오래되었어도 아내를 사랑하고 소중히 여긴다는 것이 무엇을 의미하는지를 겨우 이해하게 된다. 여기서 한 가지 분명한 점은, 아내를 사랑하고 소중히 여긴다는 것은 자신의 일반적인 성향보다 훨씬 더 타인지향적이 되고 덜 자기중심적이 된다는 것이라는 점이다. 결혼은 서로에게 변화를 요구한다. 일반적인 통념과는 반대로 약속을 하는 것은 어떤 것에 매여 단지 선택의 폭을 좁히는 것만을 의미하지 않는다. 그와 동시에 새로운 가능성, 나의 삶과 아내의 삶이 뒤얽히는 데 동의함으로써 결혼이라 불리는 친밀한 관계를 통해 일하시는 하나님의 은혜에 그리고 그 은혜로 말미암는 변화의 가능성에 스스로를 열어 놓는 것을 의미한다.

물론 결혼만이 우리가 다른 사람에게 묶이는 유일한 길도, 변화를 경험할 수 있는 유일한 관계도 아니다. 우리가 결혼을 했든 안 했든 우리는 이른바 친구라고 불리는 이들이 없을 때 우리의 삶이 얼마나 가난해지는지 잘 알고 있다. 우리 사회는 빈약하고 보잘것없는 우정이란 개념을 제공하고 있지만, 진정한 친구 관계는 신실함을 전제하고 또 그것을 강조한다. 이 점은 우정과 신실함과 진실 말하기 사이의 밀접한 관계를 보면 분명히 알게 된다.

진실 말하기 신실한 친구관계와 결혼은 최소한 한 가지 공통점이 있다. 그것은 그 관계를 유지하는 그 이상의 것을 포함하는 어떤 비전에 의해 유지되고 키워진다는 점이다. 신실한 친구와 배우자는 현재의 관계를 유지하는 데 만족하지 않고 서로에게 더 성숙해지길 요구한다. 물론 성숙 여부에 따라 그 관계가 좌우되지는 않는다. 오히려 서로가 더 성숙하길 바라는 것 자체가 이미 서로를 사랑하고 있음을 드러내는 표시다.

그리스도인이 "더 성숙한" 사람이 되고자 할 때 비전으로 삼는 대상은 바로 예수 그리스도다. 우리는 날마다 그분의 형상으로 변화되고 있다. 그리스도인은 그리스도의 형상을 본받도록 부름 받았다는 사실과, 그러나 아직은 그렇게 되지 않았다는 것을 알고 있다. 이런 이중적인 인식은 우리에게 한 가지 진실, 즉 우리가 아직 장래의 모습에 도달하지 않았다는 진리를 말해 준다.

이 진리가 기독 신앙의 중심에 있기 때문에 우리에게는 서로 사랑 안에서 진실을 말할 수 있는 자유가 많이 주어져 있는 편이다. 이처럼 사랑으로 진실을 말하는 일은 대단히 신실한 행동이다. 만일 우리 각자가 아직 장래의 모습에 도달하지 못했음

Faithful-ness

을 알되 온전한 모습으로 변화되기를 깊이 열망한다면 그리고 다른 사람도 그렇게 되기를 바란다면, 우리는 서로 도움을 주고받아 서로의 부족한 부분을 인식할 수 있을 것이다. 우리 중 누구도 주제넘게 하나님을 대변한다고 말할 수 없기 때문에 그런 판단을 할 때는 세심하고 겸손한 태도가 필요하다. 그럼에도 불구하고 기독교적인 친구관계는 우리가 어느 영역에서 하나님의 기대치에 미치지 못하는지를 분별하도록 서로 도와주는 용기를 필요로 한다. 이렇게 하기 위해서는 서로에게 진실을 말해 줄 수 있어야 한다.

서로 진실을 말하는 법을 배우는 것이 곧 신실함을 배양하고 구현하는 방도라고 한다면, 거꾸로 신실함 또한 진실을 말하는 것을 가능하게 해 준다고 할 수 있다. 친구관계는 서로 진실을 말할 수 있는 자유가 있는데, 그런 말을 해서 혹시 관계가 깨어질지 모른다고 우려할 필요가 없기 때문이다. 물론 곧이곧대로 말하면 금방이라도 깨어질 살얼음판 같은 관계도 있다. 서로 평생의 충절을 서약하지 않은 친구관계나 동반자관계는 서로 진실을 말하기 어려운 법이다. 상대방에게 진실을 말해서 관계가 깨지는 것보다는 거짓말을 하는 편이 더 안전해 보인다. 반면에 내 아내는 나에게 그것이 내게 얼마나 큰 고통을 줄지, 내가 얼마나 그것을 부인하고 싶은지와 상관없이 나에 대한 진실을 말할 자유가 있다고 생각하는데, 그것은 내가 다음날 가출을 하지 않을까 우려할 필요가 없기 때문이다. 이처럼 우리는 환경과 상관없이 서로에게 충실하기로 서약함으로써 진실을 말할 수 있는 조건을 만들고 또 그것을 유지해야 한다.

하나님은 그리스도 안에서 우리에게 우리 자신에 관한 진실, 즉 지금 우리는 앞으로 우리가 되어질 그 모습이 아니라는 진실을 말씀하셨다. 그리스도인은 이것을 믿음으로 받아들이기 때문에 친구관계나 결혼관계 안에서 서로의 유익을 위해 서로에게 묶일 자유를 갖는 것이다. 그렇게 할 때에만 우리가 서로 변화되도록 도와줄 수 있기 때문이다. 이처럼 우리는 서로에게 묶임으로써 더욱더 신실한 행동을 할 수 있게 되고, 그런 행동의 하나가 바로, 서로 진실을 말하는 것이다.

묵상과 적용

■ 현재의 지배문화는 조급함을 부추긴다. 이런 풍조가 당신의 삶에 어떤 영향을 미치고 있는지를 생각해 보라. 가령, 당신의 생활 가운데 빠른 변화와 유동성의 영향을 가장 많이 경험하는 영역은 어디인가? 당신을 둘러싼 문화 중에 신실함을 키우는 데 가장 위협적인 영역은 어디인가? 혹시 그 문화가 신실함·충실함의 배양을 격려하는 면이 있는가? 그렇다면 사람들은 그 충실함을 어떻게 이해하고 있는가? 그리고 그 충실함은 보통 누구를 또는 무엇을 집안이나 회사나 민족 등 대상으로 하고 있는가?

Faithful -ness

■ 지배문화는 우리에게 다른 사람들 및 그들과의 관계를 "처분 가능한" 것으로 보도록 부추긴다. 당신이 겪은 경험으로부터 구체적인 예를 몇 가지 들어 보라. 당신의 삶에서 마치 당신이 처분 가능한 존재처럼 느낀 적은 없었는가? 거꾸로 당신이 다른 사람을 그런 식으로 대우한 적은 없었는가?

"처분 가능한" 문화는 우리에게 거의 모든 것 그리고 거의 모든 사람을 편의성이라는 관점에서 보도록 한다. 당신을 위해 접시나 수건을 씻는 일조차 "귀찮아서" 일회용품만 사용하려고 한다면 당신은 당신을 위해 "불편한" 일을 조금이라도 감수하려고 하지 않는다고 느끼지 않겠는가? 최대한 일회용품을 사용하지 않는 것이 창조세계를 보살피는 면에서도 필요하지만, "귀찮은 걸 불편해하는" 태도가 우리 삶의 다른 영역에까지 확장되지 않도록 하기 위해서라도 필요하다.

■ 지난 두세 달 동안에 당신이 약속이나 다짐을 했던 사람들의 명단을 작성해 보라. 그리고 환경과 상관없이 약속을 확실히 지킬 것이라고 믿을 수 있는 사람들의 명단도 작성해 보라. 이 명단들에 비추어 당신은 당신의 삶을 다른 사람들의 삶과 엮이게 할 의향이 얼마나 있는지 생각해 보라. 혹시 당신의 삶이 다른 사람의 삶에 말려들까 봐 다른 사람과 관계를 맺는 것을 주저한 적은 없는가? 다른 사람들에게 당신에게 기대지 말았으면 하고 생각한 적은 없는가? 만일 당신이 작성한 명단에 있는 사람들이 당신의 삶에 관여하지 않거나 당신이 그들의 삶에 관여

하지 않는다면, 당신의 생활은 어떨 것 같은가? 그리고 당신은 어떤 사람이 될 것 같은가?

사람들이 헌신을 피하는 데는 아주 다양한 이유가 있다. 어떤 이들은 끔찍한 학대를 받은 경험이 있어서 자신의 미래를 기대하기는커녕 상상하는 것조차 두려워한다. 이런 사람은 그냥 동기를 부여해 헌신하도록 만들 수는 없는 노릇이다. 오히려 그들에게 기꺼이 다가가서 서로 신뢰하는 관계를 구축하고, 서서히 다른 사람을 신뢰할 수 있도록 도와야 한다.

■ 당신이 과거에 맺었던 관계나 현재 진행 중인 관계에서 정말로 신실한 관계라고 말할 수 있는 인간관계에 대해 잠시 묵상해 보라. 그런 관계에서 어느 정도까지 서로 간에 진실을 말할 수 있는가 혹은 있었는가? 당신이 경험한 인간관계 중에서 신실함과 진실 말하기 사이의 밀접한 관계를 보여 준 경우가 있었는가?

■ 당신 자신을 장기적으로 어느 믿음의 공동체에 또는 구체적인 관계에 헌신하는 것을 진지하게 고려해 보라. 그 공동체에 성령이 함께하시리라 믿는다면, 그들과 함께 신실한 신자로 살고 사랑 안에서 진실을 말하겠다고또 그런 말을 받아들이겠다고 약속하라. 물론 그런 공동체의 선택을 시장에서의 소비자의 선택과 다를 바가 없다고 생각하게 만드는 압박이 있을 수 있다. 그러나 당신에게 그 공동체가 매우 만족스럽지는 않더라도, 하나님이 당신을 통해 당신과 그 공동체를 변화시키실 수 있음을 믿으라.

Faithful-ness

■ 이는 우리가 탐구해야 할 또다른 이슈를 제기한다. 그것은 유동성의 문제다. 우리 사회는 세계에서 가장 유동적인 사회 중 하나이고, 직접적으로 다루지 않았지만 유동성이 신실함을 위협한다는 점을 어렵지 않게 알 수 있다. 예를 들어 우리 문화는 심한 유동성을 그 특징으로 하고 있는 만큼, 당신도 장차 어떤 곳으로 이사할지를 모르기 때문에 교회의 같은 구역원이나 교인들과 깊은 관계를 맺는 것에서 몸을 사린 적은 없는가? 많은 사람들이 자신이 언제까지 이 동네에 살지 모르기 때문에 관계 정리가 주는 아픔과 두려움 때문에 아예 그런 관계를 맺지 않으려고 한다. 그러나 우리의 관계가 그와 같은 자기방어 기제로 방해받아서는 안 된다. 신실하신 하나님의 손에 자신을 의탁하기로 작정한 그리스도인들은 그런 인간관계에 의한 득과 실을 계산하지 않고, 다른 사람의 삶과 엮일 때 따르는 위험을 충분히 감수해야 한다.

■ 우리 사회에 사는 그리스도인은 상충되는 충성심들에 대해 새로운 눈으로 생각할 필요가 있다. 서로 충돌하는 충성심에 대해 우리는 "우선순위"의 문제라고 생각하도록 교육을 받았다. 우선순위가 올바르면 모든 문제가 잘 풀리게 된다고 배운 것이다. 일반적인 수준에서의 그런 충고에 대해 이견은 없다. 하지만 사람들이 그런 충고가 우리의 삶을 정돈하고 결정을 내리는 문제에 유용한 지침을 준다고 생각하고 있다는 점이 우려된다. 우선순위를 종이 위에 제대로 나열할 수 있다면 실제로 그렇게 사

는 법을 다 아는 것처럼 여긴다는 것이 문제다. 직접적으로 말하자면 그리스도인에게 필요한 것은 하나님이 "제1순위"가 되어야 한다는 확신이 아니라 "먼저 하나님의 나라를 구하는" 것이 일상에서 구체적으로 어떻게 사는 것을 뜻하는지를 아는 일이다. 하나님과 그분의 나라에 신실하기로 헌신하는 것이 내 가족과 친구와 이웃과 동료 직원과 나라에 헌신하는 일에 대해 무슨 의미를 갖고 있는가 질문해야 하는 것이다. 이런 질문에 대해서는 추상적인 답변이 있을 수 없다. 그 답변은 특정한 상황에서 생기는 구체적인 갈등과 관련 있기 때문이다. 동시에 이런 구체적인 갈등은 그저 우리에게 필요한 것이 우선순위를 바로잡는 것이라고 주장한다고 사라지지 않는다. 아내에게 "당신은 내 삶에서 가장 소중해요"라고 날마다 말하면서도 이런 주장에 맞는 생활을 하지 않는다면 아내는 그런 상투적인 말에 감동을 받지 않을 것이다. 마찬가지로 하나님 역시 그분을 우리의 우선순위 첫자리에 놓는다는 것에 감동하지 않으신다. 하나님께 신실하다는 것은 그 이상의 의미를 갖는다. 이런저런 구체적인 상황에서 그것이 무슨 의미를 갖고 있는지를 정확히 알려면, 우리 편에서 서로 상충되는 헌신들을 어떻게 정리하는 것이 좋을지에 대해 서로 깊이 고민하며 의논하는 일이 필요하다.

■ 만일 우리 자신과 자녀들이 과거에 살았던 신실한 그리스도인들의 생애를 깊이 들여다본다면, 그리스도인의 삶을 향한 우리의 상상력이 풍부해질 것이다. 이 점이 특히 중요한 이유

Faithful-ness

는 주어진 상황에서 신실해진다는 것이 무엇인지를 분별하려면 금방 눈에 띄지 않는 대안들을 보는 안목이 필요하기 때문이다. 신실한 그리스도인들의 생애를 들을 때에 우리의 닫혀 있던 상상력이 활짝 열려 다른 시대와 장소에서 신실한 삶이 어떤 것이었는지를 보게 됨에 따라 새로운 가능성을 볼 수 있게 된다. 동일하게 중요한 것은 이런 신실한 그리스도인들의 이야기가 우리에게 하나님의 신실하심을 상기시켜 준다는 점이다. 우리가 일상의 고민과 염려에 둘러싸여 있으면 우리 하나님의 신실하심을 쉽게 잊어버리게 되기 때문에 그런 이야기가 꼭 필요하다.

■ 끝으로 우리는 우리가 처한 상황 속에 하나님이 두신 신실함의 본보기를 찾으려고 노력할 필요가 있다. 그런 본보기는 자기를 과시하기보다는 침묵하는 편이므로 우리 눈에 잘 띄지 않겠지만, 바로 우리 주변에 있을지도 모른다. 이 점이 프라미스 키퍼 운동이 부지불식간에 낳은 좋지 않은 결과 중 하나가 아닐까 한다. 이 운동은 주말에 남성들에게 가정에서의 책임을 제쳐 놓고 약속 지키는 일의 미덕을 선전하는 곳으로 그들을 불러냄으로써, 가정에서 조용히 충실한 삶을 사는 본보기들을 보지 못하게 한다. 어떤 남성들에게 가장 필요한 것은 약속을 지키도록 도와주는 다른 남성이 아니라, 최고의 본보기가 바로 자기 아내라는 사실을 배우는 일이다. 백만 명의 여성들이 남편에게 집안일과 아이들을 맡겨 둔 채 약속을 지키도록 촉구하기 위해 주말마다 집 밖으로 뛰쳐나가는 모습을 상상할 수 있겠는가? 이처럼

그리스도인 남성들은 본보기를 찾기 위해 멀리 볼 것이 아니라 주변 가까이에 있는 본보기를 주목하는 것부터 배워야 한다.

평강의 하나님이 친히 너희를 온전히 거룩하게 하시고 또 너희의 온 영과 혼과 몸이 우리 주 예수 그리스도께서 강림하실 때에 흠 없게 보전되기를 원하노라. 너희를 부르시는 이는 미쁘시니 그가 또한 이루리라살전 5:23-24.

내 사랑하는 형제들아 너희가 알지니 사람마다 듣기는 속히 하고 말하기는 더디 하며 성내기도 더디 하라 사람이 성내는 것이 하나님의 의를 이루지 못함이라 그러므로 모든 더러운 것과 넘치는 악을 내버리고 너희 영혼을 능히 구원할 바 마음에 심어진 말씀을 온유함으로 받으라

약 1:19-21

우리가 성령으로 살면 또한 성령으로 행할지니 헛된 영광을 구하여 서로 노엽게 하거나 서로 투기하지 말지니라 형제들아 사람이 만일 무슨 범죄한 일이 드러나거든 신령한 너희는 온유한 심령으로 그러한 자를 바로잡고… 갈 5:25-6:1

9장 온유

공격적인 세상에서 맺는 열매

경기장 · 만화 · 직장 · 뮤직 비디오 · 장난감 · 영화관 · 컴퓨터 게임 · 교실 · 소설 · 뉴스 프로그램….

이것들의 공통점은 무엇일까? 그것은 바로 이것들이 어마어마한 폭력을 조장하는 일차적인 통로라는 것이다. 가상 폭력이란 그저 우리가 살고 있는 폭력적인 사회가 반영된 것이라는 주장이 있긴 하지만, 그런 해설들이 갈등 해소를 위한 대안이 되지는 않는다. 다음의 통계가 보여 주듯이 폭력이 전염병처럼 퍼지고 있다.

- 질병 관리 및 예방 센터는 해마다 미국에서만 백만 명 이상이 폭력으로 인해 사망한다고 추정한다. 또한 연구 조사자들은 지구상에서 발생하는 어린이 살인사건의 4건 중 3건이 미국에서 일어난다고 밝힌다. 이는 세계에서 가장 부유한

나라에서 어린이 살해와 자살, 총기 관련 사망이 가장 많다는 의미다.

- 텔레비전 프로그램을 통틀어 절반 이상이 폭력적인 장면을 담고 있고, 시청자들은 평균적으로 매년 약 1만 8천 건의 폭력적인 장면에 노출된다.
- 미국에서는 매년 약 2백만 명의 남편이 아내를 심하게 폭행하고 있다.

대중 매체의 노골적인 폭력 장면과 갈등을 폭력으로 해결하려는 경향 사이의 관계에 대해서 학자와 전문가들 사이에 의견이 분분하지만, 한 가지만큼은 분명한 것 같다. 우리는 세계에서 가장 공격적인 사회인 동시에 폭력에 깊이 물들어 있는 사회에 살고 있다는 점이다. 이 둘의 관계를 증명하기란 어렵지만, 양자가 우연의 일치일 가능성은 희박하다. 그런데 그리스도인은 이 문제를 넓은 관점에서 생각할 필요가 있다. 우리에게 문제가 되는 것은 미디어의 폭력 장면이 폭행을 부추기느냐, 그런 장면이 시청자를 공격적으로 혹은 반사회적으로 만드느냐, 또는 폭력에 대해 둔하게 만드느냐 하는 것이 아니다. 우리는 "어떻게 하면 우리와 같은 문화에서 온유라는 열매를 배양할 수 있는가?"를 질문해야 한다.

온유의 성경적 의미

바울이 열거한 성령의 열매 중 그 여덟 번째는 온유함, 유순함, 겸손함 등으로 다양하게 번역된다. 이 단어는 인간관계의 기초를 교만과 권력이 아닌 다른 어떤 것에 두는 성품을 가리킨다. 이 각각의 단어들은 그 뿌리를 경제적이고 사회적인 영역에 두고 있으며, 그 낮아짐은 내면의 태도나 성격인 동시에 모두의 눈에 보이는 열려 있는 태도이기도 하다. 구약성경에서 이 단어군은 가난한 자, 괴로워하는 자, 겸손한 자, 온유한 자, 낮은 자 등을 가리킬 때가 많다. 구약성경은 여호와가 부자와 교만한 자에 의해 착취당하는 이들을 변호하는 분임을 분명히 하기 때문에, 시간이 흐르면서 이 단어군은 물질적으로 가난한 자뿐 아니라 겸손히 여호와만 의지하는 자들과 연관되기에 이르렀다. 이를테면, 하나님은 예언자 스바냐를 통하여 이스라엘에게 다음과 같은 날이 오고 있다고 선포하신다. "그 날에…내가 네 가운데서 교만하여 자랑하는 자들을 제거하여, 네가 나의 성산에서 다시는 교만하지 않게 할 것임이라. 내가 곤고하고 가난한 백성을 네 가운데에 남겨 두리니, 그들이 여호와의 이름을 의탁하여 보호를 받을지라"습 3:11–12. 구약성경의 다른 곳에서는 하나님이 온유하고 겸손한 자를 변호할 것이라고 약속하시며, 특히 그들이 교만한 자의 압제를 받을 때에 그렇게 하겠다고 하신다시 10:17–18, 37:11, 147:6, 149:4, 사 11:1–4.

Gentle-ness

교만, 자만, 오만. 이런 태도는 권력과 강한 의지를 통해 장래의 행복을 확보하려고 애쓰는 자들의 특징이다. 이것들에 의지함으로써 하나님이 필요하다는 것을 부정한다. 이스라엘도 계속해서 완고하다거나 "목이 뻣뻣한" 백성이라는 지적을 받았다출 32:9, 33:3, 5, 34:9, 신 9:6, 13, 10:16, 대하 30:6–8. 이 이미지는 시사하는 바가 많다. 이는 완고할 뿐만 아니라 권위를 거부하는 태도를 보여 준다. 목이 곧은 이스라엘의 모습은 신약성경에까지 이어진다. 스데반이 공의회 앞에서 한 연설은 이스라엘의 역사를 목이 곧은 것으로 묘사했을 뿐 아니라 다음과 같이 덧붙임으로써 유대인의 분노를 유발했다. "목이 곧고 마음과 귀에 할례를 받지 못한 사람들아 너희도 너희 조상과 같이 항상 성령을 거스르는도다"행 7:51.

성령을 거스르는 것, 성령을 소멸하는 것. 이는 성령의 열매를 갈망하는 사람이라면 누구나 피해야 할 위험한 행위다. 위에서 언급한 문맥들을 보면, 이런 위험이 생기는 것은 우리의 완고한 교만과 하나님과 상관없이 우리의 장래를 확보하려는 욕망 때문임을 알 수 있다. 하지만 하나님은 우리에게 우리 자신과 우리의 능력을 신뢰하지 말고 겸손해져서, 하나님과 하나님의 나라에 소망과 믿음을 두라고 말씀하신다.

하나님 나라는 거꾸로 뒤집힌 나라, 곧 인간이 제정한 질서를 뒤집어서 하나님의 질서를 회복하는 곳이다. 인간이 건설하는 나라는 예외 없이 부자와 권력자와 교만한 자와 힘이 센 자를 높이 받들기 마련이다. 그러나 눈이 있는 자들은 하나님이 행하시는 통치는 전혀 다른 부류라는 것을 알고 있다. 마리아는 하나님의 뜻에 겸손히 순복함으로써 하나님의 통치가 뚫고 들어오는 것을 보았다.

내 영혼이 주를 찬양하며
내 마음이 하나님 내 구주를 기뻐하였음은
그의 여종의 비천함을 돌보셨음이라.
보라 이제 후로는 만세에 나를 복이 있다 일컬으리로다.
능하신 이가 큰 일을 내게 행하셨으니
그 이름이 거룩하시며
긍휼하심이 두려워하는 자에게
대대로 이르는도다.
그의 팔로 힘을 보이사
마음의 생각이 교만한 자들을 흩으셨고
권세 있는 자를 그 위에서 내리치셨으며
부자는 빈 손으로 보내셨도다.
그 종 이스라엘을 도우사
긍휼히 여기시고 기억하시되
우리 조상에게 말씀하신 것과 같이
아브라함과 그 자손에게 영원히 하시리로다눅 1:46-55.

예수님이 팔복 설교에서 심령이 가난한 자와 온유한 자가 복이 있다고 가르치신 것은 바로 이런 반전을 두고 하신 말씀이다마 5:3,5. 온유한 자는 땅을 정복해서 다스리지 않는다는 점이 중요하다. 그들은 땅을 기업으로 받는다. 그들에게 땅이 주어지는 것이다. 이와 밀접한 관계에 있는 것은 신약성경 전체에서 후렴과 같이 반복되는, 누구든지 자기를 높이는 자는 낮아지고, 누구든지 자기를 낮추는 자는 높아질 것이라는 주제다마 23:12, 눅 14:11, 약 4:10, 벧전 5:6. 이 점을 예수님은 아래와 같은 비유를 통해 강하게 역설하신다.

> 또 자기를 의롭다고 믿고 다른 사람을 멸시하는 자들에게 이 비유로 말씀하시되, 두 사람이 기도하러 성전에 올라가니 하나는 바리새인이요 하나는 세리라. 바리새인이 서서 따로 기도하여 이르되 하나님이여 나는 다른 사람들 곧 토색 불의 간음을 하는 자들과 같지 아니하고 이 세리와도 같지 아니함을 감사하나이다 나는 이레에 두 번씩 금식하고 또 소득의 십일조를 드리나이다 하고, 세리는 멀리 서서 감히 눈을 들어 하늘을 쳐다보지도 못하고 다만 가슴을 치며 이르되 하나님이여 불쌍히 여기소서 나는 죄인이로소이다 하였느니라. 내가 너희에게 이르노니 이에 저 바리새인이 아니고 이 사람이 의롭다 하심을 받고 그의 집으로 내려갔느니라. 무릇 자기를 높이는 자는 낮아지고 자기를 낮추는 자는 높아지리라눅 18:9-14.

십자가에 달리신 메시아를 좇는 이들은 사실상 지배문화가 증진시키고 있는 것과는 다른 감수성을 계발할 필요가 있음을 알아야 한다. 그리스도인들에게 겸손과 온유로 옷 입으라고 권면하는 대목이 신약성경에 두 군데 나온다. 먼저 베드로의 경우 장로들과 젊은 신자 모두에게 이렇게 권한다. "다 서로 겸손으로 허리를 동이라. 하나님은 교만한 자를 대적하시되 겸손한 자들에게는 은혜를 주시느니라"벧전 5:5. 그리고 바울도 골로새 교인들에게 비슷한 권면을 하고 있다. "너희는…긍휼과 자비와 겸손과 온유와 오래 참음을 옷 입으라"골 3:12.

나는 성령의 각 열매가 사랑의 구체적인 양상이며, 또 그것을 한결같은 타인지향성을 구현함으로 드러낸다고 주장해 왔다. 그렇기 때문에 바울이 고린도 교인에게 사랑에 관해 말할 때, 사랑은 "시기하지 아니하며, 자랑하지 아니하며, 교만하지 아니하며, 무례히 행치 아니한다"고전 13:4-5라고 주장한 것은 놀랄 일이 아니다. 한마디로 사랑은 사랑 그 자체에 집중하지 않는다.

사랑의 타인지향적인 특성은 여러 가지 형태로 나타난다. 디모데는 "주의 종은 마땅히 다투지 아니하고, 모든 사람에 대하여 온유하며, 가르치기를 잘하며, 참으며, 거역하는 자를 온유함으로 훈계할지니…"라는 교훈을 받았다딤후 2:24-25. 누구나 한 번쯤은 자기중심적인 사람들로부터 충고를 들어 봤을 것이다. 그들의 훈계가 틀린 말은 아니지만, 실은 다른 사람의 실수를 교정하는 데서 자신의 즐거움을 찾으려는 것이다. 이런 충고가 온유하게 행해지는 경우는 극히 드물다. 반대로 타인지향적인 사람은 자기 자신이 아니라 충고 받는 사람에 대한 배려심이 작용한 것이기 때문에 온유함을 포함하게 되는데, 충고란 상대방을 통제하려고 하거나 힘을 발휘하려는 문제가 아니라 사랑을 베푸는 일임을 알고 있기 때문이다.

성경에 의하면 온유함, 유순함, 겸손, 낮아짐, 그리고 오래 참음까지 서로 밀접한 관계가 있다. 이 각각은 우리에게 세상을 절대적으로 통제하려는 마음을 포기하도록 요구한다. 우리는 하나님의 영이 세상에서 역사하고 있음을 믿기 때문에 하나님의 뜻을 이루기 위해 권력을 장악해야겠다는 생각에서 해방된 자들이다. 우리는 우리의 뜻을 다른 사람에게 강요하는 일, 우리 자신을 너무 높게 생각하는 일, 우리가 언제나 옳다고 생각하는 일, 우리의 몫을 챙기려고 우리 자신을 내세우는 일, 공의를 이루려고 보복하는 일 등에서 모두 해방되었다. 바울이 로마 교인에게 한 다음의 권면은 이미 인용한 바 있지만, 이 권면이 서로 앞뒤가 맞는 것임을 더 잘 볼 수 있게 되었기에 다시 인용한다.

> 너희를 박해하는 자를 축복하라. 축복하고 저주하지 말라 즐거워하는 자들과 함께 즐거워하고 우는 자들과 함께 울라 서로 마음을 같이하며 높은 데 마음을 두지 말고 도리어 낮은 데 처하며 스스로 지혜 있는 체하지 말라. 아무에게도 악을 악으로 갚지 말고 모든 사람 앞에서 선한 일을 도모하라. 할 수 있거든 너희로서는 모든 사람

과 더불어 화목하라. 내 사랑하는 자들아 너희가 친히 원수를 갚지 말고, 하나님의 진노하심에 맡기라. 기록되었으되 원수 갚는 것이 내게 있으니 내가 갚으리라고 주께서 말씀하시니라롬 12:14-19.

위에서 인용한 여러 대목은 그리스도인들에게 온유한 말을 해야 마땅하다고 권면한다. 신약성경의 저자들 가운데 이 점을 가장 자세하게 설명하는 인물은 야고보인데, 그는 특히 온유함과 지혜의 밀접한 관계를 강조하고 있다. 야고보서 3장 전체가 이 주제와 관련이 있는데 여기서는 후반부만 인용한다.

이것으로[혀로] 우리가 주 아버지를 찬송하고 또 이것으로 하나님의 형상대로 지음을 받은 사람을 저주하나니 한 입에서 찬송과 저주가 나오는도다. 내 형제들아 이것이 마땅하지 아니하니라 샘이 한 구멍으로 어찌 단 물과 쓴 물을 내겠느냐. 내 형제들아 어찌 무화과나무가 감람 열매를 포도나무가 무화과를 맺겠느냐. 이와 같이 짠 물이 단 물을 내지 못하느니라. 너희 중에 지혜와 총명이 있는 자가 누구냐. 그는 선행으로 말미암아 지혜의 온유함으로 그 행함을 보일지니라. 그러나 너희 마음속에 독한 시기와 다툼이 있으면 자랑하지 말라. 진리를 거슬러 거짓말하지 말라. 이러한 지혜는 위로부터 내려온 것이 아니요 땅 위의 것이요 정욕의 것이요 귀신의 것이니 시기와 다툼이 있는 곳에는 혼란과 모든 악한 일이 있음이라. 오직 위로부터 난 지혜는 첫째 성결하고 다음에 화평하고 관용하고 양순하며 긍휼과 선한 열매가 가득하고 편견과 거짓이 없나니 화평하게 하는 자들은 화평으로 심어 의의 열매를 거두느니라약 3:9–18.

성령께서 우리의 삶에서 양성하기 원하는 열매는 하나님의 성품에 뿌리를 두고 있다는 점을 이미 앞서 이야기했다. 우리가 사랑하도록 부름 받은 것은 하나님이 사랑하는 분이기 때문이고, 우리가 신실하도록 부름 받은 것은 하나님이 신실하신 분이기 때문이다. 다른 열매도 모두 마찬가지다. 그러면 어떤 의미에서 하나님은 온유하고 유순하고 겸손하신 분인가?

히브리어 단어 아니*'ani*는 구약성경 어디에서도 하나님을 묘사하는 단어로 사용되지 않는다. 하나님은 우리와 같이 가난하고 비천하고 낮으신 분이 아니다. 그렇다고 하나님을 권력이나 폭력과 동일시해서는 안 된다. 만일 온유함이 권력과 강제력에 호소하기를 삼가는 힘이라면, 하나님은 온유한 분이라고 할 수 있다. 많은 이들에게는 이것이 낯설게 들릴 것이다. 우리는 보통 온유하다는 소리를 들으면 연약함을 연상하기 때문이다. 그러나 예수 그리스도 안에서 계시된 그 하나님이 힘을 사용하시지 않는다고 연약한 분이라고 말할 수는 없다. 하나님은 예수 그리스도를 통하여 자신의 성품을 결정적으로 계시하셨는데, 그리스도의 삶은 힘이나 권력이나 강제력의 행사가 아니라 자기희생적인 사랑을 그 특징으로 한다. 하나님을 "힘 있는" 분으로 생각하는 데 익숙한 사람들에게 이것은 분명 하나님의 특성 중 가장 놀라운 성품으로 여겨질 것이다.

요한계시록에서 요한이 두루마리를 열고 일곱 봉인을 뗄 수 있는 정복자 사자를 찾을 때, 그는 어린 양을 보게 된다. 그 사자가 곧 그 어린 양이고, 어린 양의 길은 곧 십자가의 길이다. 그런데 이와 같은 사실은 기독교 이야기의 마지막 대목인 요한계시록에만 나오는 것이 아니다. 우리가 왕족에서 태어난 왕을 찾을 때, 보잘것없는 촌부에게 태어나 외양간에서 천으로 싸여 있는 어린 아기를 발견한다. 우리가 예수님이 공적인 사역을 시작할 때가 되어 그분이 세례 요한을 밀어내실 것으로 생각할 때, 그분이 요한에게 세례를 받으러 겸손히 다가가는 모습을 목격한다. 우리가 예수님이 자기의 나라를 효율적으로 확장하기 위해 힘과 영향력과 지위를 가진 자들을 자기편으로 만들고 세계를 장악할 줄로 기대할 때, 사회의 약자와 버림받은 자, 곧 어린이, 문둥병자, 창녀, 세리 등과 많은 시간을 보내는 순회 전도자이자 치료자를 만나게 된다. 누가복음에서 예수님이 사마리아인들에게 배척을 당하는 상황에서 우리는 예수님이 제자들이 원했던 대로 하늘에서 그들에게 불을 내리실 것으로 생각할 때, 그분은 우리를 책망하신다. 우리가 적군을 정복한 영웅이 백마를 타고 왕의 도시로 진입하면서 자기의 왕국을 세울 때가 되었다고 선포하실 것을 기대할 때, 비천한 당나귀를 타고 예루살렘을 들어가는 예수님을 보게 된다. 우리가 다락방에서 그분과 마지막 시

Gentle-ness

간을 보내면서 행군 명령을 기다리며 그분에게 충성을 맹세하여 그분을 영화롭게 할 것을 예상할 때, 그분은 우리를 친구라고 부르면서 우리의 발을 씻음으로 우리를 영화롭게 하시는 것을 본다. 예수님이 붙잡혀서 당국 앞에 끌려갔을 때, 우리는 그분이 그 권력자들에게 진실을 알리고 자기가 하나님의 기름 부음을 받은 자임을 자랑스럽게 선포할 것을 기대한다. 그러나 그분은 침묵하신다. 우리가 우월한 힘으로 대적을 짓밟을 구원자를 찾고 있을 때, 우리를 위해 스스로 짓밟히고 상처받는 종된 메시아를 발견하게 된다. 아, 이 하나님은 도대체 어떤 분이신가?

우리는 이런 세부 사항들을 예수님의 생애라는 그림을 둘러싼 어떤 액자 정도로 축소시켜 생각하고 싶어한다. 액자가 아니라 그림 그 자체가 중요하다고 말하고는, 하나님을 권능과 통제력을 가진 분으로, 그리고 이것에 들어맞는 대목들기적들, 날카로운 책망, 승리의 부활 등을 엮어서 예수님의 그림을 그려낸다. 그런데 위에서 언급한 예수님의 사역이 액자의 일부가 아니라 그림 그 자체의 필수적인 부분이라면 어떻게 되겠는가? 이 세부 사항들이 하나님의 성품에 관해 무언가를 계시하고 있다면 말이다.

우리에게는 이런 견해가 이상하게 보일지 몰라도 성경에서는 생소한 것이 아니다. 예수님은 우리에게 스스로 "마음이 온유하고 겸손하니" 자신의 멍에를 메고 자기에게 배우라고 하신다마 11:29. 예수님이 스스로 낮아지셨기 때문에 하나님이 예수님을 높이신다고 신약성경은 증언하고 있다. 그런즉 낮아짐에서 높아짐으로의 이러한 움직임은 예수님이 군중에게 제의하는 지혜로운 충고 정도가 아니다. 예수님의 삶 자체가 이 패턴을 몸소 구현하고 계신다. 우리가 이 점을 간과하고 싶어한다 해도 빌립보서의 위대한 찬송은 그것을 명료하고도 훌륭하게 표현하고 있다.

아무 일에든지 다툼이나 허영으로 하지 말고 오직 겸손한 마음으로 각각 자기보다 남을 낫게 여기고 각각 자기 일을 돌볼뿐더러 또한 각각 다른 사람들의 일을 돌보아 나의 기쁨을 충만하게 하라.
너희 안에 이 마음을 품으라 곧 그리스도 예수의 마음이니
그는 근본 하나님의 본체시나
하나님과 동등됨을 취할 것으로 여기지 아니하시고
오히려 자기를 비워
종의 형체를 가지사
사람들과 같이 되셨고
사람의 모양으로 나타나사
자기를 낮추시고
죽기까지 복종하셨으니
곧 십자가의 죽으심이라.

이러므로 하나님이 그를 지극히 높여
모든 이름 위에

Gentle
-ness

뛰어난 이름을 주사
하늘에 있는 자들과 땅에 있는 자들과 땅 아래에 있는 자들로
모든 무릎을 예수의 이름에 꿇게 하시고
모든 입으로
예수 그리스도를 주라 시인하여
하나님 아버지께 영광을 돌리게 하셨느니라빌 2:3-11.

마지막으로, 성경은 대체로 이 점에 대해 침묵을 지키고 있지만, 역사적으로 그리스도인들은 삼위 하나님 안에 바로 이런 겸손함과 복종함이 있다고 주장해 왔다. 이 점이 가장 뚜렷하게 드러나는 분은 성령이시다. 성령은 스스로를 증언하지도 스스로 주목을 받으려 하지도 않고, 오히려 성자를 증언하면서 자기를 낮추시는 분이다요 14:26, 15:26, 16:13-15. 기독교 전통은 성령을 완전한 하나님으로 분명히 천명해 왔지만, 성령은 예배와 경배를 받아 마땅한 그 권리를 내세우지 않고, 삼위 하나님의 타인지향적인 사랑을 가장 결정적으로 드러내는 역할을 하기 위해 존재하고 계신다.

온유를 방해하는 걸림돌

온유의 열매를 재배하고 싶은 사람들은 온유함이 무엇인지

를 알아야 할 뿐 아니라 우리 시대의 문화가 그 열매를 자라게 하는 것을 방해하는 면도 이해해야 한다. 이제까지 논의한 열매가 하나같이 그랬지만 온유라는 열매도 "그냥" 자라지 않는다. 강인하고 "공격적인" 세상의 식물들이 온유의 열매를 해하려고 위협하고 있다. 온유함을 배양하는 일이 결코 쉽지는 않지만, 일단 우리 문화에서 이런 열매가 맺히기만 한다면 그것이 드문 만큼 눈에는 잘 띌 것이다.

공격성과 자기선전을 조장하는 문화 우리가 사는 사회는 힘과 권력을 숭배한다. 이런 힘은 종종 폭력의 형태로 나타난다. 예를 들어, 소위 액션 영화들에 등장하는 영웅은 폭력적인 방법으로 정의를 수호한다. 비디오 게임과 컴퓨터 게임도 얼마나 적을 많이 죽이느냐 하는 것과 관련되어 있다. 갈수록 스포츠도 공격적이고 위협적인 자세와 관련이 깊어진다. 우리는 경기장에서 선수들이 서로 얼굴을 맞서는 장면과 약하게 보이지 않으려고 한 치도 물러서지 않는 모습을 보곤 한다. 또 등에 "두려움은 꺼져라"라는 문구가 적힌 티셔츠를 입은 사람을 만나곤 하는데, 정말 두려움이 없어서가 아니라 자기를 강인하고 이길 수 없는 인물인 것처럼 보이고 싶기 때문인 것 같다. 한마디로 "건드리지 마"라는 메시지처럼 말이다.

우리는 이미 어린 시절에 다양한 방법을 통해 "강한 자만 살아 남는다"는 것을 배웠다. 적대적 기업 합병M&A 소식이 공공연히 나돌고, 사업의 세계는 가장 공격적이고 경쟁적인 자만 살아 남는 "적자생존"의 세계요, "냉혹한 전쟁터"와 같다는 소리를 듣곤 한다. 진화론을 반대하는 많은 그리스도인이 이런 사회적 다윈주의는 별로 문제시하지 않는 것을 보면 참 아이러니하다. 그래서 우리가 세상에서 "머리"가 되려면, 목청을 높이고 야망을 가지고 자기를 선전하지 않으면 안 되는 것이다. 모두가 다 자기 이익을 챙기고 있으니, 성공하려면 우리의 이익을 챙기는 수밖에 없다고 생각한다. 어떻게든 자신의 재능을 치켜세우고 어디든 머리를 들이밀고 봐야 한다는 충고를 받는다. 즉 당신을 대신해 줄 사람은 누구도 없으니 우리 스스로 자신을 주장해야 한다는 것이다.

지금의 지배문화는 힘과 권력을 남성다움과 연관시키기 때문에 공격적인 문화가 젊은 남성에게 결정적인 영향을 미치고 있다. 대다수의 청소년은 어릴 때부터 "진짜 남자"가 되려면 힘을 과시하고 "사나이"다운 행동을 해야 한다고 믿게 된다. 게다가 청소년들은 자기의 감정을 숨기고 남들 앞에서 눈물을 보이면 안 된다고 배우는데, 약한 감정의 표출은 연약함의 표시라고 생각하기 때문이다. 너무나 오랫동안 타인에 대한 온유함과 부드러움은 "여성적인" 미덕으로, "남성답지 못한" 모습으로 간주되어 왔다. 그렇다고 남성만이 온유함을 피하는 것은 아니다. 남성지배적인 사회에서 취업과 승진을 위해 경쟁하는 여성들도 남보다 앞서려면 사업 세계의 일상적인 특징인 살벌한 경쟁을 하는 수밖에 없다는 것을 터득한다.

그런데 이런 공격성과 자기선전이 난무하는 현상은 대중이나 회사에서만 볼 수 있는 것이 아니다. 이런 "덕목"의 영향은 동료나 지인과의 대화에서 그리고 가족과 교인과의 만남 같은 평범한 일상에서도 나타나곤 한다. 이를테면, 우리가 남에 대한 혹평, 모욕, 촌평 등과 같은 풍자나 비웃음을 중심으로 하는 대화에 관여할 때 그렇다. 공개 토론장에서는 이런 것들이 일종의 오락거리로 통한다. 우리 대다수는 이런 이야기들을 주고받았던 경험이 있을 터인데, 그 속에 미묘한 또는 상당히 노골적인 자기선전의 요소가 포함되어 있음을 알고 있다. 주목을 받기 위해서 다른 사람을 깎아내리기 일쑤고, 남을 내리누르는 것이 자신이 높아지는 것이라고 생각하는 것이다.

우리가 가해자일 경우에는 이런 행위를 폭력적이라고 생각하지 않겠지만, 그것들이 우리의 마음 깊숙이 상처를 남기고 때로는 비수 같은 말이나 행동으로 표출된다는 사실은 그것이 자신에게도 폭력적이라는 반증이다. 또 가장 사랑하는 사람들에게 이런 식으로 상처를 주는 경우가 얼마나 많은가! 이것은 결코 우연이 아니다. 서로 친밀한 관계는 가까운 상대방의 약점을 알게 되는 법이다. 우리가 등을 돌리고 그 지식을 악용해서 상대의 약점을 공격하는 행위는 우리가 얼마나 공격성과 자기선전의 문화에 젖어 있는지를 보여 준다.

이런 예들은 일단 그런 문화에 젖어 있으면 우리가 "선택적으로" 공격적이 된다든가 자기선전에 몰두하는 일이 얼마나 어려운지를 일깨워 준다. 가령, 성실한 사람들은 가족을 위험에서 보호하기 위하여 폭력을 사용하는 것에 대해서는 가책을 느끼지 않을 테지만, 가족에게 폭력을 사용하는 것은 생각할 수도 없을 것이다. 그러나 일단 갈등을 다룰 때 폭력을 사용할 수도 있다는 식으로 폭력을 사용 가능한 대안으로 생각할 경우에, 그 대상을 현명하게 분별할 수 있을 것이라고 쉽게 생각해선 안 된다. 달리 말하면, 폭력이 어떤 상황에서는 적절하나 다른 상황에서는 그렇지 않다는 입장을 갖고 있으면, 양자를 분별해서 행동하는 일이 생각처럼 그리 쉽지 않다는 뜻이다. 그런 공격성과 폭력성을 스위치처럼 쉽게 켰다 껐다 하기 어렵다는 사실은 어린이와 아내의 삶에서 가장 위험한 인물이 바로 "아버지이자 남편"이라는 압도적인 통계상의 증거를 통해서도 알 수 있다.

힘 있는 자리를 열망하는 문화 공격성과 자기선전을 조장하는 문화에서는 할 수만 있다면 어떻게든 힘을 가져서 자신의 유익을 위해 이용하도록 부추김을 받는 것이 "자연스러워" 보인다. "변화시키기 위해" 힘과 영향력을 가져야 한다는 소리를 얼마나 자주 듣는가! 무언가를 이루고 싶거나 영향력을 행사하고 싶다면, 힘 있는 자리에 앉아야 한다는 말을 귀 아플 정도로 듣고 있다. 그렇지 못한 것은 무능한 것이고, 결국 실패로 끝날 것이라고들 말한다. 그렇기 때문에 세상에 업적을 남기고자 하는 이들은 흔히 힘과 강제력으로 대변되는 세상의 방법을 사용해서 그렇게 하는 것을 스스로 합리화하기 마련이다.

이런 교훈을 가장 뚜렷이 가르치는 곳은 우리가 일반적으로 사용하는 좁은 의미에서의 정치라고 부르는 영역이다. 어릴 때부터 나는 미국 대통령이 "세상에서 가장 힘센 사람"이라는 소리를 듣고 자랐다. 우리가 "정치적인" 영역을 얼마나 중요하게 생각하고 있는지를 알고 싶으면, 거기에 쏟는 시간과 에너지와 미디어의 관심과 돈의 규모를 잠깐만이라도 생각해 보면 된다. 우리가 한평생을 사는 동안에, 이 사회에서 진정한 변화를 일으키고 싶다면 법안이 통과될 수 있도록 로비활동을 하고, 관료를 선출하고, 관직에 출마해야 한다는 소리를 얼마나 많이 듣고 있는가! 이런 것이야말로 진정한 활동이라는 말을 수없이 듣는다.

우리에게 힘 있는 자리에 앉도록 부추기는 곳은 정치 영역만이 아니다. 인간이 행사하는 권력은 속성상 다른 사람이 하기 싫어하는 일을 하도록 강요하게 되어 있기 때문에, 우리는 일찍이 남의 강요를 받는 것보다 남에게 어떤 일을 시키는 것이 더 재미있음을 깨닫는다. 가령, 부모가 짧은 기간 집을 비울 때는 자녀 중 한 명에게 집안일을 주관하는 "권한"을 맡기는데, 그때 우리는 처음으로 그런 교훈을 배운다. 그 후 그 교훈이 학교와 놀이터와 교회와 일터에서 더욱 강화되어진다. 모두들 권위 있는 사람들에게 "군림을 당하는" 상황에 처한 적이 있을 것이다. 그들은 우리를 주관할 수 있는 권한이 있다는 것, 곧 우리에게 힘을 행사하는 것에서 굉장한 즐거움을 맛본다. 이런 이유로 어떤 사람은 스스로 "보스"가 되려고 자영업을 택하기도 하고, 어떤 사람은 자기 회사를 시작하거나 부하 직원에게 "뛰어내리라"라고 말하면 그들이 "얼마나 높은 데서 뛸까요?"라고 물어볼 정도로 충성도를 보이며 직장에서 최고 직책까지 올라가려고 한다.

이 모든 논의는 온유함과 겸손과는 아무런 관계가 없다! 우리 사회는 대놓고 공격성과 자기선전을 부추기고 있는데도, 온유함을 방해하는 교묘한 그 걸림돌이 많은 그리스도인에게는 잘 보이지 않는 모양이다. 세상에 진짜 영향을 미치려면 권력 있는 자리에 앉아야 한다든가 의제를 설정할 만한 위치에 있어야 한다는 사고방식이 온유하고 겸손한 삶을 자라게 하는 것에 도대체 어떤 영향을 줄 수 있겠는가? 이런 사고방식은 현재 그런 위치에 있지 않은앞으로도 그럴 가능성이 없는 사람들을 어떻게 생각하도록 부추기겠는가? 정상에 올라가려는 우리의 야망과 집념은 그 과정에서 우리가 간과하는 자들을 어떻게 대하도록 할 것 같은가? 온유하고 겸손한 태도로? 그럴 가능성은 거의 없다!

온유라는 열매 기르기

그리스도인은 이 세상 한복판에서 하나님의 백성이 되도록 부름 받았다. 하나님이 성령에 따라 살도록 우리를 부르신 것은 우리의 삶을 남들 앞에 과시하여 우리 자신이 주목을 받거나, 칭찬을 듣거나, "더 나은" 사람이 되게 하기 위함이 아니다. 오히려 그리스도의 몸이 되어 열방에 비치는 빛이 되고 하나님의 성품을 보여 주기 위함이다. 그러면 공격성과 자기선전에 채색된 세상에서 온유한 삶을 계발하는 데 활용 가능한 자원으로는 어떤 것이 있겠는가?

기도로 우리의 태도 바꾸기 어떤 사막 교부는 "기도는 온유의 씨앗이고 분노가 없는 상태"라고 말했다. 왜 그럴까? 두 가지 이유가 떠오른다. 첫째, 누군가에 대해 험담하는 것은 쉽지만 우리에게 잘못하거나 분노를 일으킨 사람에 대해 하나님 앞에서 저주하는 것은 어렵다. 예수님은 우리에게 원수를 사랑하고 우리를 박해하는 자를 위하여 기도하라고 가르치셨는데, 그것은 그런 기도가 원수를 사랑스러운 사람으로 바꾸기 때문이 아니라 우리 마음속에 변화가 일어나기 때문이다마 5:44-45. 예수님에 따르면, 우리는 원수를 사랑하고 그를 위해 기도함으로써 하늘에 계신 아버지의 자녀가 된다. 다른 사람, 특히 우리의 대적을 위하여 기도하면, 우리의 마음이 부드러워지고 상대방을 하나님의 형상으로 창조된 불완전한 피조물로 보면서 온유하게 대할 수 있게 된다.

이는 두 번째 이유로 이어진다. 만일 기도가 우리를 하나님의 존전으로 인도한다면, 우리는 겸허한 마음으로 기도하면서 하나님의 존전에 나아가야 한다. 그렇기 때문에 기독교 역사를 보면 무릎을 꿇고 기도하는 것을 당연하게 여겼던 것이다. 무릎을 꿇고 기도해야 하나님이 기도를 더 잘 들어주시는 것이 아니라, 하나님 앞에서 자기가 누구인지를 깨닫는 데 도움이 되기 때문이다. 그렇다! 우리는 그리스도의 공로로 하나님께 담대하게 나아가지만, 우리의 부족함과 무가치함을 절감하면서 겸손하게 나아간다. 이런 자세로 하나님께 나아갈 때 우리는 우리 이웃의 부족함을 받아들이게 되고, 다른 사람과 같지 않다고 하나님께 감사하는 그런 독선적인 태도를 갖지 않게 된다.

기독교 신앙은 그리스도인에게 자주 자기의 죄성을 인정해야 한다고 강조해 왔다. 이 점은 양선을 다룰 때 이미 언급한 바 있다. 여기서는 우리의 죄성을 유념하면 남들을 훨씬 더 온유하게 대할 수 있다는 점을 역설하고자 한다. 다시 한 번 예수님을 우리의 본보기로 들어 보자. 한번은 그분이 성난 독선적인 군중에게 둘러싸인 적이 있는데, 그들은 사형에 처해야 마땅한 여인을 예수님께 데리고 왔다. 그때 예수님은 격분에 휩싸인 고소인들에 동조하지도, 그들을 심하게 꾸짖지도 않으신다. 오히려 조용히 몸을 굽힌 채 땅에 글을 쓰시더니 "너희 중에 죄 없는 자가 먼저 돌로 치라"라고 말씀하신다요 8:7. 다시 몸을 굽혀 글을 쓰시니 군중이 서서히 흩어지고, 마침내 예수님은 그 여인에게 다시는 죄를 범하지 말라고 말씀하신 뒤에 그녀를 보내신다.

이 여인의 고소인들처럼 스스로 "마땅히 생각할 그 이상의 생각을 품을" 때는 다른 사람에게 채찍을 휘두르고 싶은 마음이 들게 된다. 그런 분노와 독선의 순간에는 자신이 상대방보다 "더 나은" 인간이라고 생각하기 쉽다. 이와 반대로 자신이 다른 사람들과 별반 다르지 않다는 점, 특히 자신 역시 똑같이 죄인이고 하나님의 은혜가 필요한 존재라는 것을 기억할 수만 있다면, 값없이 받은 그 은혜를 상대방에게 베풀며 온유하게 대할 수 있게 된다. 우리가 받은 은혜와 우리가 다른 사람들을 대하는 방식 사이의 밀접한 관계는 에베소에 보낸 바울의 편지에 잘 요약되어 있다.

> 무릇 더러운 말은 너희 입 밖에도 내지 말고, 오직 덕을 세우는 데 소용되는 대로 선한 말을 하여 듣는 자들에게 은혜를 끼치게 하라. 하나님의 성령을 근심하게 하지 말라. 그 안에서 너희가 구원의 날까지 인치심을 받았느니라. 너희는 모든 악독과 노함과 분냄과 떠드는 것과 비방하는 것을 모든 악의와 함께 버리고, 서로 친절하게 하며, 불쌍히 여기며, 서로 용서하기를, 하나님이 그리스도 안에서 너희를 용서하심과 같이 하라. 그러므로 사랑을 받은 자녀 같이 너희는 하나님을 본받는 자가 되고, 그리스도께서 너희를 사랑하신 것 같이 너희도 사랑 가운데서 행하라. 그는 우리를 위하여 자신을 버리사, 향기로운 제물과 희생제물로 하나님께 드리셨느니라
>
> 엡 4.29–5.2.

Gentle-ness

양보하는 법 배우기 그리스도인의 삶을 영적인 삶이라고 부르는 이유는 갈등을 경험하지 않기 때문이 아니라 갈등을 달리 처리하기 때문이다. 이를테면, 사도 바울은 고린도 교인들 때문에 스트레스를 받았을 때, 그들을 가혹하게 대하지 않고 "그리

스도의 온유와 관용"으로 그들에게 호소한다고후 10:1. 그리스도인도 얼마든지 중요한 문제를 놓고 다른 신자와 갈등을 겪을 수 있는데, 그런 일이 있을 때 항상 자신만이 옳다고 여기고 자신과 달리 생각하거나 행동하는 자들은 틀렸다고 생각해서는 안 된다. 그런 생각은 우리가 하나님 앞과 서로 앞에서 어떤 존재인지를 잊어버렸을 경우에만 품을 수 있는 생각이다. 우리는 서로의 의견을 경청함으로써 서로의 관점을 양보할 수 있어야 한다. 앞서 인용한 야고보서의 단락이 주장하듯이, 위로부터 난 지혜는 양순할 뿐 아니라 "기꺼이 양보하기" 때문이다3:17.

이런 양보와 잘못의 인정은 연약함의 표시가 아니다. 사실 공직자들이 자신들의 잘못을 인정하는 경우가 얼마나 드문지를 보면, 이 일이 매우 어려운 일이라는 것을 알 수 있을 것이다. 그리스도인도 다를 바 없다. 그러나 우리는 우리가 언제나 옳다는 고집에서 해방되었기 때문에 충분히 달라질 수 있는 여지를 가지고 있다. 우리가 다른 사람들과 의견을 달리할 때, 우리 의견을 억지로 밀어붙일 필요가 없다. 그 대신 죄인인 우리의 유한하고 부족한 관점에서 겸손하게 의견을 피력한 뒤에, 다른 이들이 그것을 설득력 있게 볼 것인지 여부는 하나님께 맡기는 태도가 필요하다.

이처럼 기꺼이 양보하고 또 그 결과를 하나님께 맡기는 태도는 갈등과 논쟁을 다루는 일뿐 아니라 다른 여러 사안에도 함의를 갖는다. 우리는 우리 자신이 우리의 운명을 좌우한다고 그래서 궁극적으로 우리에게 책임이 있다고 믿는다. 그 결과, 자기선전만이 우리가 택할 수 있는 유일한 대안이라고 생각하고 그런 행위에 적극적으로 참여한다. 그리스도인들은 그와 다른 이야기를 들려주고 또 살아 내도록 부름을 받았다. 이는 우리가 다른 사람들을 딛고 올라가 높은 자리를 확보하는 게 아니라, 하나님의 초대를 받아 그런 자리를 얻게 되는 이야기다. 앞서 언급했듯이, 성경 이야기의 중심에는 하나님이 자기를 낮추는 자들을 높이신다는 주제가 있다. 예수님은 언젠가 큰 반전이 일어날 것이라고, 즉 먼저 된 자가 나중 되고 나중 된 자가 먼저 되는 날이 올 것이라고 주장하신다마 19:30, 20:16, 23:11, 마 9:35, 10:31, 눅 13:30. 하나님 나라에서는 보잘것없다고 생각되던 자들이 하나님에 의해 높임을 받는 반면에, 자수성가했다고 자랑하던 사람들이 그 지위를 박탈당하는 일이 벌어질 것이다. 이런 이야기에는 그리스도인에게 세상적인 서열을 중시하지 말라는 경고가 담겨 있다. 하나님은 명예와 권력의 자리를 움켜쥐는 자들, 스스로 낮아지기를 거부하는 자들을 반드시 낮추실 것이라고 약속하신다. 그리스도인들이 오늘날의 시류에 휩쓸려 권력과 통제권을 얻기 위한 싸움에 말려드는 것은 그들에게 전혀 어울리지 않는 일이다.

따라서 교회는 무언가 다른 정치, 곧 공동생활을 정돈하는 다른 방식의 본보기가 되어야 한다. 온유함과 겸손과 관련해서는 우리가 서로에게 "군림하지" 않는 데서 그 차별성이 나타나야 한다마 20:25, 막 10:42, 눅 22:25, 벧전 5:3. 교회에서 권위 있는 직분

Gentle-ness

을 맡는다는 것은 다른 곳에서 볼 수 있는 본보기들과는 전혀 다른 것이어야 한다. 예수님은 하나님 나라에서 가장 존경받는 자들은 종들이라고 말씀하시며마 20:26, 23:11, 막 10:43, 이는 그분이 몸소 구현하신 본보기다마 20:28, 막 10:45. 교회는 오늘날 "섬기는 리더십"에 관해 많이 얘기하고 있는데, 이제는 구체적인 본보기들을 보여 줄 때다.

"보잘것없는" 사람들과 어울리기 이제 세상적인 기준으로 중요한 사람과 중요한 것을 가늠해서는 안 된다는 것을 상기한 만큼, 주위의 사람들과 다른 방식으로 관계를 맺을 자유를 행사해야 한다. 예를 들어, 일단 우리 자신의 지위와 직책을 세우고 유지하는 일에 더 이상 몰두하지 않게 되면, 세상적인 눈에는 우리의 승진을 방해하는 것처럼 보이는 낮은 사람들에게서 단절될 이유가 없어진다. 겸손, 손님 대접, "보잘것없는" 사람들 간의 밀접한 관계는 누가복음에 뚜렷이 나타나 있다. 예수님은 비유를 들어 결혼식장에서 명예로운 자리를 차지하려고 다투지 말라고 권고하신 뒤에 다음과 같은 말씀을 하셨다.

> 또 자기를 청한 자에게 이르시되, 네가 점심이나 저녁이나 베풀거든 벗이나 형제나 친척이나 부한 이웃을 청하지 말라. 두렵건대 그 사람들이 너를 도로 청하여 네게 갚음이 될까 하노라. 잔치를 베풀거든 차라리 가난한 자들과 몸 불편한 자들과 저는 자들과 맹인들을 청하라. 그리하면 그들이 갚을 것이 없으므로 네게 복이 되

리니 이는 의인들이 부활 시에 네가 갚음을 받겠음이라 하시더라
눅 14:12-14.

선물을 주는 일이 그렇듯이, 손님을 접대하는 일도 관계를 맺고 그것을 유지하게 한다. 예수님은 접대하는 일을 이기적인 목적을 위한 수단으로 이용하고픈 유혹을 받을 때가 많다고 지적하신다. 이와 반대로 그리스도인이 본받아야 할 하나님의 대접은 자신의 행복이나 지위를 증진하려는 이해타산적인 접대가 아니고, 은혜가 흘러넘치는 그런 접대다. "이 가운데 지극히 작은 자"를 향한 겸손과 온유에 뿌리박은 접대는 그 자리에 있는 모두에게 하나님 앞에서 서로 평등함을 상기시키면서 그분의 은혜가 흐르는 통로의 역할을 한다. 바울이 로마 교인을 일깨워 주듯이 우리는 "높은 데 마음을 두지 말고, 도리어 낮은 데 처해야" 마땅하다롬 12:16.

이런 접대의 행위는 식사를 포함하는 경우가 많은데, 그리스도인은 이때도 기꺼이 사회적으로 "보잘것없는" 자들과 그냥 함께해야 한다. 그리고 우리가 그들을 섬겨야 할 때가 있는 것처럼 그들로부터 섬김을 받을 준비도 갖추어야 한다. 좋은 선물들이 흔히 그렇듯이 그것도 예기치 않게 찾아옴으로 우리는 항상 모든 것에 놀랄 준비를 하고 있어야 한다. 그러나 앞에서 말했듯이 예수의 삶과 사역에 나타난 하나님 나라가 거꾸로 뒤집힌 나라임을 고려하면, 우리는 다름 아닌 그리스도 그분을 만날 채비

를 하고 있어야 한다. 복음서에 의하면 예수님은 "이 가운데 지극히 작은 자"뿐 아니라 힘없고 대수롭지 않은 사람들과도 자신을 동일시하시기 때문이다마 25:31-46.

> 누구든지 내 이름으로 이런 어린아이를 영접하면 곧 나를 영접함이요 또 누구든지 나를 영접하면 곧 나를 보내신 이를 영접함이라. 너희 모든 사람 중에 가장 작은 그가 큰 자니라눅 9:48.

> 진실로 너희에게 이르노니 너희가 돌이켜 어린아이들과 같이 되지 아니하면 결단코 천국에 들어가지 못하리라. 그러므로 누구든지 이 어린아이와 같이 자기를 낮추는 사람이 천국에서 큰 자니라. 또 누구든지 내 이름으로 이런 어린아이 하나를 영접하면 곧 나를 영접함이라마 18:3-5.

어린아이들. 예수님은 우리에게 이같이 되라고 말씀하신다. 특히 겸손해지려면 그래야 한다. 제자들은 예수님이 좀더 "중요한" 문제에 관심을 기울여야 한다고 생각했다. 우리는 보통 어린아이들을 어떻게 생각하는가? 우리 사회의 공적인 담론을 들어 보면 어린아이가 중요한 자리를 차지하고 있는 것처럼 보인다. 그러나 일부 정치인을 포함한 많은 사람들은 자신들의 유익을 위해 어린아이와 그들의 장래를 옹호하는 자로 자신을 내세운다. 어린아이를 대변하고 그들에 대해 얘기하려는 사람은 많은 데 어린이들에게 직접 말을 거는 사람은 적으며, 아이들의 말에 귀를 기울이려고 하는 이들은 그보다도 훨씬 적다.

그럼 아이들이 우리에게 가르칠 수 있는 것은 무엇인가? 어린아이들이 우리에게 주는 교훈 하나는 우리가 얼마나 철저히 세상적인 인생관을 수용하고 있는가 하는 점일 것이다. 내가 가르치는 한 여학생은 어린 시절에 달리기 경기를 하던 한 선수가 도중에 넘어져서 괴로워하고 있는데 아무도 그를 돌보지 않은 것에 굉장히 충격을 받은 적이 있다고 했다. 왜 어른들은 그런 장면을 보고도 충격을 받지 않는 것일까?

우리는 우리가 품은 야망에 "어두운 면"이 있으리라고는 좀처럼 생각하지 않는다. 이유인즉 우리가 높은 자리에 올라가려는 것은 선을 행하고 세상을 변화시키기 위해서라고 확신하고 있기 때문이다. 변화를 일으키고 싶다는 것이 무슨 문제냐 하겠지만, 이는 중요하고도 복잡한 사안이다. 예수님의 생애와 관련된 중요한 이야기 하나를 묵상해 보자. 예수님이 시험당한 이야기는 그리스도인들에게 변화를 일으키는 일 자체에 중심을 두면 안 된다는 점을 일깨워 준다. 그들은 어떤 종류의 변화를 일으키는지에 대해서도 관심을 가져야 하는데, 이는 변화를 가져오는 방법과 불가분의 관계에 있다마 4:1-11, 눅 4:1-13. 예수님은 악을 행하도록 시험을 받은 게 아니라 편리한 길을 택하도록 시험을 받았다. 즉 본인이 받은 사명에 부합하지 않는 수단을 취하여 그 사명을 손상시킬 수 있는 길을 택하도록 시험을 받은 것이다.

예수님은 기적적이고 화려하고 이목을 끌고 군중을 즐겁게 만들 전략을 거부하고 온유하고 겸손한 방식으로 그 사명을 수행하셨다.

하나님은 교회에 온유와 겸손을 계발할 수 있는 자원을 주셨다. 보통은 가까이 있는 어린아이나 "보잘것없는" 사람을 찾으려 하기보다는 이런 자원들을 찾으려 한다. 그러나 이런 사람들이야말로 우리에게 하나님의 질서, 즉 교만하고 오만하고 거만한 자들은 낮아지고, 낮고 겸손하고 온유한 자들은 높아진다는 하나님의 질서를 상기시켜 준다. 그런 사람들은 우리가 예배하고 좇는 그 메시아가 "타인지향적인" 삶으로 그 시대 사람들을 놀라게 했다는 사실을 새삼 깨닫게 해 준다. 자신의 왕국을 건설하려고 정신없이 경주하는 동안에 외면했던 사람들을 그냥 지나치지 않고 온유한 손길을 내미시어 붙들어 주시는 그런 타인지향적인 삶을 보고서 말이다.

묵상과 적용

■ 당신이 알고 있는 사람들 중에 온유하거나 겸손한 사람은 누구인가? 그런 사람들이 어떻게 사는지 잠깐 생각해 보라. 구체적으로 어떤 상황에서 그들의 온유한 모습 또는 겸손한 모습을 보았는가? 이를테면 그들이 비판이나 오해를 받았을 때 당

신과는 어떻게 다르게 반응하는가? 그런 사람을 만나게 되면 어떻게 그처럼 온유하고 겸손하게 대처하게 되었는지, 어떻게 그 성품을 계발하게 되었는지에 대해 물어보라.

■ 당신을 오해하고 실망시키고 짜증나게 하거나 공격하는 사람들은 없었는가? 그런 사람이 있다면, 그를 위해 기도하는 습관부터 길러 보라. 물론 이런 습관을 기르는 일이 무척 어렵다. 우리는 그런 사람에게 화를 낼 수 있는 것을 은근히 때로는 노골적으로 즐기지는 않는가? 만일 우리가 그 문제를 놓고 다른 사람이 아니라 하나님께 기도를 통해 그 분노를 풀어 놓는다면, 하나님이 우리의 마음을 부드럽게 만드시고 온유하고 겸손한 태도로 그들을 대할 수 있도록 만들어 주실 것이다.

■ 당신은 기도할 때 보통 어떤 자세를 취하는가? 물론 하나님은 우리의 자세와 관계없이 우리 기도를 들으시지만, 그러나 기도할 때의 몸의 자세는 매우 중요하다. 무릎 꿇는다는 것이 무엇을 전달하려고 하는지를 잘 알고 있기 때문에 무릎 꿇고 기도하려고 하지 않는 사람도 있다. 하지만 어떤 이유로든 기도와 몸의 자세는 무시할 수 없는 관계라는 점을 기억해 둘 필요가 있다.

■ 시편으로 정기적으로 기도해 보라. 지침이 필요하다면, 매달 시편을 한 번 읽을 수 있도록 짜여 있는 자료들을 활용해도 좋다. 교회가 오랜 세월 해 왔듯이 시편을 갖고 기도하는 일은 하나님 앞에 그리고 그분에게 온갖 인간 감정을 표출할 수 있는 기회를 줄 것이다. 시편은 경외심과 감사와 기쁨을 표현하기에

좋은 동반자다. 아울러 우리의 감정을 있는 그대로 표현하기에도 좋은 매체다. 이를테면 많은 시편은 시편 기자의 원수와 심지어는 하나님을 향해 분노를 쏟아 낸다. 이런 시편으로 정기적으로 기도하면 분노를 느끼지 않는 것처럼 자신을 가장할 필요가 없게 된다. 분노와 분노를 유발시킨 사람을 하나님 앞에 가져가지 않을 때 문제가 생기게 된다.

■ 당신의 상상력을 빚어 주는 이야기들이 무엇인지를 생각해 보고 그것들을 평가해 보라. 그 가운데 온유함과 겸손함을 격려하는 이야기가 있는가? 우리가 서로 나누는 이야기 가운데 폭력이 아닌 다른 방법으로 갈등을 해결하는 이야기는 얼마나 되는가? 앞서 여러 장에서 언급한 것처럼, 그리스도인은 상상력을 풍부하게 만들 필요가 있다. 우리가 온유하고 겸손하게 반응하지 못하는 경우를 보면, 주어진 상황에서 우리가 취할 수 있는 대안을 너무 좁게 생각하기 때문이다. 교회 역사에서 그리스도인들이 대적에게 온유하고 겸손한 자세로 반응한 좋은 본보기들을 찾아보라. 물론 그리스도인들이 실패한 사례가 많겠지만 성공한 사례도 적지 않을 것이다. 우리가 다른 사람들에게 온유하게 반응하려고 애쓴다면, 그런 이야기들이 우리의 상상력을 다시 빚어 줄 것이다. 아울러 쓸데없이 폭력적인 "오락거리"를 자꾸 섭취하지 않도록 조심하라. 그런 오락거리는 폭력을 하찮게 여기게 만드는 동시에 우리의 상상력을 억제시켜서 겸손하고 온유하게 반응하는 것을 방해하게 된다.

■ 갈등이 생겼을 때 폭력이나 폭력적인 행위에 의지하지 않고 해결해 보려고 노력하라. 예수님이 모범을 보여 주셨듯이, 폭력과 분노를 배가하고 영속화시키는 대신에 그것을 포용하려고 시도해 보라. 어떤 갈등에 접하든지 먼저 겸손한 마음을 품고 당신의 결함을 발견하고 그 문제에 건설적으로 기여할 수 있는지 방법을 찾도록 노력하라. 배우자나 친구와 말다툼을 하게 되었다면 당신이 비판을 받더라도 상대방을 공격하고픈 유혹을 뿌리치라. 설사 그 비판이 불공평하다고 하더라도 분노로 반응하지 않도록 최선을 다하라.

■ 당신이 무언가를 "주관했을" 때를 돌이켜 보라. 그때 당신은 어떤 식으로든 다른 사람들 위에 "군림하고" 싶다는 생각이 들지는 않았는가? 왜 그런 식으로 행동하고 싶은 유혹을 받았다고 생각하는가? 당신 주위에 당신이 본받고 싶은 섬기는 리더십의 모델이 있는지 돌아보라. 그런 본보기를 쉽게 찾을 수 없다고 실망하지 말라. 남을 섬기는 리더를 찾기 어려운 이유는 그런 사람일수록 남의 이목을 끌려고 애쓰지 않기 때문이다.

Gentle-ness

■ 잠시 시간을 내어 당신이 어떤 사람들과 주로 "어울리는지" 그리고 왜 그런지도 생각해 보라. 대부분 특정한 사람들과 어울리면 자신의 지위도 함께 올라갈 것으로 생각하고 그런 사람들과 가까이 지내려고 했던 적이 있었을 것이다. 거꾸로 또 어떤 사람들은 일부러 피했던 적도 있었을 것이다. 이런 태도는 한편으로는 세상이 중요하게 여기는 인물들의 눈에 "중요하게" 비

치고 싶은 욕망에서, 다른 한편으로는 다른 사람을 우리 자신의 유익을 위해 이용할 만한 사회적 신분의 상징 정도로 보는 안목에 기인한 것이다. 이 둘은 모두 타인지향적인 특징을 지녀야 할 그리스도인에게 어울리지 않는 것이다.

■ 우리가 맺는 관계는 우리의 불안정한 심리가 아니라 하나님 나라의 어떤 면을 반영해야 한다. 이런 관계를 맺고 싶어하는 것이 우리에게는 무엇을 의미하는지 생각해 보라. 예수님은 하나님의 한없는 사랑을 보여 주기 위해 "보잘것없는" 사람들에게 상당한 시간과 에너지를 쏟으셨다. 당신은 보통 어떤 사람을 무시하거나 배제시키는가? 하나님이 당신에게 힘을 주셔서 겸손하고 온유하게 그런 사람에게 손을 뻗치게 해 달라고 기도하라. 또 생색을 내거나 잘난 체하기 위해서가 아니라 바로 그 시간과 장소에 하나님 나라가 뚫고 들어오는 것을 증언하기 위해 그렇게 하게 해 달라고 기도하라.

■ 끝으로, 시간을 내어 야망의 문제에 대해 진지하게 묵상해 보라. 야망을 지극히 바람직한 덕목으로 간주하는 우리 문화에서, 예수님을 좇는 우리 그리스도인들도 야망을 그런 식으로 생각해야 하는지 물어볼 필요가 있다. 그리스도인은 과연 우리 사회에서 세상이 말하는 성공과 출세와 신분의 관념에 굴복하지 않으면서 야망을 품을 수 있을까? 만일 가능하다면, 우리는 어떤 의미로 이 단어를 사용하는가? 달리 말해서 야망의 목적 내지는 목표가 세상이 가리키는 그 꼭대기에 올라가는 것이 아

니라면 과연 무엇이겠는가?

우리가 몸담은 문화에서 온유함과 겸손을 양성하는 일은 결코 쉽지 않을 것이다. 사실 우리 주변의 많은 사람이 우리의 온유함과 유순함과 겸손을 연약함의 표시로 보기 때문에 그것은 더더욱 어려운 일이 될 수밖에 없다. 그렇다고 실망해서는 안 된다. 성령이 우리의 삶에 이런 열매를 맺으면 그 열매를 맛보는 자들에게 긍정적인 영향을 미칠 것으로 기대할 수는 있어도 반드시 그렇게 되리라는 보장은 없다. 하지만 우리는 온유하고 겸손한 정신으로 양보하도록 부름 받은 사람들이다. 즉 이 성령의 열매를 수확하는 일과 관련하여 우리가 할 수 있는 것은 이 일이 하나님께 달려 있다고 인정하는 것이다.

> 그러므로 주 안에서 갇힌 내가 너희를 권하노니 너희가 부르심을 받은 일에 합당하게 행하여 모든 겸손과 온유로 하고 오래 참음으로 사랑 가운데서 서로 용납하고 평안의 매는 줄로 성령이 하나 되게 하신 것을 힘써 지키라. 몸이 하나요 성령도 한 분이시니 이와 같이 너희가 부르심의 한 소망 안에서 부르심을 받았느니라. 주도 한 분이시요 믿음도 하나요 세례도 하나요 하나님도 한 분이시니 곧 만유의 아버지시라. 만유 위에 계시고 만유를 통일하시고 만유 가운데 계시도다엡 4:1-6.

가시떨기에 떨어졌다는 것은 말씀을 들은 자이나 지내는 중 이생의 염려와 재물과 향락에 기운이 막혀 온전히 결실하지 못하는 자요 눅 8:14

우리도 전에는 어리석은 자요 순종하지 아니한 자요 속은 자요 여러 가지 정욕과 행락에 종노릇 한 자요 악독과 투기를 일삼은 자요 가증스러운 자요 피차 미워한 자였으나 우리 구주 하나님의 자비와 사람 사랑하심이 나타날 때에 우리를 구원하시되 우리가 행한 바 의로운 행위로 말미암아 아니하고 오직 그의 긍휼하심을 따라 중생의 씻음과 성령의 새롭게 하심으로 하셨나니… 딛 3:3–5

10장 절제

중독이 만연된 세상에서 맺는 열매

오랜 세월에 걸쳐 올림픽경기는 사람들의 생활에서 중요한 이벤트로 자리 잡았다. 일부 시민은 메달 개수를 주시하면서 자랑스러워하지만 대다수는 다른 여러 이유로 그 경기 자체에 매력을 느낀다. 많은 사람들은 "세계의 최고 선수"를 가리는 것에 불가항력적으로 매료된다. 또 다른 사람들은 경기 속에서 펼쳐지는 휴먼 드라마에 끌린다. 우리는 엄청난 장애를 극복하고 경기에 참가하여 뛰어난 성적을 거두는 남녀 선수들의 이야기를 듣고 감동한다. 또 어떤 이들은 올곧은 마음으로 올림픽의 꿈을 추구해 온 선수들에 대한 깊은 존경심 때문에 경기에 관심을 갖기도 한다. 실제로 정상에 선 선수들은 보통 사람은 상상하기 힘든 수고와 훈련을 거쳐 그 자리에 이르게 되었다는 것을 사람들은 잘 알고 있다.

스포츠는 우리가 자기훈련과 절제를 격려하고 귀하게 여기는 우리 사회의 몇 안 되는 영역 가운데 하나다. 만일 스포츠가 우리 사회에서 구속救贖적인 가치를 갖고 있다면, 그것은 정신과 육체 이 둘을 통제할 수 있도록 우리 자신을 훈련시킬 수 있다는 점일 것이다. 우리는 이 절제의 훈련이 삶의 다른 영역에까지 영향을 주게 되기를 바라고 또 실제로 이런 일들이 많은 선수들의 삶에서 일어나고 있음을 목격한다. 그렇지만 모두가 다 그렇게 되는 것은 아니다. 이 점은 스포츠 스타였던 사람이 자신을 통제하지 못해 어려움을 겪는 모습이나, 도박이나 마약, 스캔들 같은 일에 휘말리는 모습을 통해서 금방 알 수 있다. 경기장 안팎에서 행해지는 폭력으로 세간의 이목을 집중시켰던 사람도 많고 경쟁 그 자체에 중독이 되어 피폐해진 경우도 많다.

그렇다고 운동선수들만이 훈련과 절제가 필요한 것도, 또 그들만이 중독 문제와 싸우는 것도 아니다. 우리 사회의 특징 가운데 절제의 열매를 맺지 못하도록 방해하고 중독을 부추기는 요소들이 있다. 그러나 이것보다 중요한 것은 오늘 우리 사회가 말하는 절제와 바울이 말하는 절제가 같지 않다는 것이다.

절제의 성경적 의미

대부분의 지혜 전통은 인간이 너무나 쉽게 열정의 노예가 된다는 점을 지적한다. 불교는 수천 년 동안 인간의 모든 번뇌와 고통의 뿌리는 고삐 풀린 욕망이라고 가르친다. 잠언의 저자도 성읍 이미지를 사용해 이와 비슷한 정서를 표현한다. "자기의 마음을 제어하지 아니하는 자는 성읍이 무너지고 성벽이 없는 것과 같으니라"잠 25:28.

지혜의 전통들은 절제되지 않은 정열과 욕망이 인간의 안녕을 위협한다는 점에는 대체로 동의하지만, 이 문제를 어떻게 다루어야 하는지에 대해서는 의견을 달리한다. 불교는 덧없는 인생에 대한 명상을 통해 불건전한 욕망을 제거하도록 권한다. 다른 지혜의 전통들은 오늘날 우리가 "절제력"이라고 부르는 것을 행사하도록 권장한다. 그런데 여기서 우리가 조심할 필요가 있다. 이 개념을 가리키는 그리스어 단어 엥크라테이아*egkrateia*가 절제로 번역된 것은 비교적 최근의 일이라서 자칫하면 바울이 당시의 윤리에 제기했던 근본적인 도전을 놓치게 된다. 이 점을 알려면 엥크라테이아의 개념이 신약성경이 기록되기 전에 그리스 사상에서 담당했던 역할을 이해할 필요가 있다.

엥크라테이아는 바울 시대 이전의 그리스인들이 오래도록 칭송했던 덕목이었다. 사실상 소크라테스와 같은 고대 그리스 철학자들은 그것을 근본적인 인간의 덕목으로 생각했다. 소크라테스의 제자였던 크세노폰은 이 주제에 관한 스승의 견해를 이렇게 요약하고 있다.

모든 사람은 예외 없이 절제엥크라테이아를 모든 미덕의 근본으로 붙들고, 먼저 자기 영혼에 이 토대를 굳건히 놓지 않을까? 이것이 없이는 누가 어떤 선善인들 배울 수 있고 또 그것을 훌륭하게 실천할 수 있겠는가?『회고록』, 1.5.4-5

그리스인은 우리가 열정과 욕망에 굴복하면 덕을 배울 수 없다고 생각했다. 따라서 덕스러운 삶을 살려면 자신의 욕망을 통제하는 일부터 시작해야 한다. 그런즉 다른 모든 덕목의 토대이자 으뜸이 되는 덕이 바로 엥크라테이아"극기", "금욕", "중용", "절제"였다. 그러나 플라톤은 그 주장에 모순은 아니더라도 역설이 내포되어 있다는 점을 인식했다. 요컨대 우리가 자기절제 내지는 극기를 이야기할 때, 통제되거나 극복되는 "자아"는 누구이고 통제하고 극복하는 "자아"는 누구인가? 두 경우 모두 동일한 "자아"가 아닌가? 플라톤이 『공화국』에서 하는 말을 들어 보자.

"극기"라는 말은 자가당착이 아닌가? 이는 자신의 주인인 사람이 또한 자신의 종이라는 말이고, 물론 그 반대도 마찬가지라는 뜻이다. 이 모든 표현에서 주체가 되는 존재는 동일한 사람이기 때문에 자가당착이라고 하는 것이다『공화국』, 430-431.

이어서 플라톤은 이런 표현이 어떤 의미를 가지려면 다음과 같은 것을 의미해야 한다고 주장한다. 사람에게는 고상한 면과 덜 고상한 면이 있는데, 어느 것이 그의 삶을 지배할 것인가를 놓고 서로 싸우고 있다. 고상한 부분이 덜 고상한 부분을 정복하면 우리는 그 사람이 극기심 내지는 자제력을 보여 주고 있다고 말한다. 반면에 덜 고상한 부분이 이기면, 그 사람은 이런 덕목이 결여되어 있다고 말한다. 플라톤은 인간성의 더 고상한 부분은 언제나 합리성과 연결되어 있다고 생각했다. 더욱이 제한된 수의 시민만이 쾌락과 욕망을 통제하기 위해 그 합리적인 역량을 발휘할 수 있다고 보았다. 이 소수의 엘리트는 자제력과 극기심을 발휘할 수 있는 능력 때문에 공화국을 다스릴 자격이 있는 것이다.

그리스 사상에 따르면 덕스러운 사람은 스스로 방향을 정하는 사람인데 비해 약하고 멸시받는 사람들은 자신의 열정을 거의 또는 전혀 통제하지 못하는 자들이다. 열정과 욕망에 따라 움직인다는 것은 자아의 바깥에 있는 유혹과 쾌락에 따라 움직이는 것이다. 그러므로 그렇게 움직이는 사람은 언제나 다른 것의 통제 아래에 있는 셈이다. 자유에 높은 가치를 부여했던 그리스인들이 품었던 최고의 이상은 본인의 욕망을 지배함으로써 그것의 노예가 되지 않고 그것을 자유로이 즐기는 것이었다.

이처럼 엥크라테이아가 그리스 철학 사상과 윤리에서 핵심적인 역할을 담당했음에도 불구하고 놀랍게도 신약성경에는 자주 나오지 않는다. 엥크라테이아라는 단어가 등장하는 곳은 세 군데뿐이며 행 24:25, 갈 5:23, 벧후 1:6, 같은 어원을 가진 단어들도 세

군데밖에 나오지 않는다고전 7:9, 9:25, 딛 1:8. 이로 보건대, 엥크라테이아로 해결해야 할 인간의 문제가 신약성경의 저자들에게는 알려지지 않았다고 결론을 내릴 수도 있다. 그러나 사실은 그렇지 않다. 신약의 저자들은 "음탕"이나 "호색"의 문제를 상당히 많이 언급한다막 7:22, 고후 12:21, 갈 5:19, 엡 4:19, 벧전 4:3, 유 4절. 이 두 단어는 우리가 일상적으로 사용하는 어휘는 아니지만, 둘 다 스스로 정열과 욕망에 빠지는 상태를 가리킨다. 게다가 신약성경에는 난잡한 애정과 욕망을 가리키는 단어들이 무척 많이 나온다. 이를테면 "정욕", "욕심", "육체의 정욕", "육체의 욕심", "세상의 정욕" 등이 그런 것이다막 4:19, 롬 7:5, 13:14, 갈 5:16, 24, 엡 2:3, 딤전 6:9, 딤후 2:22, 3:6, 약 1:14–15, 4:1–3, 벧전 2:11, 4:2–3, 요일 2:16. 그리스 철학자들이 그러했듯이 신약의 저자들도 "누구든지 진 자는 이긴 자의 종이 된다"벧후 2:19고 생각했다.

신약성경 저자들이 그리스 윤리의 중심에 있는 이 개념엥크라테이아에 호소하지 않는 것은 그리스도를 통해 새로운 힘이 그들에게 주어졌다고 믿었기 때문이다. 이 힘은 그들 스스로 만든 것도 인간 속에 내재되어 있는 것도 아니다. 이 힘은 예수 그리스도와 밀접한 관계가 있었고, 새로운 생활방식을 가능케 했으며, 예전의 죽음의 방식과는 크게 대조되는 삶의 모습이었다. 이 "옛 사람"의 죽음은 우리의 난잡한 욕망이 낳은 속박에서 우리를 해방시켜 하나님을 좇아 새 생활을 하게 만들었다.

우리가 알거니와 우리의 옛 사람이 예수와 함께 십자가에 못 박힌 것은 죄의 몸이 죽어 다시는 우리가 죄에게 종노릇하지 아니하려 함이라롬 6:6.

너희는 유혹의 욕심을 따라 썩어져 가는 구습을 따르는 옛 사람을 벗어 버리고 오직 너희의 심령이 새롭게 되어 하나님을 따라 의와 진리의 거룩함으로 지으심을 받은 새 사람을 입으라엡 4:22-24; 참고, 갈 2:19-20, 골 3:1-10.

그러므로 신약성경의 저자들이 엥크라테이아의 개념을 사용할 때 무슨 의미를 염두에 두었던지 간에 오늘날 우리가 생각하는 "자아의, 자아에 의한", 한마디로 자신이 통제의 주체가 되는 의미로 "절제"라는 단어를 사용했다고 속단해서는 안 된다. 이 지점에서 우리는 바울이 언급하는 성령의 열매의 목록이 긴 "육체의 일"의 목록 뒤에 나올 뿐 아니라 두 가지 권면 사이에 끼어 있다는 사실을 상기할 필요가 있다. 첫째 권면은 "성령을 따라 행하고" "육체의 욕심을 이루지 말라"라는 것이다5:16. 둘째 권면은 "그리스도 예수의 사람들은 육체와 함께 그 정욕과 탐심을 십자가에 못 박았으므로" 성령으로 사는 자는 마땅히 성령으로 행해야 한다는 것이다5:24-25.

만일 바울이 엥크라테이아라는 용어를 동시대인들의 용법과는 다른 의미로 사용했다면 어떤 의미로 사용했겠는가? 바울

Self-Control

이 사도직에 관해 길게 논의하는 고린도전서 9장에서 이에 대한 단서를 얻을 수 있다. 그 대목에서 바울은 엥크라테이아를 행사하는 것을 "향방 없이" 달음질하는 것과 대조시킨다고전 9:25–26. 달리 말하면 운동선수들이 엥크라테이아를 행사하는 것은 분명한 목적이나 목표가 있기 때문이라는 것이다. 이런 사람들은 자기에게 생기는 정열이나 욕망에 따라 흐트러질 수 없는 법이다. 만일 이 통찰을 갈라디아서에 나오는 근본적인 주장, 즉 엥크라테이아는 성령의 열매이지 우리 손으로 맺는 열매가 아니라는 것과 합친다면, 그 의미는 적어도 이 두 경우에는 "복음을 위해 성령으로 자기를 통제하는 것"과 일맥상통할 것이다.

바울은 엥크라테이아를 우연히 그 목록의 맨 마지막에 둔 것이 아니다. 바울은 당시에 널리 통용되던 그 단어를 계속 사용하지만, 그것을 맨 끝에 두었다는 사실은 일종의 자리바꿈을 시사하는 것이다. 극기로 이해되던 절제를 동시대인과 같은 눈으로, 즉 다른 모든 덕목의 토대로 보지 않고, "자아"가 더 이상 중앙 무대를 차지하지 않는다는 점을 말이다. 이미 우리가 살펴보았듯이, 바울이 이제까지 열거한 성령의 열매는 하나같이 타인지향적인 성격을 갖고 있는 동시에 하나님의 성품을 반영하고 있다. 하지만 엥크라테이아는 흔히들 자기지향적인 속성으로 이해했기 때문에 그런 "덕"은 성경 어디에서도 하나님의 성품을 가리키는 것으로 나오지 않는다. 과연 이 마지막 열매가 이제까지 확립한 패턴과는 다른 것인가? 그렇지 않다!

바울이 엥크라테이아를 자아를 위한 일종의 극기로서 옹호한다고 주장하는 것은 그가 여태까지 권장한 모든 것과 상반되는 식으로 그 목록을 마무리한다고 믿는 것과 다름없다. 그렇지 않다! 바울이 그 고상한 덕목을 그 목록의 끝 부분에 둔 것은 그리스도인의 삶의 급진적인 성격을 강조하기 위함이다. 그렇게 함으로써 그 덕목 그리고 "자아"가 갖고 있던 근본적인 특성을 벗겨 내고 그 단어에 새로운 의미를 부여한 것이다. 자아를 극단으로 몰고 가는 열정과 그 "자아"라는 것은 그보다 더 단호한 인간의 의지나 이성을 사용한다고 그 힘과 구속력이 사라지는 것이 아니다. 바울은 우리가 참으로 성령의 열매를 구현하고 싶으면 우리의 삶이 타인지향적인 방향으로 바뀌어야 한다고 주장한다. 그러면 "자아"와 그 왜곡된 욕망이 중앙 무대에 머물러 있을 수 없게 된다. 요약하자면 자아의 욕망을 규제하는 것은 우리가 부지런히 자아를 통제하려고 노력한다고 되는 일이 아니라, 성령 안에서 우리의 자유를 하나님과 이웃의 종이 되는 데 사용할 때에야 가능하다는 것이다갈 5:13. 이런 식으로 이해해야 이 마지막 열매는 하나님의 타인지향성을 반영하는 타인지향적인 열매가 됨으로써 이제까지의 패턴과 상충되는 게 아니라 오히려 그것을 강화시키게 된다. 그래야 성령께서 먼저 열거된 여덟 가지 열매를 수확할 때 이 마지막 열매도 수확하실 것이다.

현대적 의미의 자기절제가 우리를 오도할 수 있다는 점을 감안하면 성령의 마지막 열매에 다른 이름 '삼감'continence이란

단어로 번역해 사용하는 것도 좋다저자는 이후로 이 단어를 사용하지만 우리말에서는 큰 차이가 없어 절제라는 단어를 계속 사용한다–옮긴이. 이 단어를 사용할 때 독자들은 바울이 당시에 유행하던 엥크라테이아의 개념을 사용하되 그 의미를 근본적으로 바꾸어 그리스도 안에서의 새 생활은 자아의 요구가 아니라 성령의 타인지향성에 의해 촉발된다는 것을 이해할 수 있을 것이다.

절제를 방해하는 걸림돌

우리는 무절제, 중독, 극기 등으로 특징지어지는 사회에 살고 있다. 우리는 초콜릿이나 로맨스 소설, 게임 같은 것에 "중독되는" 것을 가벼운 것으로 여기지만, 그 저변에는 불안감이 도사리고 있다. 우리가 스스로에 대해 솔직해지면 누구나 중독적인 행위에 빠질 수 있음을 깨닫게 된다.

이 문제가 얼마나 널리 퍼져 있는지를 알려면 이 사회가 중독의 치료에 쏟아붓는 엄청난 자원을 잠깐 보는 것만으로 충분하다. 인터넷을 대충 살펴보기만 해도 중독 치료를 위한 12단계 프로그램이 알코올과 마약뿐 아니라 과식, 섹스, 일, 빚, 마리화나, 코카인, 니코틴, 도박, 심지어는 감정에 이르기까지 얼마나 다양한지 모른다. 중독에 관한 연구와 치료도 갈수록 더 제도화되고 전문화되고 있는 양상이다. 중독을 퇴치하기 위하여 지금은 연구소, 국제 심포지엄, 사회과학 저널, "공인 중독 치료사들"이 포진한 중독 회복 센터 등이 즐비하다. 우리가 중독을 통제하려고 노력할 때조차 조치를 지나치게 취하곤 한다. 어떤 학자들은 최근에 사람들이 12단계 프로그램에 중독되고 있는 중이라고까지 주장했다. 어쨌든 우리가 한쪽 극단에서 다른 쪽 극단으로 치닫는 것을 보면 당혹스럽기도 하거니와 부끄럽기까지 하다. 예를 들면 전 세계에서 약 10억이 넘는 사람이 해마다 영양실조로 고생하는데, 미국 시민의 4분의 3이 초과 중량에, 3분의 1이 의학상 비만상태에 있고, 매년 300억 달러 이상을 체중을 줄이는 데 사용하고 있는 실정이다.

그러면 우리 사회는 절제를 키우는 것을 방해하고 오히려 무절제하고 중독적인 행위를 조장하고 있는가? 이제 설명하려고 하는 내용은 여러 면에서 앞장들에서 개진한 논의와 상통한다. 이는 그리 놀랄 일이 아니다. 사랑을 제외한 성령의 여덟 가지 열매는 첫 열매인 사랑을 더욱 상술한 것이라고 보는 것이 맞다면, 그리고 이런 열매가 타인지향적인 특성을 갖고 있다면, 무질서한 열정으로 채색된 삶은 당연히 성령의 열매를 제대로 맺을 수 없을 것이다. 요컨대, 즐거움의 추구 또는 중독의 근절에 몰두하는 인생은 당연히 자기 자신에게만 초점을 두는 삶이다. 그러므로 이런 인생은 하나님이든 이웃이든 타자에게 초점을 맞출 수 없는 삶인 것이다.

행복을 추구하는 문화 이미 언급한 것처럼, 우리 사회는 행복

을 추구할 자유뿐만 아니라 행복을 규정지을 자유까지도 약속하고 있다. 많은 사람은 행복이라는 것을 즐거움을 경험하는 것으로 생각한다. 그래서 행복의 추구를 즐거움의 추구라고 쉽게 생각한다. 이런 성향과 자기가 하는 모든 일에 몰입하는 것을 자랑스럽게 여기는 풍조가 합쳐지면, 곧바로 무절제와 중독으로 빠지기 마련이다. 자유는 곧 억제로부터의 자유라고 생각하는 문화 몰입을 조장하되 무엇에 몰입하는 것이 좋은지는 가르쳐 주지 않는 문화는 사람들로 사적인 즐거움을 추구하는 노예가 되도록 부추긴다.

자력으로, 자신을 위해, 자신을 통제하는 문화 우리와 같이 자아와 자기만족에 몰입하는 사회에서는 우리의 욕망과 욕구를 올바로 조절하는 문제가 논의의 이슈가 되지 않는다. 무질서한 욕망에 관한 논의는 보통 중독이 심해져서 자기 파괴적인 지경 또는 자기에게 중요한 인간관계가 파괴될 지경에 이르렀을 때에 떠오르기 마련이다. 우리 사회가 개인을 무한한 잠재력을 가진 존재로 치켜세우듯이 무질서한 욕망의 주제가 떠오르면 종종 자기통제나 자기훈련·극기를 잘하지 못했다는 식으로 다루려고 한다. 물론 예외적인 경우도 있다. 바로 다양한 12단계 프로그램들이 그것이다. 이 프로그램은 회복 중에 있는 참여자에게 자신의 무력함과 함께 자기 바깥의 힘에 의존할 필요성을 시인하도록 요구한다. 그런데 최근에 이런 프로그램에 대한 반작용으로 중독을 극복하는 데 필요한 자원이 모두 본인에게 있다는 반동 현상이 일어나고 있는데, 이는 극기에 대한 신념이 아직도 생생하게 살아 있음을 보여 주는 또 다른 증거다.

우리 문화는 중독을 다루는 최고의 방법에 관해 논의할 뿐 아니라, 극기를 통하여 얻을 수 있는 유익에 관해서도 많은 이야기를 유포하고 있다. 사실 우리 사회는 오랫동안 극기를 장려해 왔기 때문에 그것이 사람들의 정신에 깊이 뿌리박혀 있다. 청교도가 근면과 검약과 자기훈련을 바탕으로 한 개신교 노동윤리를 강조했다는 이야기는 너무나 유명하다. 19세기 말에 시작된 근대 공립학교도 초창기부터 순종과 소유권에 대한 존중과 같은 덕목뿐 아니라 자기통제와 자기훈련의 덕을 심어 주는 것을 사명으로 여기고 있었다. 우리는 그런 교훈을 학습해 "성공한" 사람들의 이야기를 많이 보유하게 되었다. 벤자민 프랭클린의 자서전을 읽어 본 사람은 누구나 절제temperance, 과음과 과식을 피하는 것를 필두로 그가 추구한 열세 가지 덕목을 기억할 것이다. 프랭클린은 이런 미덕을 통달하고 싶으면 한 번에 하나씩, 그리고 절제로부터 시작해야 한다고 말한다. 그 이유는 그것이 나머지 미덕을 통달하는 데 필요한 "냉철한 판단"을 제공하기 때문이라고 한다. 우리 주변에는 이와 비슷한 극기에 대한 유산들이 널려 있다. 그런 의미에서 윌리엄 베넷의 『미덕의 책』의 첫 장이 "자기훈련"에 할애되고 있는 것은 당연한 것이다.

이런 유산의 영향은 우리가 갖고 있는 문헌이 아니라 우리 자신의 태도에서 가장 확연하게 드러난다. 우리 사회에서 우리

가 가장 흠모하는 사람은 누구인가? 우리는 정말 절제가 돋보이는 사람들, 자기의 열정을 올바로 통제하는 사람들을 흠모하고 있는가? 아니면 자신의 미래를 위해 철저한 자기절제로 올림픽 메달이나 억대 연봉, 대저택이나 날씬한 몸매 같은 특정 목표를 위해 자신을 극복하거나 훈련한 사람들을 가장 흠모하는가?

절제하는 것이 탐닉에 빠지는 것보다 더 나은 것이 아니냐고 반론을 펴는 사람이 있을 것이다. 물론 맞는 말이다. 그렇지만 우리가 말하는 자제력의 행사와 바울이 제시한 성령의 마지막 열매를 서로 혼동해서는 안 된다. 이 열매를 배양하는 데에는 자신을 위해 행사하는 자기통제와 자기훈련의 개념은 심각한 걸림돌이다.

사실 그리스도인들은 성경이 일종의 극기로서의 절제를 옹호한다고 오해하는 바람에 절제를 열정적으로 변호한 경우가 적지 않았다. 그래서 사람들이 훈련을 받으면 자신의 불건전한 욕망과 열정을 지배하는 주인이 될 수 있다고 생각했다. 이처럼 우리가 개인적으로 이 문제를 다룰 수 있다고 잘못 믿음으로써, 우리도 모르는 사이에 하나님이 우리의 유익을 위해 맡기신 그 자원들로부터 단절되는 결과를 초래했다. 설상가상으로, 사람들에게 "자력으로 일을 처리하도록" 격려함으로써 실패의 가능성을 높였을 뿐 아니라 그에 따른 죄책감까지 겪도록 만들었다. 부지런히 노력하기만 하면 이룰 수 있다고 확신했는데 결국 실패하게 될 때 죄책감에 시달리지 않을 사람이 어디에 있겠는가!

모든 일에 중용을 강조하는 문화 역설적이게도, 절제력의 배양을 방해할 수 있는 또 다른 걸림돌은 "모든 일에서 중용을 지키라"는 금언이다. 오늘과 같이 거의 모든 면에서 무절제가 성행하는 문화에서 이런 권고가 자주 유발되는 것은 놀라운 일이 아니다. 인터넷을 검색하다 보니 여러 교회가 "모든 일에 중용을 지키라"는 것을 중심 교리의 하나로 삼고 있다는 사실을 알게 되었다. 문제는 이 금언에 호소하는 것 자체가 아니라 언제 그렇게 하느냐 하는 점이다. 보통은 그 대상이 음식이나 술이나 일과 관련된 것이 아니라, 우리의 깊은 신념과 관련되어 있다. 우리 사회에서는 "광신자"라는 딱지만큼 모멸적인 것이 없어서 그런지 너무나 많은 사람이 주전 6세기에 테오그니스라는 이교도가 만든 이 금언을 일종의 일반 원칙으로 규정하기에 이르렀다.

물론 이 금언은 삶의 여러 영역에 필요한 분별력 있고 지혜로운 충고임이 틀림없지만, 그것을 그리스도인의 삶 자체에 어떻게 적용해야 할지는 분명하지 않다. 많은 사람이 이 금언을 삶의 모든 영역에 해당되는 시침으로 받아들여 그리스도인의 삶도 적당하게 영위하는 것은 괜찮지만, 도에 지나치거나 너무 진지하게 여기는 것은 피해야 한다고 믿게 되었다. 이를테면 원수를 사랑하라는 예수님의 소명을 접할 때, 그리스도인들이 그런 "극단적인" 입장은 취할 수 없다고 응답하는 경우가 적지 않다. 물론 그것이 극단적인 입장이라는 말은 옳다. 여기서 극단적이라는 말이 대다수의 사람이 견지하거나 실천하지 않는 입장이

라는 뜻이라면 말이다. 그런데 예수님이 우리에게 이런 식으로 사랑하라고 명하셨을 때 예수님은 바로 “극단적인” 점을 의식하고 계셨음이 분명하다. 도대체 우리는 무슨 근거로 또 어떤 권위로 “모든 일에 중용을 지키라”라는 이교적인 그리스 금언이 예수님의 말씀과 소명을 압도하도록 허용하는가?

이 금언을 무비판적으로 수용한 결과 “균형”에 중독이 된 사람이 많이 있다. 좀더 정확히 말하자면 미지근한 태도에 중독이 되었다고 표현하는 편이 낫겠다. 우리는 “모든 일에 중용을 지키라”라는 말을 복음의 버거운 요구를 피하는 데 사용하기도 한다. 요한계시록에 나오는 라오디게아 교회가 그런 문제를 안고 있었던 것 같다. 예수님은 그들이 차지도 아니하고 뜨겁지도 아니하므로 그분의 입에서 토하여 버리겠다고 경고하신다계 3:14-17. 라오디게아 교회와 같이 우리도 “균형”을 잡고 싶어한다. 말하자면 어느 한 사물이나 사람에게 지나치게 헌신하고 싶어하지 않는다는 뜻이다. 이 중용의 길에서 벗어나는 것은 적어도 일반 사회의 눈으로는 광신자가 된다는 뜻이다. 그런데 산상설교를 처음 읽은 사람 가운데 예수님을 “균형 잡힌 삶”을 옹호하는 분으로 생각하는 사람이 있을까! 예수님은 우리에게 자아의 요구를 적당히 통제하라고 말씀하는 게 아니라, 우리를 옛 자아를 죽여야 할 십자가로 부르신다. 성령으로 사는 그리스도인의 특징은 이기적인 욕망이 조금도 없고 자기탐닉에서 도망치는 것이 아니라, 그 열정을 하나님과 이웃 사랑이라는 방향으로 전환하는 것이다. 안타까운 사실은 우리가 정작 절제해야 할 것들에 대해서는 무절제하고, 열정적이 되어야 할 것들에 대해서는 미지근할 때가 많다는 점이다. 가령, 내가 좋아하는 축구팀이나 야구팀을 중심으로 생활하고 싶어서 나의 모든 일정을 모든 홈경기와 원정경기를 참관하는 쪽으로 맞추고, 전적을 외우고 동료 "팬"들과 전략을 얘기하는 데 몰두하고 있다면, 일부 사람은 나를 약간 미쳤다고 생각하겠지만 대다수는 나의 열정에 경탄할 것이다. 이런 행태가 우리 사회에서는 긍정적으로 받아들여질 뿐 아니라 격려를 받기까지 한다. 그러나 누군가 어느 유대인 목수에 의해 생긴 2천 년이나 된 공동체를 중심으로 생활을 정리하려 한다면 그 사람은 십중팔구 중용과 균형의 덕목을 배울 필요가 있는 "광신자"로 취급받을 것이다. 우리 사회의 이와 같은 현실을 감안할 때, 하나님이 기대하는 삶은 결코 "균형 잡힌" 삶이 아니다. 아니, 우리 시대에 그리스도인다운 삶을 충실하게 살고자 한다면 그 모습은 그리스도인을 포함한 수많은 사람에게 광신자처럼 보일 것이 분명하다.

절제라는 열매 기르기

Self-Control

이제까지 개진한 내 논리가 타당하다면, 이런 논리는 우리가 삶에서 이 열매를 재배할 수 있는 모종의 방법과도 관계가 있다. 직접적으로 말하면 이렇다. 우리는 우리 스스로 절제를 키울 수 없다. 왜냐하면 이런 극기의 전략은 먼저 죽어야 할 자아를 오히려 견고하게 세우고 그 자아에 힘을 실어 줄 것이기 때문이다. 만일 우리의 삶이 절제의 열매를 맺게 된다면, 그것은 우리가 정열과 욕망을 통제하고 감독하느라고 분투했기 때문이 아니라 오히려 우리의 삶 가운데 역사하시는 성령의 자연스러운 결과물이다. 말하자면 앞의 여덟 가지 열매가 성령의 역사로 맺은 것이라면 그것은 그 여덟 가지 열매가 번성하는 요건이 바로 자아의 추방이었기 때문이다.

이렇게 말한다고 해서 우리가 행하는 것이 이 열매의 배양에 아무런 영향도 주지 못한다는 뜻은 아니다. 앞서 일관되게 주장한 바와 같이 성령의 열매를 양성하는 데 가장 중요한 통로는 함께 예배하러 모이는 믿음의 공동체인데, 이제 이 교회는 타인 지향적인 공동체가 되는 것과 관련된 가장 중요한 교훈을 받게 된다. 그것은 어떤 교훈인가?

첫째, 좋은 예배는 우리로 하여금 건전한 즐거움의 신학을 계발하도록 돕는다. 이런 신학은 우리의 내향적인 성향, 곧 혼자 즐기는 것을 추구하는 성향을 인식하고 경계하도록 도울 것이다. 이런 성향을 간파하면, 예배에 참여하고 그것을 묵상하는 것이 중요한 자원이 된다는 점을 알게 된다. 우리가 하나님을 예배하는 것은 그분이 우리의 예배를 받기에 합당하신 분이고 성경과 전통이 우리에게 하나님은 우리의 예배를 기뻐하는 분이라고 가르쳐 주기 때문이다. 그러므로 예배는 무엇보다도 하나님을 기쁘게 하는 데 초점을 맞춘다. 만일 하나님이 우리를 예배하는 존재로 창조하셨다면, 바로 그 예배로부터 우리가 즐거움을 얻는 것은 당연하다. 우리가 이웃을 섬기는 것으로부터 얻는 즐거움도 마찬가지다. 그런 즐거움이 우리의 목표는 아닐지라도 하나님이 원하시는 바를 소원하고 또 그런 소원에 따라 행동하는 것으로부터 오는 즐거움을 거부할 필요는 없다.

그런즉 옳게 이해하고 옳게 드리는 예배는 우리의 욕망을 형성하고 그 방향을 바꾼다. 우리를 창조하신 그 하나님의 존전에 함께 모여 "우리와 함께하는 하나님"에 관한 그 웅대한 이야기를 다시 듣는다. 이 이야기는 우리 자신을 중심으로 한 우리의 이야기를 장황하게 늘어놓을 필요가 없도록 우리를 해방시켜 주는 동시에, 우리의 인생을 하나님의 이야기 안에 두도록 도와준다. 그런 모임에서 우리는 우리의 의제와 우리 나름의 욕망과 우리의 분투가 내는 소리를 잠재우고 하나님이 원하는 바를 바로 듣고자 최선을 다한다.

최상의 예배는 우리의 귀와 머리 이상의 것을 관여시키는 예배다. 그러나 안타깝게도 대부분의 개신교 예배는 금욕주의적이고, 몸의 중요성과 특히 청각 이외의 감각들을 거부하는 경향이 있다. 우리는 이 세상에서 즐기는 많은 즐거움이 오감으로부터 온다는 것을 잘 알고 있다. 붉은 노을, 어린아이의 웃음소리, 갓 구운 빵 냄새, 때 이른 옥수수의 달콤함, 소중한 친구의 따스한 포옹 등. 이런 즐거움들은 하나님의 귀한 선물이다. 또

한 우리는 유혹도 이와 동일한 감각을 통해서 그 첫발을 들여놓는다는 것, 우리의 이기적이고 부정한 욕망도 우리가 그런 감각의 문을 열어 줄 때 꿈틀거린다는 것도 알고 있다. 그러나 이 모든 감각을 하나님의 것으로 향하게 하라는 격려를 얼마나 자주 받고 있는가? 이것은 우리가 우리의 감각과 감각적인 즐거움을 두 가지 이해 방식으로 국한시키고 있음을 보여 주는 것이다. 즐거움을 위해 즐거움을 추구하는 것, 즉 자기 자신만을 위해 즐거움을 구하는 경우가 첫 번째요, 몸의 선함과 그에 따른 즐거움을 부정하고 예배 때에 몸의 역할을 최소화하며 엄격한 금욕주의를 통해 모든 욕망을 없애는 것이 두 번째다. 첫째 대안은 우리 자신의 즐거움을 섬기는 종이 되는 것이고, 둘째 대안은 몸의 선함과 즐거움을 부정하는 것이다. 이 둘은 양극단인 것처럼 보이지만 한 가지 공통점이 있다. 우리 몸의 감각과 그것을 통해 오는 즐거움은 우리의 이기적인 탐닉보다 더 높은 목적을 도모할 수 없다는 점이 그것이다.

두 가지 모두 그리스도인이 선택할 수 있는 대안이 아니다. 우리가 정말 성령의 전이라면, 그 성령은 일부가 아니라 우리의 모든 부분을 성화시키실 것이다. 이 부분에서 우리에게 필요한 것은 몸에 대한 성례전적인 견해다. 우리를 몸을 가진 존재로 창조하시고 또 마지막 날에 몸을 가진 존재로 부활시키실 그 하나님을 예배하는 일은 당연히 우리의 물질적인 감각들을 개입시키고, 또 보고 듣고 냄새 맡고 맛보고 만지는 우리의 기능을 모두 성화시키는 방향으로 나아가야 한다. 하나님은 거룩한 분이시기에 우리에게 거룩하라고 말씀하신다. 그런데 이 거룩함은 우리가 몸을 가진 존재임을 부인하지 않고 그 존재 전체를 성화시키는 것을 뜻한다. 온몸으로 드리는 예배는 몸이 영적인 삶의 방해거리가 아니라, 구속과 성화를 이루시는 하나님의 목적을 위한 도구로 사용될 수 있음을 상기시킨다. 온몸으로 드리는 예배에 익숙하지 않은 개신교인들은 다른 기독교 전통들에 속한 형제자매들의 "낯선" 행위를 볼 때, 그 안에 잊혀졌던 자원이 감춰져 있을지 모른다는 생각을 진지하게 해 볼 필요가 있다. 그리스도의 형상에 자주 입맞춤을 하는 정교회 그리스도인들이 입술을 인간의 즐거움을 위한 수단으로만 생각하는 자들에 비해 부정한 입맞춤에 빠질 가능성이 더 적어지듯이, 또 하나님을 예배할 때 손을 높이 드는 그리스도인들이 그 손으로 어린아이나 배우자에게 폭력을 가할 가능성이 적어질 것을 기대할 수 있듯이 말이다.

어떻게 하면 절제가 몸에 배는지를 알고 싶은 그리스도인들은 즐거움의 신화과 더불어 몸에 대한 도덕적 성품의 신화도 회복할 필요가 있다. 그리스도인, 비그리스도인을 막론하고 우리의 성품을 형성하는 데 습관이 중요한 역할을 한다는 것은 잘 알려진 사실이다. 이에 비추어 볼 때, 뇌의 화학 작용에 대한 최근의 연구가 컴퓨터 시스템을 통해 우리의 행위에 신체적·물질적 충동이 개입한다는 점을 밝힌 것은 시사하는 바가 크다. 달리 말

하면 습관이 어떻게 우리의 행위를 지도하는지에 대해 생리학적 설명이 가능한 날이 멀지 않았다는 뜻이다. 만일 그렇게 된다면 이 생리학적 설명과 우리가 깊이 공감하는 다음과 같은 바울의 말 사이에 밀접한 관계가 있음을 머지않아 발견할 수 있을 것이다. "내가 원하는 바 선은 행하지 아니하고, 도리어 원하지 아니하는 바 악을 행하는도다"롬 7:19.

이런 작업은 우리가 엄연히 몸을 가진 존재라는 사실을 다시 한 번 상기시켜 준다. 즉 우리는 몸에 붙어 있는 실체 없는 정신이나 영혼이 아니다. 나아가 이런 작업은 우리 가운데 특정한 욕망의 종이 된 사람들을 도울 수 있는 방법과 관련하여 중요한 함의를 갖는다. 그런 경우에 극기를 도모하는 것은 현명한 방책이 아니다. 왜냐하면 대다수의 사람은 자신이 자기 자신과 싸움을 벌이고 있는 중임을 잘 알고 있기 때문이다. 새로운 습관이 자리 잡게 하는 것이 유효한 방책이지만 모두가 옛 습관의 속박 아래서 노력을 기울여야 하고, 새 습관이 자리 잡기까지는 상당한 시간이 필요하기 때문에 옆에서 아낌없이 격려하고 서로 책임을 물을 수 있는 사람들의 도움도 필요하다.

이러한 맥락에서 그리스도인은 금식을 적당하게 활용할 수 있다. 금식이라는 것은 일종의 금욕주의가 아니고 절제를 위한 절제도 아니며, 즐거움이 우리의 삶에서 차지해야 할 정당한 자리를 부인하는 것도 아니다. 기독교의 창조 교리는 하나님의 창조가 선하다는 사실을 늘 상기시켜 준다. 문제는 우리가 우리 자신의 파괴적인 목적을 위해 그것을 늘 왜곡한다는 점이다. 유혹이 "순전히 악한" 모습으로 나타나는 경우는 무척 드물다. 오히려 하나님의 좋은 선물을 취해서 우리의 바람직하지 않은 목적을 위해 그것을 왜곡하는 형태로 나타나는 경우가 더 많다. 음식물은 하나님의 좋은 선물이지만, 우리가 스트레스 때문에 지나치게 먹는 것은 하나님의 좋은 선물을 왜곡하는 셈이다. 말은 하나님의 좋은 선물이지만, 우리가 혀를 사용해서 서로를 격려하고 세워 주는 대신에 불화의 씨를 뿌리고 서로를 무너뜨리는 것은 하나님의 좋은 선물을 왜곡하는 것이다. 그러므로 음식물이나 말을 삼가는 금식은 음식물이나 말이 악하기 때문이 아니라, 우리가 그것들의 합당한 위치를 종종 상기할 필요가 있기 때문에 행하는 실천이다.

그리스도인인 우리가 중독에 빠졌을 경우에는, 극기 훈련으로서가 아니라 하나님과 이웃을 위한 공간을 마련하는 조치로서 금식을 고려할 필요가 있다. 금식은 최후의 조치가 되어야 한다. 만일 우리가 타인지향적인 삶을 살고 다른 성령의 열매를 계발하는 데 에너지를 쏟는다면, 폭군과 같은 자아의 요구를 시중드는 쪽으로 쉽게 전환하지 않을 것이기 때문이다. 그런데 문제는 우리가 너무 오랫동안 우리 자신을 시중드는 데에 익숙해서, 먼저 우리 자신에 대해 "아니요"No라고 말하지 않고는 하나님과 이웃에 대해 "예"Yes라고 말하기 어렵다는 데에 있다. 이런 경우 금식이 무척 유익하다. 이 경우에 금식은 "아니요"라고 말하

기를 배우는 연습이다. 그러나 금식만으로 충분치 않은 것은 자신에게 "아니요"라고 말하는 것은 배웠으나 하나님과 이웃에게 "예"라고 말하는 것은 배우지 못할 수도 있기 때문이다. 이런 경우는 더러운 귀신이 쫓겨났으나 그 "집"이 비어 있어서 더러운 귀신 일곱을 더 데리고 와서 거기서 사는 꼴이 된다마 12:43-45. 우리는 금식이 그 자체가 목적이 아니라는 점을 늘 유념해야 한다. 금식은 자기에게 속박된 줄을 끊고 타자를 위해 우리 자신을 해방시켜 주기 위한 것이다. 가령, 내가 텔레비전 시청을 그만두기로 한다면 그것은 텔레비전이 악하기 때문이거나 나 자신의 절제력을 자랑하기 위한 것이 아니다. 내가 그렇게 하는 이유는 첫째로 텔레비전을 시청하면 그 시간에 남을 섬길 수 없기 때문이고, 둘째로 텔레비전 시청에 보내는 시간은 나의 이기적인 욕망을 부추겨서 타인을 섬기지 못하게 방해하기 때문이다.

이런 금식은 분명 유익하고 그리스도인에게 유용한 자원이 될 수 있지만, 그것을 조심스럽게 활용할 필요가 있다. 일종의 극기 행위로 수행되는 금식은 종종 자기중심적인 면을 부추겨서 중독을 불러오기 때문이다. 금식에 잠재되어 있는 이 같은 자기 파괴적인 특징은 오래전부터 지적되어 왔다. 예언자 이사야는 청중들에게 그들의 금식을 하나님이 받지 않으시는 것은 이웃을 압제하고 불의를 행하면서 자기중심적인 금식으로 하나님을 기쁘게 하려 한다고 경고했다사 58:3-14. 그렇기 때문에 성경에서 금식을 긍정적으로 언급하는 곳을 보면 금식은 언제나 기도와 연계되어 있음을 알 수 있다느 1:4, 막 9:29, 눅 2:37, 행 13:3, 14:23, 고전 7:5. 자기 의지로 하는 금식과 기도는 자신의 뜻을 완전히 죽이는 것이 아니라, 오히려 하나님의 뜻을 자신의 뜻에 맞추려고 하는 행위다.

이럴 때 기도와 금식은 자기부인의 연습이기보다는 자의식을 배양하는 연습이 된다. 너무 바쁘게 살다 보니 삶의 방향에 대해 깊이 생각할 시간이나 에너지가 별로 없어서 자신도 모르는 사이에 중독을 키울 때가 많다. 이런 경우, 우리가 습관적으로 그리고 종종 아무 생각 없이 관여하는 해로운 행위에 대해 "아니요"라고 말하는 법을 배우는 것이 하나님과 이웃에게 "예"라고 말할 수 있는 공간을 만드는 유일한 방법이 된다.

묵상과 적용

■ 당신은 중독으로 간주될 만한 것에 빠진 적이 있는가? 그 경험을 돌이켜 볼 때 당신이 중독에 걸리게 된 경위를 어떻게 설명할 수 있겠는가? 그 중독을 극복하려고 씨름하는 동안에 당신 자신과의 싸움에 수반되는 좌절감을 경험한 적이 있는가? 그리고 당신이 "절제력"을 제대로 발휘하지 못했다는 죄책감을 느낀 적이 있는가? 바울은 극기의 추방을 주장하고 있다. 이런 바울의 입장을 따르면 중독의 문제를 어떤 식으로 달리 생각할 수 있

겠는가?

■ 당신이 속한 교회는 즐거움을 어떻게 가르쳐 왔는가? 또 당신의 몸을 어떻게 가르쳐 왔는가? 예배 때에 몸의 역할에 관해서 가르쳐 준 것이 있는가? 주변에 당신과는 다른 예배나 전통에 속한 그리스도인들이 있다면, 그들에게 이런 사안에 대해 어떻게 생각하는지 물어보라. 그리고 왜 그렇게 생각하는지도 물어보라.

■ 당신은 우리 문화가 선전하는 모토"모든 일에 중용을 지키라"에 몸을 숨긴 채 복음이 요구하는 "극단적인" 헌신을 외면하고픈 유혹을 받은 적이 없는가? 어떤 요구사항이 가장 부담스러운가? 어떤 의미에서 그것을 극단적이라고 생각하는가?

■ 시간을 내어 당신의 삶의 방향에 대해 정직하게, 기도하는 마음으로 묵상해 보라. 당신은 어느 정도로 타인지향적인 삶을 살고 있는가? 또 당신 자신을 위해 사는 비중은 얼마나 되는가? 이것을 아는 방법 중 하나는 현재 당신의 목표와 열망의 목록을 작성해 보는 것이다. 정직하게 작성해 보라. 당신이 자부심을 품고 있는 목표들뿐 아니라 이기적인 것들도 포함시키라. 목록을 모두 작성한 뒤에 어떻게 해서 그런 것들을 열망하게 되었는지를 곰곰이 생각해 보라. 각 문화는 그 구성원들에게 특정한 것들을 열망하도록 영향을 미친다는 사실을 유념하라. 이 사실을 염두에 두면서 당신이 그런 열망을 품게끔 영향을 준 문화적 행습들을 성찰하되, 이 책에서 줄곧 논의한 것들뿐 아니라 다른

행습들까지 포괄적으로 생각해 보라.

만일 하나님의 큰 열망이 우리로 그리스도의 형상을 본받게 하는 것이라고 믿는다면, 당신이 기록한 열망들의 추구가 그분의 궁극적인 열망에 부응하는가, 아니면 그것을 저해하는가? 먼저 당신 자신에 대해 정직하게 묵상한 뒤에 당신의 열망을 잘 알고 또 이런 문제를 함께 얘기할 수 있는 믿을 만한 친구를 찾으라. 그 사람에게 혹시 당신의 삶 가운데 잘못된 열망을 품고 있는 영역은 없는지 구체적으로 물어보라. 그들에게 사랑 안에서 진실을 말해 달라고 부탁하라. 특히 당신의 삶 가운데 그들의 평가가 당신 자신의 평가와 다른 영역이 있다면 그렇게 해 달라고 요청하라.

그렇게 하면 당신이 잘못된 열망을 품고 있는 영역을 적어도 몇 가지 파악하게 될 것이다. 그런 열망을 당신의 의지를 더욱 발동해서 "통제하려고" 애쓰지 말고, 그 문제가 성령의 다른 열매를 제대로 맺지 못하게 방해하지는 않는지 반성해 보라. 만일 그런 면이 있다면, 힘이 닿는 대로 그런 열매를 양성하고 키우기 위해 적극적인 조치를 취하는 것이 필요하다. 그리고 그런 조치를 취하려면 당신 자신에게 초점을 맞추지 말아야 할 것이다. 장기적으로 보면, 이런 접근이야말로 당신이 직접 "자기통제력"을 행사하는 것보다 절제를 양성하는 데 훨씬 더 기여하게 될 것이다.

■ 당신이 중독의 속박을 깨고자 금식하기로 결정한다면 이 장에서 설명한 잠재적인 위험을 유념하라. 그러기 위해 적어도

다음 두 가지를 실천하라. 먼저 금식과 기도를 병행하라. 다음으로 금식을 타인지향적인 행동으로 대체할 계획을 세우되 하나님의 도움을 받아 금식을 건설적인 행동으로 나아가는 징검다리로 삼도록 하라. 이 과정에서 믿음의 친구 한 사람에게 당신을 잘 지켜봐 달라고 부탁하라.

> 그러므로 너희 마음의 허리를 동이고 근신하여 예수 그리스도께서 나타나실 때에 너희에게 가져다주실 은혜를 온전히 바랄지어다. 너희가 순종하는 자식처럼 전에 알지 못할 때에 따르던 너희 사욕을 본받지 말고 오직 너희를 부르신 거룩한 이처럼 너희도 모든 행실에 거룩한 자가 되라. 기록되었으되 내가 거룩하니 너희도 거룩할지어다 하셨느니라벧전 1:13-16.

오직 성령의 열매는 사랑과 희락과 화평과 오래 참음과 자비와 양선과 충성과 온유와 절제입니다 그리스도 예수의 사람들은 육체와 함께 그 정욕과 탐심을 십자가에 못박았습니다 우리는 성령으로 삶을 얻었으니 우리는 성령의 인도해 주심을 따라 살아갑시다 갈 5:22-25, 새번역

만일 우리가 하나님으로부터 거룩한 삶을 살도록 부름 받았다면, 그리고 우리가 타고난 능력으로 거룩함에 이를 수 없다면, 하나님이 친히 우리에게 그 과업을 성취하는 데 필요한 빛과 힘과 용기를 주셔야 한다. 그분은 우리에게 필요한 은혜를 확실히 주실 것이다. 우리가 거룩한 성도가 되지 못한다면, 그것은 그분의 선물을 활용하지 않기 때문이다. -토머스 머튼

에필로그

바랄 수 없는 중에 바라는 믿음

앞에서 수행한 분석이 이 주제에 관한 최종적인 결론은 아니다. 교회는 자신이 처한 장소와 시대마다 분별력을 발휘할 책임이 있기에 최종 결론이라고 할 수 있는 것은 있을 수 없다. 각 문화에 속한 각 세대는 그 장소와 시대에서 복음을 신실하게 구현할 기회와 그것을 방해하는 걸림돌을 분별하는 작업을 최선으로 수행해야 한다. 본서는 오늘날의 지배문화가 세상 속에서 그리스도의 몸이 되고자 하는 기독교 공동체에 제기하는 견고한 걸림돌 몇 가지에 초점을 맞추었을 뿐이다. 나는 그 걸림돌을 총망라하려고 한 것은 아니고 다만 분별의 모델을 제공하는 데 초점을 두었다. 이렇게 한 이유는 단순하다. 복음을 신실하게 구현하려는 교회에 대해 각 문화가 제기하는 도전이 시대와 장소에 따라 다르기 때문이다. 따라서 지금 가장 절실하게 필요한 것은 걸

Epilogue

림돌 목록이 아니라, 상황에 따라 걸림돌을 파악하고 앞으로 나아갈 분별력이다. 미국이라는 정황에서 살고 있는 그리스도인들은 자신들의 문화적 풍토가 복음을 구현하는 데 유리하다고 오랫동안 생각해 왔기 때문에 분별의 기술을 잃어버린 지 오래되었다. 분별의 기술을 가지고 있지 못한 교회는 기회로부터 걸림돌을 구별할 재간이 없다. 나는 교회가 이 세상 사람들의 입맛에 맞지 않은 요리를 내놓을 수밖에 없는 존재라는 점을 놓치는 독자가 한 사람도 없기를 바란다. 물론 우리가 이런 기회를 잘 살리느냐의 여부는 이것과는 또 다른 문제다.

내가 여기서 시도한 이런 분별의 과정을 거치지 않고는 교회가 견고한 걸림돌을 극복하거나 기회를 잘 살릴 수 없다는 게 나의 생각이다. 이런 이유로 독자들이 나의 분석과 권면의 여러 세부 사항에 대해서는 의견을 달리하더라도 내가 시도한 이런 분별의 작업이 교회가 마땅히 수행해야 할 진지한 성찰이라는 점에 동의한다면 나로서는 만족한다. 그런 독자들에게 나는 내 분석이 옳다는 것을 설득하기보다는 그들이 처한 상황에서 내가 수행한 이런 분석 작업을 해 보라고 권하고 싶다. 그 세부사항들이 중요하지 않다는 말은 아니다. 오히려 정반대다. 이 세부사항들은 우리가 복음을 구현하는 방식에 굉장히 중요하기 때문에 분별의 작업은 언제나 그 지역적 특성에 맞추어 수행되어야 한다. 여기에 제시된 관점은 내가 그리스도인들과 미국이라는 특정 지배문화와의 상호작용을 통해 정립한 것이라서 나 자신의 독특한 성격이 배어 있을 것이다. 이는 당연한 것이다. 다른 사람이 분별의 작업을 수행하면 거기에는 그 사람의 특성이 묻어날 것이기 때문이다.

나의 메시지에 어느 정도라도 공감하는 독자들은 이 마지막 대목에 이르러 압도당한 느낌, 어쩌면 공황 상태에 빠진 듯한 느낌을 받을지도 모르겠다. 오늘날의 교회는 너무나 엄청난 과업을 앞에 두고 있다. 도대체 우리는 어디서부터 시작해야 하는가? 시도해 봐야 할 이유는 있는가? 그냥 포기하고 모든 걸 하나님께 맡기는 게 낫지 않은가? 교회가 죽기 직전의 상태이거나 회복 불가능한 지경에 빠진 것은 아닌가?

다이사쿠 이케다가 쓴 『벚나무』라는 동화가 있다. 전후 일본을 배경으로 하는 이 동화는 어느 날 두 아이가 할아버지 한 분을 우연히 만나면서 이야기가 시작된다. 할아버지는 전쟁으로 상처를 입고 열매 맺지 못하는 늙은 벚꽃을 되살리기 위해 정성껏 돌보고 있는 중이었다. 아이들은 이미 죽은 듯이 보이는 나무에 갖은 정성을 다하는 할아버지의 모습을 보고 호기심을 느낀다. 호기심 어린 아이들의 질문에 할아버지는 이렇게 설명한다.

> 이 나무가 전쟁 이전부터 꽃을 피우지 못한 건 사실이란다. 하지만 약간의 친절과 인내만 있으면 다시 꽃이 피게 될지 누가 알겠니? 내 생전에는 아니라도 언젠가 말이다! 난 그럴 거라고 확신한단다.[1]

Epilogue

아이들은 할아버지의 마음과 소망에 감동을 받아 그 나무를 되살리는 일에 동참하기로 한다. 할아버지와 아이들은 열심히 일하면서 오랜 시간을 기다리고 또 소망하며 보냈다. 그러던 어느 날 마침내 꽃잎 하나가 모습을 드러낸다. 그리고 나무는 열매를 맺을 수 있을 만큼 벚꽃을 가득 피운다.

아주 단순한 이야기지만 교회는 이 이야기로부터 배울 것이 있다. 이 이야기는 우리가 교회라고 불리는 이 나무를 돌보는 데 우리의 삶을 헌신하라는 부름을 받았다는 점을 상기시켜 준다. 설사 이 나무가 죽은 듯 보이고 우리의 생전에 풍성한 성령의 열매를 맺을 수 있을지 아무런 보장도 없을지라도 말이다. 하나님의 다스림이 우리 시대에 확연하게 나타날지 어떨지 누구도 장담하지 못한다. 그러나 하나님은 약속하신 것을 결국 이루어 내실 것이라는 믿음을 놓쳐서는 안 된다. 이런 면에서 우리는 히브리서 11장에 열거된 성도들이 처했던 입장과 비슷한 처지에 있다. 히브리서 저자는 그들이 삶으로 믿음을 구현한 이야기를 들려준 뒤에 이렇게 증거한다.

> 이 모든 사람들은 믿음으로 말미암아 좋은 증언을 받았지만, 약속된 것을 받지는 못하였습니다. 하나님이 우리를 위하여 더 좋은 계획을 미리 세워 두셨기 때문에 그들은 우리가 없이는 완성에 이르지 못할 것입니다히 11:39-40, 새번역.

두 가지가 우리의 주목을 끈다. 첫째, 이 믿음의 본보기들 가운데 하나님이 약속하신 것을 받은 이는 없지만 그들 모두 변함없이 신실한 삶을 살았다는 점이다. 『벚나무』에 나오는 할아버지처럼 그들의 신실함은 눈에 보이는 것, 그들의 상황, 그들이 갈망한 것에 좌우되지 않았다. 둘째, 이보다 더 두드러진 것은 하나님의 약속이 완성되는 일이 우리를 떠나서는 일어나지 않을 것이라는 점이다. 그렇기 때문에 우리에게 "구름 같이 둘러싼 허다한 증인들"히 12:1이 있는 것이다. 그들은 자신들의 경주를 경주했고 이제 바통을 우리에게 넘겨주었다. 경주는 아직 끝나지 않았고 그들은 경기장 밖에서 우리를 응원하고 있다. 그들에게 약속된 상급을 우리를 떠나서는 받을 수 없음을 그들이 잘 알고 있기 때문이다. 지금 당장은 지치고 뒤쳐져 있지만, 지금의 이 경주가 다음 생애에까지 이어지고 우리가 무대에서 사라질 즈음에 누군가 선두에 서게 되리라 확신한다면 중도에 경기를 포기하고 집으로 돌아가는 모습은 상상할 수도 없다!

오늘날 많은 교회들이 자기가 받은 소명대로 예수 그리스도의 복음을 충실히 구현하지 못하고 있음을 부인할 수 없다. 이는 교회들이 맺는 빈약한 성령의 열매를 보면 알 수 있다. 또 우리는 하나님의 통치가 우리 시대에 완전히 실현될 것이라는 어떤 약속을 받지 못했다. 그렇다고 우리의 힘으로 그 통치를 이끌어오도록 분부를 받은 것도 아니다. 오히려 하나님의 동역자로 장차 도래할 것의 맛보기로서 그 통치의 특성을 반영하는 열매를

Epilogue

맺으라는 분부를 받았을 뿐이다. 그런즉 우리는 하나님이 주신 작은 일에 충성을 다해야 한다. 그럴 때에만 하나님이 우리에게 더 큰 것을 맡기실 것이기 때문이다눅 16:12.

그러므로 교회가 곤경에 처해 있다고 해서 비관하거나 전전긍긍할 필요가 없다. 하나님은 이미 약속하신 것을 분명히 이루시고 말 것이다. 모든 그리스도인은 이와 같은 확신을 품어야 한다. 우리는 마치 아브라함과 같이 "바랄 수 없는 중에 바라면서"롬 4:18 지금 우리의 몸은 비루하지만 하나님이 시작하신 일은 그분이 모두 이루실 것임을 믿어야 한다. 따라서 본서는 그리스도인들에게 경종을 울리기 위해서라기보다는 교회로 하여금 진지한 성찰과 복음의 충실한 구현체가 되도록 촉구하는 것을 목적으로 한다. 우리의 믿음과 소망이 궁극적으로 우리 자신이 아닌 하나님 안에 있기에 우리에겐 포기할 권리가 없다. 예수님의 무화과나무 비유눅 13:6-9에 나오는 정원수같이 우리도 하나님이 우리에게 자비를 베푸셔서 성령의 열매를 맺도록 한 시절을 더 기다려 주실 것을 계속 바라야 마땅하다.

그렇다고 하나님의 은혜에만 매달려 아무것도 하지 않고 있어서는 안 된다. 교회는 이스라엘과 같이 선교의 부름을 받았는데 우리가 "세상의 빛"이 되라는 소명을 저버린다면 예수님이 옛 이스라엘에게 했던 말씀이 우리 귀에 동일하게 들릴 것이다. "그러므로 내가 너희에게 이르노니 하나님의 나라를 너희는 빼앗기고 그 나라의 열매 맺는 백성이 받으리라"마 21:43. 이스라엘에게 주어졌던 그 심판의 말씀, 이스라엘의 궁극적인 유익을 위한 이 말씀이 교회에는 주어지지 않을 것이라고 생각한다면, 그것은 순전히 오판이다. 우리 시대의 교회가 우리의 소망을 하나님께 두며, 우리의 손에 쟁기를 들고서 하나님과 함께 동역하여 그분이 약속하신 모든 것을 열매 맺을 수 있게 되기를!

> 이러므로 내가 하늘과 땅에 있는 각 족속에게 이름을 주신 아버지 앞에 무릎을 꿇고 비노니 그의 영광의 풍성함을 따라 그의 성령으로 말미암아 너희 속사람을 능력으로 강건하게 하시오며 믿음으로 말미암아 그리스도께서 너희 마음에 계시게 하시옵고 너희가 사랑 가운데서 뿌리가 박히고 터가 굳어져서 능히 모든 성도와 함께 지식에 넘치는 그리스도의 사랑을 알고 그 너비와 길이와 높이와 깊이가 어떠함을 깨달아 하나님의 모든 충만하신 것으로 너희에게 충만하게 하시기를 구하노라. 우리 가운데 역사하시는 능력대로 우리가 구하거나 생각하는 모든 것에 더 넘치도록 능히 하실 이에게 교회 안에서와 그리스도 예수 안에서 영광이 대대로 영원무궁하기를 원하노라. 아멘엡 3:14-21.

Epilogue

주

1장 세상 속에서 성령의 열매 맺기

1. Raymond Williams, *Keywords: A Vocabulary of Culture and Society*, rev. ed. (New York: Oxford University Press, 1983), p. 87. 이어지는 내용은 윌리엄스의 연구에서 큰 도움을 받았다.
2. William Bennett, *The Book of Virtues: A Treasury of Great Moral Stories* (New York: Simon & Schuster, 1993), p. 11. 『미덕의 책』(평단문화사 역간).

2장 사랑_ 거래관계가 판치는 세상에서 맺는 열매

1. Stephen F. Winward, *Fruit of the Spirit* (Grand Rapids, Mich.: Eerdmans, 1981), p. 26.
2. Malcolm Muggeridge, *Something Beautiful for God: Mother Teresa of Calcutta* (San Francisco: Harper & Row, 1971), p. 65. 『마더 데레사』(성바오로 역간).

3장 희락_ 욕망을 조작하는 세상에서 맺는 열매

1. C. S. Lewis, *Surprised by Joy* (New York: Harcourt Brace & World, 1955), p. 168. 『예기치 못한 기쁨』(홍성사 역간).
2. Evelyn Underhill, *The Fruit of the Spirit, Light of Christ and Abba* (London: Longmans, Green, 1956), pp. 11-12.
3. Augustine, *Confessions* 10.22, R. S. PineCoffin 번역 (New York: Penguin, 1961), pp. 228-29. 『고백록』(대한기독교서회 역간).
4. Karl Barth, *Epistle to the Philippians* (Richmond, Va: John Knox Press, 1962), p. 120.
5. John Kavanaugh, *Following Christ in a Consumer Society*, rev. ed. (Mary-knoll, N. Y.: Orbis, 1980), p. 34. 『소비사회를 사는 그리스도인』(IVP 역간).

5장 오래 참음_ 생산성이 기준인 세상에서 맺는 열매

1. Augustine, *Confessions* 11.44, R. S. PineCoffin 번역 (New York: Penguin, 1961), p. 264.
2. Alister E. McGrath, *The Genesis of Doctrine* (Oxford: Basil Blackwell, 1990), p. 105.
3. Koshuke Koyama, *No Handle on the Cross* (Maryknoll, N. Y.: Orbis, 1977), p. 19.
4. Koshuke Koyama, *Three Miles an Hour God* (Maryknoll, N. Y.: Orbis, 1980), p. 7.
5. Henri J. M. Nouwen, *Making All Things New: An Introduction to the Spritual Life* (San Francisco, 1981), p. 74. 『모든 것을 새롭게』(두란노 역간).

6장 자비_ 홀로서기를 강조하는 세상에서 맺는 열매

1. Martin Luther, *The Freedom of a Christian, Martin Luther: Selections from His Writings*, ed. John Dilenberger (Garden City, N. Y.: Anchor, 1961), pp. 74-76. "그리스도인의 자유", 『루터 저작선』(크리스챤다이제스트 역간).

에필로그_ 바랄 수 없는 중에 바라는 믿음

1. Daisaku Ikeda, *The Cherry Tree*, Geraldine McCaughren 번역, Brian Wildsmith 삽화. (New York: Afred Knopf, 1991). 『벚나무』(신영미디어 역간).

열매맺다

시대의 분별과 성령의 열매

개정판 1쇄 발행 2011년 6월 25일
개정판 6쇄 발행 2025년 11월 25일

지은이 필립 D. 케네슨
옮긴이 홍병룡
펴낸이 김요한
펴낸곳 새물결플러스

편 집 왕희광 노재현 이형일 나유영
디자인 황진주 김은경
마케팅 박성민
총 무 김명화 이성순
영 상 최정호
아카데미 차상희

홈페이지 www.holywaveplus.com
이메일 hwpbooks@hwpbooks.com
출판등록 2008년 8월 21일 제2008-24호
주 소 (우) 04114 서울시 마포구 신촌로28가길 29
전 화 02) 2652-3161
팩 스 02) 2652-3191

ISBN 978-89-94752-07-5 03230

책값은 뒤표지에 있습니다.